Tempos de reflexão

Nadine Gordimer

Tempos de reflexão

De 1990 a 2008

Tradução: Rosaura Eichenberg

BIBLIOTECA AZUL

Texto fixado conforme as regras do Novo Acordo Ortográfico da Língua Portuguesa (Decreto Legislativo nº 54, de 1995).

Título original: Telling times
Editor responsável: Aida Veiga
Assistente editorial: Elisa Martins
Preparação de texto: Ana Maria Barbosa
Revisão: Ana Tereza Clemente, Araci dos Reis Galvão de França e Carmen T. S. Costa
Diagramação: Crayon Editorial
Design de capa: Andrea Vilela de Almeida
Imagem de capa: Latinstock / © Andrew Lichtenstein / Corbis / Corbis (DC)

1ª edição, 2013

Dados Internacionais de Catalogação na Publicação (CIP)
(Câmara Brasileira do Livro, SP, Brasil)

Gordimer, Nadine
Tempos de reflexão : de 1990 a 2008 / Nadine Gordimer ; tradução Rosaura Eichenberg. – São Paulo: Globo, 2013.

Título original: Telling times.
Bibliografia.
ISBN 978-85-250-5303-9

1. Escritoras sul-africanas – Século 20 – Biografia 2. Gordimer, Nadine I. Título.

12-12819 CDD-829.91408

Índices para catálogo sistemático:
1. Escritoras sul-africanas : Biografia 829.91408

Direitos de edição em língua portuguesa
adquiridos por Editora Globo S. A.
Av. Jaguaré, 1485 — 05346-902 — São Paulo — SP
www.globolivros.com.br

Sumário

Os Anos 1990

O Dom Vital do Escritor para a Sociedade Livre

Os versos satânicos

1990. Uma nova década, liberdades em ascensão — e enquanto um escritor sai da prisão para tornar-se presidente num país, outro está sendo caçado até a morte por todo o mundo.

À medida que nos dirigimos para o fim do século XX, carregamos conosco a abominação do pelourinho de Salman Rushdie como a marca de Caim.

O "aniversário" nesta semana não é uma comemoração do fim dos horrores que nosso século superou, mas o lembrete demoníaco de um retorno dos reprimidos: a queima de livros nazistas de nosso tempo reencenada há apenas um ano numa cidade inglesa.

Salman Rushdie não tem sido visto por... quanto tempo? Ele se tornou um dos Desaparecidos, como aqueles que sumiram durante um período recente na Argentina e aqueles que desaparecem sob o *apartheid* na África do Sul. Os governos repressivos têm o poder de destruir vidas nos seus países; quando as religiões adotam esses métodos, elas têm o poder de aterrorizar, por meio de seus fiéis, qualquer parte do mundo. O edito do falecido aiatolá tem jurisdição por toda parte, desdenhoso das leis de qualquer país. Os refugiados políticos dos regimes repressivos podem procurar asilo político noutro lugar; Salman Rushdie não tem para onde ir. Sua opressão é única. É desprezível ler que algumas pessoas cultas — inclusive alguns de seus colegas escritores — culpam a vítima pela intolerância selvagem e maligna de seus perseguidores: ele deveria saber que causaria uma "ofensa". E essa "ofensa" é equiparada à "ofensa" contrária de destruir o livro e condenar o autor à morte — um castigo que ele deveria ter esperado.

Quanto às contorções da "compreensão" ecumênica da posição muçulmana, é incompreensível que nos tempos modernos alguém que acredita em Deus sob qualquer nome ou avatar possa "entender" a pretensão da autoridade divina de destruir a criatividade de um escritor e acabar com sua vida. Sem dúvida o grito se fará escutar: você não é muçulmano, você não conhece nosso credo. Mas nenhuma citação erudita do texto do Corão ou de qualquer outro livro sagrado pode alterar o fato de que o princípio de todas as religiões é o amor de Deus manifesto na irmandade do homem. O que esse escritor cometeu contra o homem? O seu romance sugere em qualquer ponto que as pessoas devem causar danos umas às outras? Por meio de seus personagens, ele advoga o racismo, o fascismo, o ódio? Não há nenhuma frase nas suas páginas que faça alguma coisa desse gênero. Se aqueles que ainda estão ladrando contra o escritor tivessem a capacidade de ler, sem vendar os olhos com seus preconceitos, esse livro com a inteligência a que faz jus, eles receberiam suas recompensas.

O escritor italiano Primo Levi, que desapareceu em Auschwitz durante anos porque seu caráter judeu ofendia os bons nazistas cristãos, descreveu "um metaespelho... um espelho metafísico que não obedece à lei da ótica, mas reproduz a imagem do ser assim como é visto pela pessoa que está na sua frente". Um escritor é um metaespelho. O que Salman Rushdie vê em seu povo indiano e britânico, seus costumes religiosos e seculares, é algo a ser enfrentado, não despedaçado. O crime contra Rushdie é também um crime contra o dom vital do escritor para a sociedade livre, o autoconhecimento.

1990

A Liberdade Luta para Sair da Crisálida

1990. Euforia: estar viva foi — não exatamente felicidade, mas sem dúvida uma grande alegria, quando vimos e ouvimos o presidente De Klerk declarar que estava revogada a interdição do Congresso Nacional Africano, do Congresso Pan-Africanista e de outros movimentos de libertação. A manhã havia começado com uma preocupação mais pessoal para mim e meus três jovens camaradas do Congresso dos Escritores Sul-Africanos. Tínhamos partido cedo para os tribunais em Soweto, a fim de assistir a uma audiência de acusações políticas contra Mzwakhe Mbuli, nosso músico imensamente popular e extraordinário poeta ativista.

Levei um rádio pequeno, para que pudéssemos escutar o discurso do presidente De Klerk na longa espera que invariavelmente acontece antes de um caso ser chamado perante o magistrado. Mas, tão logo o tribunal foi aberto, o caso foi meramente repassado para uma data posterior. Assim, um tanto deprimidos, vimo-nos de volta à cidade a tempo de ver na televisão o discurso proferido por De Klerk na abertura do Parlamento.

Sentamos com canecas de chá numa cabana de quintal, ocupada ilegalmente por um negro num subúrbio de brancos. (A pressão da população e o ânimo confiante entre os negros estão rompendo a segregação da cidade.) De nós quatro, eu, a branca, era a única com direito a votar para o Parlamento de três cores que estávamos vendo na televisão. Dos três homens negros, Mxolisi Godana, Raks Seakhoa e Menzi Nbaba, Raks tinha passado cinco anos como prisioneiro político em Robben Island e Menzi havia suportado meses encerrado numa solitária em 1988.

O discurso proferido por De Klerk estava habilmente dividido para uma transmissão alternada em inglês e em africâner. Foi um suspense até o último minuto. Esperamos muito tempo até que ele fizesse algum pronunciamento sobre as organizações banidas e Nelson Mandela. "Essa parte vai ser em inglês", predisse Menzi ironicamente; e, quando chegou o momento, foi em inglês — talvez para assegurar que não haveria erros de tradução para o mundo exterior, talvez para proteger a direita africâner ao menos contra a afronta de escutar a língua africâner sendo maculada pela expressão de tal declaração.

O que estávamos condicionados a esperar do presidente De Klerk, pela mídia e pelas nossas próprias especulações, era o anúncio da libertação de Mandela. Em termos simples e diretos, Mandela é o que o mundo quer do sul-africano De Klerk em troca da suspensão das sanções. O que Mandela e o Movimento Democrático de Massa querem não estava de certo modo na permuta. Assim, foi com perplexidade, uma melodia para os ouvidos, que nós naquela salinha escutamos o líder do governo sul-africano anunciar que o CNA, o CPA — até o Partido Comunista Sul-Africano! — estavam a partir daquele momento liberados.

Olhamos uns para os outros, ansiosos por alguma confirmação — os políticos são tão espertos, tínhamos deixado de perceber alguma armadilha? Não. As palavras claras estavam saindo da boca de um presidente sul-africano branco. E eu as estava escutando na companhia de três jovens negros que haviam nascido depois que os movimentos de libertação negros foram banidos, no início dos anos 1960. Eles não sabiam o que era ter lealdades e aspirações políticas que não infringissem a lei e levassem à prisão.

Era como se estivessem saindo de uma crisálida. Seus movimentos, no meio da excitação, eram os gestos desajeitados de secar as asas. Palmadinhas nas costas e apertos de mãos não convinham. Tudo parecia inadequado para expressar um acontecimento de tantas consequências.

Talvez mais tarde naquele dia, depois que nos separássemos, eles viessem a se juntar a multidões que festejavam, mas ali, entre as canecas de chá, a alegria procurava lançar mão de possibilidades pessoais. A mente de Mxolisi voou para amigos íntimos no exílio: "Vão poder voltar para casa! Trazer os filhos!". E trocamos os nomes de nossos escritores que logo poderiam estar entre nós, bem como de políticos, sempre distantes a vida inteira. E Mandela. Para nós, como para o próprio grande e venerado indivíduo, a questão nunca fora o que teria contentado o mundo — sua libertação messiânica do *apartheid* —, mas libertar o povo, nada menos. Claro, o que De Klerk havia concedido para satisfazer algumas das condições do acordo Harare era bem menos... mas ainda assim muito. Nossas mentes voavam através dos estágios pelos quais, assim que o CNA estivesse livre para organizar e os exilados retornassem, as restantes condições para a negociação seriam examinadas, com Mandela, Sisulu e os outros na liderança. Inevitavelmente. Irrefreavelmente. Trancamos a porta da cabana atrás de nós e saímos a caminhar pelas ruas que com certeza não podiam, não deviam nos parecer familiares?

Entrei numa loja de bebidas alcoólicas com o objetivo de comprar provisões para uma libação comemorativa, e um homem branco que esperava sua cerveja perguntou ao proprietário se ele sabia de algum grande acontecimento na Cidade do Cabo hoje. O homem branco atrás do balcão não escutara nada.

"O CNA e o CPA estão liberados", falei por iniciativa própria.

"Oh, meu Deus, o inferno vai cair em cima de nós!" O cliente saiu a passos largos com os olhos desviados.

"Não se preocupe, não se preocupe!", o proprietário branco gritou atrás dele, sem querer que um cliente saísse de sua loja com a má lembrança de um momento. E ele se virou para mim: "Não sei o que você pensa, mas o problema é que sempre nos disseram, desde meus tempos de criança, que somos os únicos, que somos tudo por aqui".

Na manhã seguinte: as migalhas de euforia foram sopradas para longe. Ainda acredito que a revogação da interdição dos movimentos de libertação é o verdadeiro início da grande libertação. Mas, estudando o discurso do presidente De Klerk em vez de escutá-lo, lendo os comentários dos líderes no país e no exílio, percebemos o que não foi dito, nem realizado. O presidente, deslumbrando-nos com a suspensão da interdição, disse pouco ou nada sobre abolir a legislação do *apartheid*. Ele não falou da Lei de Áreas de Grupos e da Lei de Registro Populacional; nem tocou na base do *apartheid* que está debaixo de meus pés, enquanto escrevo estas palavras — a terra, cuja posse continua proibida para os negros dos quais foi tomada pela conquista e por leis criadas sem que eles pudessem participar da sua elaboração. Os exilados que ontem meus amigos e eu estávamos tão felizes em acolher de volta ao país — alguns já nos lembraram que não voltarão para viver sob leis do *apartheid* de nenhum tipo, sob a justiça do *apartheid*. E lembrei hoje de manhã que, embora tenha dito que vai libertar Mandela incondicionalmente, De Klerk não vai satisfazer todas as condições que o próprio Mandela estabeleceu para sua libertação — em particular, a revogação das leis do *apartheid*.

O importante passo para a mudança negociada de ontem aconteceu devido ao poder crescente dos negros da África do Sul de influenciar a economia e o estilo de vida dos sul-africanos brancos, bem como à pressão das sanções.

A sra. Thatcher está errada quando, ao se autocongratular e demonstrar arrogância, atribui a mudança à sua oposição às sanções. A verdade é exatamente o contrário. Sem as sanções, não teria sido proferido aquele discurso na Casa da Assembleia ontem. Dentro da África do Sul, temos de agradecer a jovens como aqueles três com quem escutei o discurso, que nunca conheceram a liberdade e estiveram na prisão por uma nova África do Sul; e no mundo exterior, temos de agradecer àqueles que levaram a África do Sul a adquirir algum senso de realidade por meio de pressão econômica e política, e que sem dúvida prestariam mais serviços à nossa liberdade continuando essa política, até não haver mais lacunas ou silêncios nos momentosos discursos futuros.

1990

Ordenando as Imagens do Homem

Nelson Mandela

Acabei de chegar em casa vindo do grande comício que deu as boas-vindas a Nelson Mandela em Soweto. Foi a grande ocasião da vida de todos os que ali estavam; inclusive para o ponto na multidão que era eu própria, como um dos brancos que se identificaram com o Congresso Nacional Africano ao longo dos anos, quando essa atitude era considerada um crime. Arrebatadora, a massa girante dos seres em júbilo que enchiam o Soccer City Stadium, agarrados às estruturas de contenção como um enxame de abelhas, até erguidos de algum modo uns sobre os outros em velhos guindastes das minas de ouro fora das cercas, havia nascido e crescido — tanto os jovens brancos como os negros — enquanto Mandela passava 27 anos na prisão. Entretanto, durante todo esse tempo não havia criança negra em cujo rosto, à menção do nome, não houvesse um sinal de reconhecimento instantâneo. E não havia brancos — inimigos da causa da liberdade negra, bem como seus apoiadores — que não soubessem quem era esse homem. Seu corpo estava oculto atrás de paredes; sua presença jamais foi obliterada por elas.

Quando recebeu o Prêmio Nobel da Paz, no vigésimo ano da prisão de Mandela, o bispo Desmond Tutu disse que o aceitava por Mandela, por todos os prisioneiros de consciência e por todos aqueles negros comuns cujos empregadores desconhecem os sobrenomes de seus trabalhadores. E no dia da libertação de Mandela, quando o dr. Nthato Motlana, ele próprio uma figura simbólica da resistência, foi indagado se não achava que Mandela devia agora morar em Soweto "com seu povo", Motlana respondeu: "Ele não é de Soweto, ele é sul-africano. Onde quer que more em nosso país, está com seu povo".

Isso pode ter soado como um comentário crítico grandioso, mas é estranhamente verdadeiro. À exceção da direita africâner, cuja fímbria de malucos nazistas dá à suástica na sua bandeira uma nova versão e agita em seu âmbito cartazes de "Enforquem Mandela", os brancos não só aceitaram o retorno de Mandela, mas agora voltam-se para ele como o único capaz de absolver e resolver: absolver o pecado do *apartheid* e resolver os problemas da reconciliação e integração. A ousadia do presidente De Klerk em libertar Mandela tem como contrapartida irônica uma submissão fervorosa a essa ideia. Ele conta com Mandela: sem Mandela, esse pássaro lendário saindo dentre as barras da prisão, de asas azuis e com um ramo de oliveira preso há três décadas no bico, não será possível realizar a transformação da África do Sul num lugar em que o eleitorado branco do presidente De Klerk ainda possa viver. A personificação do Mandela oculto como a imagem da libertação máxima para os negros é sobreposta pela figura que os brancos visualizam como a possibilidade de salvá-los, formando uma única imagem.

Havia as fotografias esmaecidas de um jovem alto com olhos sorridentes e uma risca antiquada no cabelo, reproduções de enésima geração que pareciam evidência de ectoplasma, e havia a visão do herói genérico que (nosso Che Guevara, senão o messias) nunca estaria morto, ainda que, como às vezes parecia muito provável, ele fosse morrer sem ser visto. Na capa da *Time*, seu retrato falado aparecia numa apoteose final sob a forma de um ídolo irradiante, algo entre Harry Belafonte e Howard Rollins.

E então saiu da prisão um homem irreconhecível como qualquer um desses modelos. O homem real, com um rosto esculpido e traçado pelo espírito interior que resistiu durante trinta anos, pelas marcas de uma autodisciplina incrível, de pensamentos, sofrimentos profundos, e com a confiança inequívoca da fé nos direitos da dignidade humana. Um rosto impressionante.

Agora ele está aqui. Ele nos confronta, o homem entre nós. Ele falou sem rodeios, em Soweto, para os negros e para os brancos, não nos poupando nada. Passou por cima da adulação da multidão para exigir dos negros o fim da violência entre os negros. Soletrou para os brancos sua responsabilidade pelas consequências da pobreza, falta de moradia e emprego, causadas pelas leis que eles criaram e deviam abolir.

Em contraste, poucos se importam em interpretar numa linguagem igualmente clara a responsabilidade assombrosa que as expectativas colocam sobre Mandela. A "reconciliação" numa "nova África do Sul" criada por ele significa, em última análise, encontrar casas para centenas de milhares de negros cujas necessidades, que remontam à Segunda Guerra Mundial, nunca foram atendidas. Significa encontrar os 4 mil trabalhadores qualificados, de que a economia minguante precisa desesperadamente, em uma população cuja maioria recebe uma educação segregada, irremediavelmente inadequada. Significa — dando visibilidade apenas a um dos problemas monstruosos que as grandes palavras-clichês ocultam — transformar a força policial e o Exército, que têm sido os inimigos brutais do povo sul-africano por gerações.

Grandes palavras: uma espécie de impotência entre os brancos — o governo — despejou sobre Mandela os problemas do momento assim como os de longo prazo: violência, controle das multidões, assiduidade nas escolas negras. O mantra é Mandela; o zumbido está por toda parte, mas representa realmente o guru? O próprio homem não se deixa arrebatar pelo entusiasmo. Reitera com firmeza que "nenhum líder individual" pode assumir sozinho a enorme tarefa de criar unidade e refazer a África do Sul, que qualquer decisão para compartilhar o pão da negociação com o governo será tomada pela liderança unida do CNA, do qual ele é "um membro leal e disciplinado". O ônus recai sobre os brancos; eles devem aceitar as políticas do CNA como uma base para negociação, assim como aceitam Mandela. E ele deixa absolutamente claro que a possibilidade de haver um banquete ou fome naquela mesa simbólica depende de os negros e os brancos compreenderem o que as grandes palavras realmente significam, se quiserem criar uma África do Sul unida, não racista, democrática e livre. Mandela não quer ser cultuado. Quer que o povo da África do Sul se recrie em união. Essa é a sua grandeza.

1990

A Censura e seu Rescaldo

Vai longe o tempo em que a censura podia ser simbolizada pelo lápis azul do censor; mesmo porque o processador de palavras com sua capacidade sobre-humana de rasura perfeita não servirá como substituto.

Nós, que lemos o *Index on censorship* e — em países como o meu, a África do Sul — os panfletos locais que registram o que não pode ser impresso, lido ou dito, sabemos que sobre vastas áreas do mundo a censura tem sido realmente mantida por leis muito além do controle de qualquer Conselho de Censores devidamente constituído. A visão de pessoas aposentadas, testando entre si as passagens que podem ser sexualmente excitantes ou causar tremores diante da perspectiva de subversão do Estado, não é a principal ameaça à palavra. Com a banalização do sexo na televisão, metade do mandato do censor sedentário teve o mesmo fim daqueles traços entre a primeira e a última letra das palavras censuradas em certas publicações.

A censura política adquiriu a primazia desde antes da segunda metade de nosso século. E tem sido adotada, certamente como nunca antes, na prisão tirânica de escritores e jornalistas, no banimento de alguns escritores, no fechamento de jornais, nos processos contra editores, na exclusão de equipes de televisão e jornalistas da cena dos acontecimentos — tudo sob leis que fazem a censura convencional parecer piegas. Os regimes repressivos, desde Hitler, Stalin, Franco até Verwoerd e Botha, inclusive outros tantos pelo caminho, do Oriente ao Ocidente, do Hemisfério Norte ao Sul, têm se mantido com essas leis que, parecendo a princípio subordinadas à censura, acabaram por torná-la obsoleta, quase redundante.

Vinda de um país que tem se considerado parte do mundo ocidental (uma pretensão que está um tanto em debate...), vocês vão me perdoar se tomo como meu paradigma o que tem prevalecido ali, com ênfase no passado imediato.

Temos entre nós censura no sentido convencional desde o início da década de 1960, com algumas emendas da lei, ao longo dos anos, que a tornaram pior. O direito de apelação aos tribunais foi cancelado, e com ele o princípio ocidental de o acusado ser inocente até que seja provada sua culpa. Desde então, o autor de uma obra proibida — livro, peça teatral, filme — tem sido declarado culpado de transgressão da lei antes que tenha o direito de comparecer perante o arremedo de tribunal da Junta de Apelação das Publicações, com seu júri de "especialistas" nomeado pelo ministro do Interior. A instituição das audiências da Junta de Apelação foi uma das primeiras medidas pelas quais o império da lei tem sido contornado, quando a minoria branca sul-africana distorce e inverte seus professados valores "ocidentais" para manter o poder do *apartheid*.

Em 1988, 824 publicações, filmes e objetos (isso em geral significa calendários e cartazes) foram banidos. Poucas dessas proibições foram aplicadas ao que, mesmo no sentido mais amplo, nós, escritores, chamaríamos de literatura. O fato é que nos últimos tempos tem se tornado rara a proibição de literatura séria, até mesmo desse material perigoso, a não ficção política, distinto dos panfletos, que são consistentemente banidos. Um fator é a sofisticação cosmopolita do homem que foi o presidente da Junta até abril de 1990, o professor Cobus van Rooyen. Ele compreendeu que, num país em que as massas não leem livros, nem têm bibliotecas que poderiam ajudá-las a formar um leitorado, a literatura séria, de escritores brancos ou negros, produzida no país ou vinda do exterior, seja qual for seu potencial grau "inflamatório", atinge apenas uma parte da população que já tem contato com essas influências. Mas a principal razão para a aparente leniência é que uma imensa proporção das massas *lê* jornais, a mídia, e assim o foco do controle do pensamento e das informações estatais deve ser a mídia.

Para esse fim, o Conselho de Controle das Publicações não tem autoridade, nem é necessário. Em 1989, sob as condições do segundo e terceiro de nossos sucessivos estados de emergência, quatro jornais e revistas foram ameaçados de suspensão, dois foram fechados, 52 jornalistas que cobriam uma marcha de protesto foram presos e detidos por algumas horas; houve 24 julgamentos separados com 198 réus envolvendo jornalistas e alguns outros escritores, e uma lista de casos pendentes contra jornalistas de uma gama de dez jornais, tanto da imprensa alternativa como daquela destinada para circulação de massa, por cometerem infrações sob o estado de emergência e suas leis correlatas.

A Corporação de Radiodifusão Sul-Africana (SABC) também não precisava de um Conselho de Controle de Publicações, nem mesmo do estado de emergência, para censurar: admitia que havia cerca de mil canções que "simplesmente não tocamos", abrangendo desde a trilha sonora de *Um grito de liberdade* até a música *disco* de George Michael, "I want your sex". Eu me pergunto se a trilha sonora de *Um grito de liberdade* vai se fazer ouvir na SABC, agora que, sob o regime do "novo esclarecimento" do presidente De Klerk, o filme foi liberado; não sei se o apelo de George Michael será escutado...

Em fevereiro deste ano, com o ato do presidente De Klerk de liberar o Congresso Nacional Africano, o Congresso Pan-Africanista, o Partido Comunista Sul-Africano e outras organizações políticas proibidas desde 1960 ou antes dessa data, a retirada de várias pessoas da lista daquelas que não podem ser citadas, o cancelamento de restrições repressoras sobre outras organizações e indivíduos, e a libertação de alguns prisioneiros políticos, abriu-se uma brecha no muro (também no nosso lado do mundo), e informações e ideias malditas ao longo de ao menos três décadas começaram a fluir de um modo que tínhamos esquecido.

Mas como Gilbert Marcus do Centro de Estudos Legais Aplicados da Universidade de Witwatersrand[1] observa, "restam mais de cem leis que restringem o fluxo livre de informações... o 'novo esclarecimento' de fevereiro de

[1] Gilbert Marcus, "The New Enlightenment", Centre For Applied Legal Studies, University of the Witwatersrand, 1990.

1990 deixou intocadas todas essas leis". Os jornalistas podem ser expulsos de uma área ou detidos, as organizações ou as atividades dos indivíduos restringidas. A Lei de Segurança Interna, com tais poderes, ainda está em vigor; a Lei da Polícia tem controles severos sobre noticiar a atividade policial — meu filho, que por acaso portava uma câmera quando foi visitar um amigo no hospital no mês passado, custou a convencer o policial presente na área a não prendê-lo, ao parar para tirar uma foto de uma passeata de protesto dos funcionários do hospital em greve. Há a Lei das Prisões, que mantém o que acontece nas prisões longe do escrutínio público, a Lei da Defesa, que restringe os relatos de quaisquer movimentos da tropa, e em certas ocasiões tornou possível que uma ação militar jamais chegasse ao conhecimento do público, e a Lei da Proteção da Informação, que impede a publicação de informações sobre virtualmente todos os documentos oficiais.

O Conselho da Mídia, um órgão conservador, deve agora revisar todas as restrições legislativas sobre as reportagens da mídia. O Acag, Anti-Censorship Action Group, o Grupo de Ação Anticensura,[2] é cético: "Ainda resta verificar se esse não é um exercício com o objetivo de ganhar o apoio do pessoal da mídia para a *retenção* de algumas dessas leis".

O governo reclama que nós, da oposição radical à censura, sempre deslocamos os marcos das metas, quando a lei faz uma reforma passo a passo.

Claro que deslocamos os marcos das metas; por isso é que conquistamos tantos pontos com nossa determinação de obter a liberdade de expressão. No início deste ano, o editor extraordinariamente corajoso de um recém-lançado semanário africâner, *Die Vrye Weekblad*, venceu facilmente o jogo duro contra a supressão da informação ao denunciar a existência e a conexão com a polícia do incrivelmente chamado "Bureau de Cooperação Civil" — o esquadrão da morte que, por mais de uma década, assassinou ativistas da oposição, inclusive advogados e um acadêmico. Adotada por outros jornais e despertando indignação pública, a exposição dos fatos acarretou revelações do envolvimento da Força de Defesa nos esquadrões da morte com o possível conhecimento de membros do governo. Uma comissão de inquérito judicial, a

[2] Acag Update, março de 1990.

Comissão dos Danos, foi estabelecida. Isso, devemos conceder ao "novo esclarecimento", é improvável que tivesse acontecido durante o regime de Botha. E a rede densa de revelações resultante da vigilância de um único editor não terminou nesse ponto. Outros jornais adquiriram nova coragem nas reportagens investigativas. Mais uma comissão, a Comissão Judicial Hiemstra sobre "alegadas" irregularidades no Conselho da Cidade de Johannesburgo, revelou que o conselho emprega espiões que se infiltram em toda espécie de reuniões progressistas para informar quem disse o quê. Além disso, havia fichas das atividades de muitos cidadãos articulados locais, inclusive da minha pessoa.

O sr. Louis Pienaar, administrador-geral da Namíbia, ficou sem emprego quando a Namíbia se tornou independente; em abril foi nomeado novo presidente da Junta de Apelação das Publicações. O diário *The Star*[3] noticiou que ele é "considerado por muitos um pensador esclarecido na área das artes", mas não deu exemplos das pessoas que assim o consideram. O Acag[4] recorda que ele não foi certamente "notório pelo seu apoio à imprensa" durante seu mandato na Namíbia. *The Weekly Mail*[5] nos lembra que ele se verá diante de grande volume de apelações pela liberação de material midiático do Congresso Nacional Africano e de outras organizações do movimento pela libertação; devido às leis suplementares que citei, esse material não foi automaticamente liberado pela revogação da interdição das próprias organizações. Vamos ver como o sr. Pienaar lida com a expressão das ideias, há muito reprimida, de uma vasta maioria dos sul-africanos. Embora declarando[6] que considera sua tarefa mais importante promover "o diálogo a par das circunstâncias em processo de mudança na África do Sul", ele quer "deixar claro... que a violência e a intimidação não fazem parte da democracia, e, quando essas aparecerem em publicações, adotarei uma ação muito firme". Gilbert Marcus[7] comenta: "Os princípios democráticos estão fundamentados sobre a

[3] *The Star*, 19 de março de 1990.
[4] Acag Update, março de 1990.
[5] *The Weekly Mail*, 5-11 de abril de 1990.
[6] *Ibid.*
[7] Gilbert Marcus, "The New Enlightenment".

prioridade da liberdade de expressão. E por essa razão deve haver respeito pelas visões que são contrárias, ruidosas e militantes. O próprio cumprimento dos deveres de Pienaar vai também acarretar o reconhecimento de que as pessoas não são em geral incitadas à violência pelo que leem ou veem, mas por causa das condições em que vivem".

"Devemos acreditar que aqueles que escrevem literatura têm mais direito à liberdade de expressão que aqueles que escrevem obras baratas e sensacionalistas?" A afirmação de John Le Carré,[8] a respeito do caso Rushdie, surpreendeu algumas pessoas e desagradou a outras — inclusive a mim mesma.

Sim, sim, *acreditamos* nisso. É certamente um dos princípios da posição contra a censura acreditar que o abuso das sensibilidades humanas — que é o cerne da pornografia e da violência pornográfica, porque seu conteúdo é retirado inteiramente do contexto complexo da vida a que o sexo e a luta pertencem — não pode ser confundido com obras em que esse contexto complexo está encerrado no espírito criativo da investigação e ousadia. O objetivo de um é exploração seletiva; o de outro é a imensa e arriscada tentativa de o escritor dar sentido à vida.

Admitimos que é difícil proteger a sociedade do primeiro enquanto se libera o segundo. Mas o princípio básico ao fazê-lo é negar a equação totalmente falsa. A tarefa é encontrar uma estrutura legal que protegerá a liberdade de expressão, enquanto se lida com o abuso da sensibilidade humana, seja sexual, social ou político.

Esse último — o político — é o grande problema na África do Sul. Albie Sachs, o conselheiro constitucional do Congresso Nacional Africano e um excelente escritor, visualiza para o futuro pós-*apartheid* "uma Carta de Direitos consolidada na Constituição que declara certos direitos e liberdades fundamentais e estabelece um Judiciário independente para assegurar que sejam mantidos... Então, se o Parlamento quisesse adotar alguma lei, ou se houvesse algum ato executivo que diminuísse a liberdade de expressão de qualquer maneira inconstitucional, um cidadão poderia reclamar na Justiça e conseguir que esse ato fosse cancelado". Devemos "considerar a legislação

[8] John Le Carré, *Guardian*, 15 de janeiro de 1990.

em países democráticos por todo o mundo... estudar muito cuidadosamente o que têm feito em relação aos limites da liberdade de expressão no que concerne à difamação racial e incitamento à hostilidade racial, e tentar destilar disso tudo alguma espécie de fator mínimo comum para traçar os limites". E ele diz o que precisa ser dito em toda parte por todos nós que nos preocupamos com a liberdade de expressão: "... as questões vão muito além da linguagem. Dizem respeito à alma".[9]

Focalizando mais especificamente os escritores de literatura. Não há nenhum de nós, escrevendo na África do Sul nos dias de hoje, que não tenha começado ou passado a parte principal de sua vida de trabalho sob a censura convencional e a malha de leis que a reforça. Embora a maioria tenha se irritado com a censura e alguns a tenham combatido com firmeza, nos acostumamos com ela. Parafraseando Graham Greene, todo país se acostuma com suas próprias restrições como parte de sua própria violência. Temos desafiado a censura e/ou encontrado maneiras de contorná-la. Ao mesmo tempo, inevitavelmente, ela provocou consequências reativas profundas em nossos escritores. E o que vale para nós serve para qualquer outro país em que o *próprio desafio* à opressão crie suas restrições bem nítidas. Eu estava na Hungria numa Conferência Wheatland no ano passado, e a sessão dedicada aos escritores húngaros, nossos anfitriões, revelou que neles existe o que só posso chamar medo da liberdade — medo significando, para um escritor, não saber como vai escrever a seguir. Embora estivessem mais do que felizes, como cidadãos, com sua nova liberdade, eles estavam perplexos com o significado dessa liberdade no nível interior a partir do qual as entidades da vida se transformam na visão do escritor. Removidos os grampos na cabeça do escritor, revelou-se inquietantemente — uma consequência da censura que jamais consideramos — uma imaginação restringida e até distorcida.

Pois quando falo das consequências reativas da censura, estou me referindo a *outra* pressão sobre o escritor que a censura provoca. A contrapressão da resistência também aperta, ironicamente, o grampo na cabeça. O desafio à censura, e ao regime a que ela serve, exige que o escritor trans-

[9] Albie Sachs, "The gentle revenge at the end of apartheid", *Index on Censorship*, abril de 1990.

forme seu trabalho numa arma. É necessário. Mas ele pode ter de descartar grande parte de suas intuições particulares nesse processo. Está gravado nele que alguns temas são relevantes; certas maneiras de escrever são eficazes. Acostumados com os limites da alegoria e da alusão, nossos colegas da Europa Oriental têm de ensinar a si mesmos a escolha de numerosos outros modos de expressar a experiência de vida. Acostumados às exigências obsessivas de escolher toda situação e palavra pela trajetória que possa ter contra o *apartheid*, os escritores sul-africanos terão de se abrir a um novo vocabulário da vida.

Muitos estão mal preparados, particularmente os jovens escritores. Pois, em todos os lugares em que tenha existido censura, apareceu também a ortodoxia contrária da resistência. Temos uma época em que, nas palavras de Brecht, "falar de árvores é traição". E para citar de novo Albie Sachs: "Em vez de crítica, recebemos crítica de solidariedade. Nossos artistas não são pressionados para melhorar a qualidade de seu trabalho; basta ser politicamente correto... É como se nossos governantes imobilizassem toda página... tudo está aferrado aos opressores e ao trauma que eles impõem... Pelo que estamos lutando, senão pelo direito de expressar nossa humanidade em todas as suas formas, inclusive nosso senso de diversão e nossa capacidade de sentir amor, ternura e apreciar a beleza do mundo?".[10] Não devemos pensar que, quando os tiranos caem e há uma nova Constituição no país, o escritor recupera tudo o que foi perdido. Não é uma questão de não ter mais nada do que falar. Apenas aqueles que se atiraram nos movimentos populares contra o *apartheid* e o comunismo, não tendo na sua bagagem senão os clichês corretos, perderão sua inspiração duvidosa e precisarão encontrar alguma outra maneira de vender seu peixe. Os verdadeiros escritores, ao contrário, terão a tarefa menos sensacional, maravilhosamente audaz, de encontrar o meio de lidar com temas que foram postos de lado, em segundo plano, enquanto escreviam paramentados para a batalha — os temas da "humanidade em todas as suas formas", a consciência humana com todos os seus mistérios, que não exigem ortodoxia de espécie alguma, mas o talento,

[10] Albie Sachs, "Preparing ourselves for freedom", Seminário Interno do CNA sobre Cultura, 1990.

a dedicação e a ousadia de explorá-los e comunicá-los livremente por meio da sensibilidade individual. Muitos escritores, coagidos pela censura, de um lado, e pela ortodoxia da maneira contrária de ser, de outro, nunca desenvolveram a capacidade de lidar com algo alheio aos acontecimentos e às emoções prescritos pela sua situação histórica.

E que dizer do escritor sob essa forma mais perversa de censura, o exílio?

A possibilidade de um retorno à terra natal para Kundera e Milosz significa que, assim que pisarem em seu país, os anos de desenvolvimento imaginativo naquele solo, perdidos para eles, serão instantaneamente recuperados? Quem pode dar aos escritores sul-africanos no exílio, Dennis Brutus, Mongane Wally Serote, Mandla Langa, uma lista de tantos outros, a experiência de vida e linguagem de seu próprio povo — o pão e o ser de um escritor — que eles perderam?

Não há forma de censura que não afete a sensibilidade de um escritor, quer tenha sido suportada por anos, quer seja um acontecimento isolado. Comentando sobre a ação de indecência contra *Madame Bovary* depois que ele ganhou a causa, em 1857, Flaubert[11] escreve sobre essa e outra consequência da censura: o estabelecimento de valores literários espúrios. "... Meu livro vai vender excepcionalmente bem para o primeiro romance de um escritor. Mas fico furioso quando penso nesse julgamento; desviou a atenção do sucesso artístico do romance, e não gosto de ser associado a coisas que lhe são alheias. A tal ponto que toda essa confusão me perturba profundamente... Desejo retornar, e para sempre, ao silêncio e solitude de que saí. Não publicar mais nada, jamais ser comentado de novo."

O que me traz à horrível realização às avessas dessa reação traumática particular entre tantas outras que a censura provoca com sua distorção da vida dos escritores. Salman Rushdie não está conosco hoje, condenado ao encarceramento, silêncio e solidão, alvo de comentários intermináveis sob a forma mais cruel e mais depravada de censura que este século conheceu, apesar da existência do Gulag. Ele é um escritor de prodigiosa vitalidade e talentos, e

[11] *Letters of Gustave Flaubert 1830-1857*, selecionadas, editadas e traduzidas por Francis Steegmuller, Belknap Press, Harvard, 1980, p. 224.

nada o impedirá de escrever. Mas, quando estiver livre para tornar a viver no mundo, nada poderá lhe restituir o tempo que os malvados fanáticos religiosos lhe roubaram, e que o mundo permitiu que os perpetradores desse delito lhe tirassem, nada poderá restituir ao seu romance, purgado das impressões digitais sujas daqueles que o maltrataram, renascido das cinzas daqueles que o queimaram, a atenção artística que pertence *exclusivamente* a ele.

Enquanto nos alegramos com a nova liberdade para escritores em vários países onde foi por muito tempo negada, e batalhamos pela liberdade para escritores naquelas nações em que os muitos dispositivos de censura ainda prevalecem, com alguns perpetradores carregando suas mordaças, armas e queimas de livros pelo mundo todo, devemos também lembrar que os escritores nunca ficam livres do passado. A censura jamais termina para aqueles que a experimentaram. É uma marca na imaginação que afeta o indivíduo que a sofreu para sempre. Quando a censura parece ter sido varrida junto com o entulho dos regimes derrubados, vamos nos assegurar de que não surja de novo, por demandas de algum futuro regime, para as gerações de escritores que crescerão em qualquer parte do novo mundo em construção. Como Barbara Masakela,[12] secretária de Cultura do Congresso Nacional Africano, disse sem rodeios e certamente para todos nós: "Não estamos dispostos a ver a cultura tornar-se um caso de desenvolvimento interrompido, congelado no ponto da liberação. Nem nos contentaremos com uma cultura vulnerável a tornar-se o feudo de uma futura classe dominante opressiva".

1990

[12] Barbara Masakela, "Possible strategies for culture in a post-apartheid South Africa", texto apresentado no Grupo de Trabalho da Unesco sobre o Apartheid, em Dakar, no Senegal, em novembro de 1989.

Joseph Roth

Labirinto do império e do exílio

Estranhamente, enquanto estava escrevendo sobre Joseph Roth, a roda do carma — ou consequência histórica? — trouxe de volta o reduto de Roth para uma nova encenação da situação central de sua obra. Nos romances de Roth — e principalmente ao longo da vida dos membros da família Von Trotta em suas obras-primas *A marcha de Radetzky* (1932) e sua sequência *A cripta dos capuchinhos* (1938) — vemos a deterioração de uma sociedade, de um império, em que nacionalidades diversas foram forçadas a uma unidade política por uma autoridade predominante e seu símbolo: o Império Austro-Húngaro e a personalidade do imperador Franz Josef. Ali a ascensão do socialismo e do fascismo contra a monarquia conduziu a Sarajevo e à Primeira Guerra Mundial. Depois da Primeira Guerra Mundial, os grupos que tinham conquistado autonomia foram forçados a se unir de novo, ainda que num conglomerado levemente diferente, por outra autoridade todo-poderosa e seu símbolo: o bloco comunista e a personalidade de Josef Stalin. Agora a inquietação e a rebelião, desta vez contra o socialismo que revelou não ser libertação, acarretam mais uma vez a fragmentação de uma hegemonia. Algumas passagens da obra de Roth, sobre os eslovenos, os croatas e os sérvios, poderiam descrever quase sem mudanças o que aconteceu na Iugoslávia em 1991.

Roth: ele nos olha de uma fotografia na sobrecapa do livro. Apenas o rosto numa pequena moldura; é como se alguém erguesse diante de nós uma máscara mortuária. Os ovais dos olhos são buracos negros. O queixo empurrado para cima contra a sombra negra de um bigode esconde estoicamente os segredos dos lábios. Toda uma vida, em bronze, parece estar ali. E há outra imagem nesse rosto: os imensos olhos invisíveis com suas grossas pálpebras superiores e inferiores dominando a largura da face têm a expressão misteriosamente antiga de um feto, condenado a suportar o mundo.

"Je travaille, mon roman sera bon, je crois, plus parfait que ma vie",[13] escreveu Roth.[14] Os prefácios de algumas traduções de seus livros fornecem os mesmos poucos fatos de uma vida de seriado: nascido em 1894 na Galícia, serviu no Exército austro-húngaro durante a Primeira Guerra Mundial, trabalhou como jornalista em Viena, Berlim e Praga, partiu para a França em 1933, escreveu quinze romances e novelas principalmente enquanto participava da oposição dos emigrados aos nazistas, morreu alcoólatra em Paris em 1939. Não consegui encontrar uma biografia completa em inglês.[15] Depois de ter relido toda a ficção de Roth ao meu alcance, fico feliz por conhecê-lo na única maneira que os escritores sabem ser válida para a compreensão de uma obra: por meio da própria obra. Deixo para as escolas de crítica literária, os peixinhos vorazes, o expediente de recorrer aos fatos da vida do autor antes de interpretar o texto.

Robert Musil, contemporâneo de Roth na Áustria-Hungria apesar de os dois grandes escritores não terem evidentemente se conhecido, colocou na boca de seu Ulrich as palavras: "Ninguém pode sentir raiva de seu próprio

[13] "Eu trabalho, meu romance será bom, creio, mais perfeito que minha vida". (N. T.)

[14] Numa carta a sua tradutora Blanche Gidon, citado por Beatrice Musgrave na sua introdução a *Weights and measures*, Dent, Londres, 1983, p. 9. Roth viveu em Paris por alguns anos, e dois de seus romances, *Le triomphe de la beauté* e *Le buste de l'empereur*, foram publicados primeiro em francês. *Le triomphe de la beauté* foi provavelmente escrito em francês; não parece ter sido publicado em alemão.

[15] Obtive a informação de que a biografia alemã padrão, *Joseph Roth: eine biographie*, de David Bronsen, Kiepenheuer & Witsch, Colônia, 1974, está sendo traduzida para a editora inglesa de Roth, Chatto and Windus. A Overlook Press está planejando publicar outra biografia escrita por Nat Cohen, de Toronto.

tempo sem causar dano a si mesmo";[16] para saber que a raiva de Roth o destruiu, basta ler as grandes obras que produziu. O texto nos revela o homem, e não o contrário. A totalidade da obra de Joseph Roth é nada menos que uma *tragédie humaine* realizada com as técnicas da ficção moderna. Nenhum outro escritor contemporâneo, sem excetuar Thomas Mann, chegou tão perto de atingir a integridade — assentada no alto de um poste escorregadio em que jamais deixamos de tentar subir — que Lukács cita como nosso objetivo impossível.

Desde os primórdios toscos em seus primeiros romances, *Das Spinnenetz* (1923) e *Hotel Savoy* (1924), que foi a única obra em que Roth aceitou usar o equivalente verbal da caricatura expressionista de Georg Grosz ou Otto Dix, passando por *Die flucht ohne ende* (1927), *Der stumme prophet* (1929),[17] e todas as suas outras obras, exceto talvez as novelas *Zipper und sein vater* (1928) e *Stationschef Fallmerayer* (1933), seus anti-heróis são quase todos soldados, ex-prisioneiros de guerra, desertores: antigos aristocratas, burgueses, camponeses e criminosos, todos desclassificados em meio à imoralidade da sobrevivência da guerra de 1914-1918. Isso não se aplica apenas à necessidade brutal ou clandestina que a sobrevivência exige, mas também à sensação de que, na terrível formulação de um último membro da dinastia Trotta, eles tinham sido "considerados inaptos para a morte".

Todos os jovens são candidatos às soluções do comunismo ou fascismo, quando não há alternativas ao desespero e à dissipação. Seus pais são incapazes de fazer até mesmo essas escolhas, só lhes restando apodrecer sobre o abismo da memória. Todos, jovens e velhos, são homens supérfluos num grau que Lermontev não poderia ter concebido. As mulheres os acompanham

[16] Robert Musil, *The man without qualities*, vol. I, Secker and Warburg, Londres, 1961, p. 64, traduzido por Eithne Wilkins e Ernst Kaiser. Musil nasceu em 1880 e, apesar de negligenciado por um longo período como escritor fora da cultura germanófona, não foi esquecido por tanto tempo quanto Roth. Musil tornou-se uma figura na literatura mundial nos anos 1950; a obra de Roth teve de esperar mais vinte anos para ser republicada na Alemanha, sem falar em traduções.

[17] *Der stumme prophet* foi editado a partir de uma obra inédita, à exceção de fragmentos que apareceram em *24 Neue Deutsche Erzähler* e *Die Neue Rundschau* em 1929, e publicado depois da morte de Roth, em 1966. A tradução inglesa de David Le Vay foi publicada nos Estados Unidos pela Overlook Press em 1980. A obra parece ter sido escrita, com interrupções, ao longo de vários anos. O personagem central, Kargan, é supostamente modelado em Trotski.

nessa circunstância. Embora demonstre frequentemente a capacidade misteriosa de Joyce para escrever sobre as mulheres como se estivesse dentro da pele feminina, Roth as considera segundo a influência que exercem sobre os homens. "Amamos o mundo que elas representam e o destino que traçam para nós." Embora suas mulheres sejam raramente apresentadas rejeitando sem rodeios a solução determinada pelos homens para sua existência, elas estão sempre silenciosamente convencidas de seu direito à vida, quer a necessidade determine que essa seja vivida atrás de um bar, numa cama de bordel, quer como uma velha *grande dame* na pobreza. Não sendo melhores que os homens, elas são coniventes e tramam; porém, mesmo quando ele as mostra nos seus momentos mais astuciosos e mais arrogantemente destrutivos, ele lhes concede essa vivacidade de espírito. Se alguém interpreta a vida (dele) a partir da obra, é evidente que Roth sofreu por amor e ressentiu-se de suas dores; em grande parte de sua obra, as mulheres desejadas representam frustração sexual, fora de seu alcance.

A esplêndida integridade da obra de Roth é alcançada de três maneiras. Existe o modo padrão de criar personagens que passam de um romance para outro. Existe o lance arriscado muito mais ousado, em que ele triunfa, de testar sua criatividade apresentando temperamentos diferentes vindos de ambientes diferentes ou (ainda com mais habilidade) temperamentos semelhantes nas mesmas circunstâncias em romances diferentes. Existe a unidade paradoxal geral da própria oposição tradicional, monárquica-revolucionária, unida na dissolução de todos os valores, para a qual ele encontra a metáfora física perfeita: a fronteira entre o império de Franz Josef e o império do czar, exemplificada na taverna de Jadlowsky, que aparece tanto em *A marcha de Radetzky* como em *Das falsche Gewicht*. Ali, o trapaceiro Kapturak, um judeu que explora a situação difícil dos outros por causa de seus próprios apuros como vítima do antissemitismo czarista, esconde os desertores do Exército russo que ele vai vender a agentes de mão de obra na América e na Austrália. Os únicos contatos entre os homens pertencem ao contrabando; comércio desse tipo é só o que restará dos dois impérios monárquicos que combatem entre si até a morte mútua, e a única estrutura que ainda existirá no caos resultante; a luta de classes no início do século XX surgirá dessa situação.

A *petite phrase*[18] de Roth na grande obra única em que tudo isso se transforma não é uma valsa de Strauss, mas a "Marcha de Radetzky" do Strauss mais velho, em honra do marechal de campo austríaco que venceu a guerra contra a Sardenha. Seu andamento pulsa a partir da taverna por toda a Viena e todas as vilas e cidades do império de Franz Josef, chegando até Berlim naqueles romances em que a outra águia imperial tem apenas uma cabeça. Pois a obra de Roth é a fronteira da história. Não é recriada a partir de relatos do passado, como *Guerra e paz*, mas recontada contemporaneamente por alguém que ali se achava, em todos os sentidos, presente. Esse não é um impudente julgamento de valor literário; é, mais uma vez, a obra que fornece uma leitura da vida do autor. Ali estava um escritor obcecado e possuído pelo seu próprio tempo. No seu interior, ele podia ouvir o rufar dos tambores do passado ressoando para o futuro.

A evocação daquela época por Musil é um discurso maravilhoso; a de Roth, uma evanescência maravilhosa do autor na sua criação de uma população vívida de personagens conflitantes que expressam aquele tempo. Seu método é mostrar uma espécie de luta picaresca na inescapável cadeia do Estado. Ele raramente se materializa como o autor. Temos o seu epílogo ímpar em *Zipper und sein vater*, aparentemente uma espécie de reconhecimento de que esse seu livro mais terno (pois, embora a situação dos dois torne Musil e Roth escritores irônicos, Roth é terno nos momentos em que Musil é distanciadamente brincalhão) é uma forma de obediência ao passado, que é o cerne da autobiografia. E temos o seu prólogo a *Der stumme prophet*, seu livro mais politicamente realista e menos imaginativamente realizado. Nesse prólogo, ele chega mais perto que nunca de um credo autoral com respeito a seu tema dominante, a relação do indivíduo com o Estado. Ele diz que seus personagens não são criados "com a intenção de exemplificar um ponto de vista político — quando muito, o livro [a história de uma vida] demonstra a antiga e eterna verdade de que o indivíduo é sempre derrotado no fim".

[18] Alusão à *petite phrase* da sonata escutada por Swann em *À la recherche du temps perdu*, de Proust. (N. T.)

O Estado ou Império é o grilhão pelo qual seus personagens estão presos. O movimento político contra o Estado, que tem por objetivo libertar o povo, em Roth forja um grilhão próprio em virtude do qual o revolucionário vai se descobrir mancando.

Roth consegue transmitir conceitos políticos complicados sem o vocabulário de didatismo, retórica e jargão. Nas experiências amargas de Franz em *Die flucht ohne ende*, a desilusão com a esquerda revolucionária transmite, com mais eloquência do que qualquer pesquisa sobre sua vida, o que deve ter sido a própria experiência do outrora revolucionário Roth e aponta para o paradoxo que percorre seus romances com um efeito dialético tão perturbador em seu leitor. O antigo mundo monarquista, capitalista e hierárquico da Igreja e do Estado, com os reis assumindo autoridade divina sobre a terra, seus exércitos compostos de uma seita de guerreiros eleitos para servir de panóplia a esses deuses, é o que ele mostra cruelmente como obsoleto e sedento de sangue. Mas a contrabrutalidade da revolução e a subsequente degeneração de seus ideais numa burocracia estultificante — a tragédia que caracteriza o século XX — levam-no a dar meia-volta e mostrar em seus antigos alvos, pais, mães, proprietários de terra e dignitários municipais legalistas e monarquistas, valores duradouros dos próprios costumes que ele atacou. Isso não fornece uma síntese para sua deslumbrante dialética ficcional. Um escritor que veio depois dele, Czeslaw Milosz, expressa o dilema:

> Ill at ease in the tyranny, ill at ease in the republic,
> In the one I longed for freedom, in the other for the end of corruption.[19], [20]

Os dez anos entre 1928 e 1938 parecem marcar o auge da maestria de Roth, embora a datação de seus romances antes em termos de quando foram escritos[21] e do momento de sua publicação seja frequentemente incerta, pois nas convulsões sociais e políticas do exílio alguns não foram publicados cronologicamente. *A marcha de Radetzky* (1932), *Das falsche Gewicht* (1937) e

[19] Czeslaw Milosz, "To Raja Rao", *Selected poems*, Ecco Press, Nova York, 1980, p. 29.
[20] Pouco à vontade na tirania, pouco à vontade na república,/ Em uma ansiava por liberdade, na outra pelo fim da corrupção. (N. T.)
[21] As datas que apresento são geralmente as das primeiras publicações, no original alemão.

A cripta dos capuchinhos (1938) são a culminação dos outros romances e o núcleo em torno do qual eles estão reunidos para formar uma obra múltipla e magnífica. *Zipper und sein vater* (1928) e *Stationschef Fallmerayer* (1933) são uma espécie de coda instigante, uma incursão em outra esfera emocional, sugerindo o tipo de escritor que Roth poderia ter se tornado numa outra época, levando outro tipo de vida. Não que se deseje que tivesse sido diferente.

Roth era judeu num tempo de crescente perseguição que o forçou a se exilar, mas na pele de escritor ele reteve, assim como em relação à política, seu direito de apresentar tudo o que percebia. Os taverneiros judeus na fronteira espoliavam os desertores. Há um olhar irônico sobre o antissemitismo judaico. Em *Die flucht ohne ende*, um clube universitário tem um *numerus clausus* para judeus obedecido pelos próprios judeus que ganhavam ingresso na associação, e em *Rechts und links* — um romance que Roth parece ter escrito com os dentes à mostra, sem poupar ninguém — há um retrato malevolamente engraçado das sutilezas do esnobismo judaico e antissemitismo em Frau Bernheim; ela oculta ser judia, mas, assim que alguém no jantar parece prestes a contar uma piada, "cai num silêncio sombrio e confuso — com medo de que os judeus fossem mencionados". Por outro lado, o Velho Zipper, assim como Manes Reisiger, o motorista de táxi em *A cripta dos capuchinhos*, é um homem com qualidades — bondade, dignidade na adversidade, humor, amor do conhecimento pelo conhecimento — e, sim, com excentricidades e fantasias judaicas cativantes, retratado com um humor irônico e carinhoso que foi herdado, quer soubesse disso ou não, por Isaac Bashevis Singer.

Fallmerayer, chefe de uma estação ferroviária rural, concebe uma paixão por uma condessa polonesa que entra na sua vida humilde literalmente por acidente (uma colisão da ferrovia). É uma história de amor refinada cuja ternura erótica não teria lugar — simplesmente teria definhado — se mergulhada na atmosfera dos campos de prisioneiros ou na Viena e na Berlim gananciosas do pós-guerra apresentadas por Roth. Ocorre naquela época, mas parece pertencer a algum retiro íntimo da imaginação criativa, bem longe do cinismo e das traições impiedosas que caracterizam o amor entre homens e mulheres na maior parte da obra de Roth. Ajudando a retirar os feridos do trem acidentado, Fallmerayer depara com uma mulher numa maca, com um casaco de pele cinza-prateado, na chuva. "Parecia ao chefe da estação que essa mulher... estava deitada numa grande ilha de paz no meio de um mar ensurdecedor de som e fúria, que dela até emanava silêncio."

As obras centrais, *A marcha de Radetzky* e *A cripta dos capuchinhos*, são realmente uma só, cada romance belamente íntegro e ainda assim superando essa beleza na sua totalidade soberba. A sobrecapa do livro diz que formam uma saga, porque abrangem quatro gerações de um ramo da família Trotta em *Radetzky* e dois ramos colaterais em *A cripta*. Mas não se trata de uma minissérie arrastando-se pelas gerações. É como se Roth descobrisse, nos anos seguintes à criação de *Radetzky*, o que havia iniciado naquele romance e abandonado, com muitas entradas escuras conduzindo a ainda outras entradas que não se atrevera a examinar. Havia relações cujas transformações ele não chegara a acompanhar até o fim: ainda precisava girá-las para que se revelassem a seus olhos em outros planos de sua complexidade. Assim é que a situação entre pais e filhos, apresentada para o leitor com uma suprema compreensão de gênio em *Radetzky*, revela ter um aspecto inexplorado, a situação entre filho e mãe em *A cripta*. E isso não é uma simples imagem de espelho; é o escritor penetrando cada vez mais no que talvez seja a mais misteriosa e fatal de todas as relações humanas, cuja influência corre subjacente e frequentemente sobrevive àquelas entre parceiros sexuais. Somos filhos e somos pais: não há dissolução desses estados exceto na morte.

Nenhum tema em Roth, por mais forte que seja, flui como uma única corrente. Há sempre outros, fluindo em direção contrária, inundando, inchando o poder desse tema e o deles próprios. A relação pai-filho, mãe-filho combina com a relação entre o aglomerado de povos no império e um sistema político estabelecido como uma rede através de suas vidas; e essa própria combinação está conectada com o fenômeno pelo qual a necessidade de culto (uma ordem externa, divina das coisas) transforma um velho com um perpétuo pingo na ponta do nariz, Franz Josef, num deus-imperador; e finalmente todas essas correntes se unem numa análise — apresentada na vida da cidade e da vila — de uma era que traz as razões de seu próprio fim, arrastando consigo metade do mundo ladeira abaixo.

> Embora o destino o tivesse escolhido [Trotta] para executar uma proeza notável, ele próprio cuidava para que essa lembrança se tornasse obscurecida para a posteridade.

Com que segurança Roth sabia como começar! Essa é a quarta frase em *A marcha de Radetzky*. O seu senso do ridículo está sempre na malha escura de questões sérias. Oposição fraca (uma só pessoa) ao grandioso (um império): o que poderia ter acarretado a perversidade da afirmação? E, ao seguir o romance, o leitor vai desemaranhar desse fio, não só o modo como essa lembrança foi obscurecida, mas como ainda assim cresceu ao longo de sucessivas gerações e foi transformada num mito dentro dos poderes míticos do império.

A proeza notável não é recontada em retrospectiva. Estamos na batalha de Solferino e ao lado de Trotta, um tenente da infantaria eslovena, quando ele dá um passo além de seu posto inferior para pôr as mãos no imperador Franz Josef e jogá-lo no chão, recebendo em seu próprio corpo a bala que teria atingido o imperador. Trotta é promovido e honrado. Uma história convencional de heroísmo, conveniente para um capítulo enaltecedor num livro escolar, algo em que ela realmente se transforma. Mas o capitão Joseph Trotta, enobrecido pelo acréscimo de "von Sipolje", o nome de sua vila natal, tem em seu interior uma agulha de bússola que aponta firme na direção da verdade. E ela se agita loucamente, quando, no primeiro livro de leitura de seu filho, ele depara com um relato grosseiramente exagerado de sua proeza como o Herói de Solferino. Numa ação que prefigura o que será realizado por outro Trotta, em tempos futuros, ele transmite sua indignação ao próprio imperador, o único que com certeza deve compartilhar com ele a validade da verdade.

> "Olha aqui, meu caro Trotta", disse o imperador, "... nenhum de nós aparece muito mal na história. Esquece."
> "Majestade", replicou o capitão, "é uma mentira."

Essas são algumas das passagens mais brilhantes do romance. A honestidade é reduzida ao ridículo, quando "a estabilidade do mundo, o poder da lei e o esplendor da realeza são mantidos por astúcia"? Trotta vira as costas a seu amado exército e, separado de seu pai camponês pelo posto e título, vegeta e com amargura faz de seu filho Franz um comissário do distrito, em vez de permitir que siga a carreira militar.

A quarta geração dos Trotta é o filho do comissário do distrito, Carl Joseph, que, com o instinto infalível de Roth para o momento oportuno, entra na narrativa com quinze anos ao som da "Marcha Radetzky", que está sendo executada pela banda militar local sob a sacada de seu pai. O comissário do distrito sofreu com o distanciamento do pai que assim agiu por desilusão; ele próprio só sabe tratar o filho com a mesma fórmula de contatos tolhidos, mas para o leitor, ainda que não para o menino, Roth transmite a sensação de que algo está sendo contido, desejando ser liberado dentro do comissário do distrito.

Assombrado pelo retrato de seu avô, o Herói de Solferino, o solitário Carl Joseph está em casa de licença da escola de cavalaria para cadetes, aonde foi enviado a fim de compensar o comissário do distrito pela sua própria privação do prestígio militar. O rapaz é seduzido pela voluptuosa esposa do sargento-mor no posto de gendarmaria do comissário do distrito. Quando ela morre de parto, Carl Joseph, ocultando do pai seu imenso sofrimento, tem de fazer uma visita de pêsames ao sargento-mor, que lhe dá um pacote de cartas de amor que ele havia escrito à esposa do homem. "Isto é para você, Herr barão... Espero que me perdoe, são ordens do comissário do distrito. Eu lhe entreguei o pacote imediatamente, depois que ela morreu."

Segue-se uma cena maravilhosa, escrita com a contenção narrativa dramática que Roth dominava com maestria nesses últimos livros. Devastado, Carl Joseph entra num café da vila para tomar um conhaque; seu pai ali se encontra e levanta os olhos do jornal que está lendo. "Esse conhaque que ela lhe deu é fraco... Diga à garçonete que sempre tomamos Hennessy."

Mal se voltou a respirar depois dessa cena, quando há outra pressão com uma solução pungentemente irônica. Pai e filho caminham para casa juntos.

> Diante da porta do escritório do comissário do distrito está o sargento-mor Slama, de elmo, rifle e baioneta calada, com seu livro de contabilidade embaixo do braço. "Bom dia, meu caro Slama", diz Herr von Trotta. "Nada a reportar, imagino." "Não, senhor", repete Slama. "Nada a reportar."

Carl Joseph vive assombrado pelo retrato do Herói de Solferino e, apesar de inepto e medíocre na sua carreira militar, sonha em salvar a vida do imperador, assim como fez seu avô. Um fracassado, assombrado igualmente pela morte da esposa de Slama (Roth nos deixa tirar nossa própria conclusão de que a criança que provocou a morte da mãe no parto talvez seja de Carl Joseph) e por sua responsabilidade inadvertida na morte de seu único amigo num duelo, Carl Joseph só realiza esse sonho quando, exasperado pela profanação, arranca da parede de um bordel uma reprodução barata do retrato oficial do imperador — essa outra imagem que assombra sua vida.

Roth concebe novamente essa pequena cena em grande escala, quando, num baile orgíaco que poderia ter sido encenado por Fellini a respeito de um plano criado por Diotima de Musil para sua "Campanha Colateral", que tem por objetivo celebrar os setenta anos do reinado do imperador Franz Josef, chega a notícia do assassinato do filho do imperador em Sarajevo. Alguns húngaros comemoram de modo estridente: "Todos concordamos, meus conterrâneos e eu, que devemos nos alegrar com a morte desse porco".

Trotta, bêbado, desaprova "heroicamente" — "Meu avô salvou a vida do imperador... Eu, seu neto, não vou ficar de braços cruzados e permitir que a dinastia do Supremo Senhor da Guerra seja insultada!". Ele é forçado a partir ignominiosamente.

Enquanto o filho do comissário do distrito se deteriora pelo jogo e pela bebida, Roth revela com maravilhosa sutileza o que estava contido e querendo libertar-se no pai. O laço não suspeitado do velho comissário do distrito com seu velho criado pessoal, Jacques, é perfeitamente transmitido numa das duas cenas superlativas do romance, quando o fato de Jacques estar morrendo é, primeiro, apenas um incômodo de classe porque o criado deixa de entregar a correspondência à mesa do café da manhã, e depois torna-se uma dissolução das diferenças de classe na humanidade dos dois velhos que são tudo o que restou, um para o outro, de uma ordem social desaparecida: suas vidas.

A segunda passagem ecoa essa última e traz de volta uma cena que sempre esteve presente, por baixo das consequências que profusamente a recobriram. O nivelamento da idade e a dissolução social não respeitam condição social. Agora o comissário do distrito não só está unido com seu antigo criado; igualmente, na outra ponta da antiga ordem, ele passa a ter o mesmo laço com seu enaltecido imperador. Numa audiência que lembra a do Herói de Solferino, ele também foi pedir a intercessão do imperador. Dessa vez é para pedir que Carl Joseph não seja dispensado do Exército com desonra. O imperador evasivo diz de Carl Joseph:

> "Esse é o jovem que vi nas últimas manobras..." E como isso o confundiu um pouco, acrescentou: "Sabe, ele quase salvou minha vida. Ou foi você?".
> Um estranho que os vislumbrasse nesse momento poderia pensar que eram irmãos... Um sentia que havia se transformado num comissário do distrito; o outro, que havia se transformado no imperador.

A unidade da obra-prima de Roth é realizada nessa faculdade mais elevada da imaginação, de que Walter Benjamin[22] fala como "uma extensão... do leque fechado, que só ao se abrir respira e floresce".

Atirando em trabalhadores em greve, Carl Joseph os escuta cantar uma canção que nunca ouvira, a "Internacional". Ao mesmo tempo, ele tem o desejo de escapar das origens camponesas da família Trotta. Incapaz de se retirar para o passado "inocente", supérfluo entre o poder do império condenado e o poder da futura revolução, recebe de Roth uma solução que é intensamente irônica e ao mesmo tempo uma afirmação estranhamente comovente da persistência de um tipo de humanidade nua, flagelada por todos os lados. Conduzindo seus homens em 1914, ele adentra o fogo inimigo para encontrar algo que possam beber. "O tenente Trotta não morreu com a espada na mão, mas com dois baldes de água."

O primo de Carl Joseph, da *Cripta dos capuchinhos*, jamais o conheceu, embora Roth saiba fazer o leitor estremecer ao apresentar casualmente o fato de que estavam ambos na batalha em que Carl Joseph foi morto. Mas esse Trotta se une com o ramo camponês da família ao adotar, primeiro como uma forma de radical chique, outro primo, Joseph Branco, um assador de castanhas ambulante da familiar cidade de fronteira de Roth. Emocionalmente congelado entre uma mãe que, como o comissário do distrito, não sabe ex-

[22] Walter Benjamin, "One-way street", *Reflections: Essays, aphorisms, autobiographical writings*, edição e introdução de Peter Demetz, tradução de Edmund Jephcott, Schocken, Nova York, 1986, p. 83.

pressar seu amor e uma jovem esposa que se torna lésbica depois que ele a deixa sozinha na noite de núpcias para fazer companhia a um criado moribundo (a vigília do comissário do distrito com Jacques composta num outro tom), Trotta forma sua relação mais calorosa com Branco e com o amigo de Branco, o motorista de táxi judeu. Eles partem para a guerra juntos, vivem juntos como prisioneiros de guerra fugitivos na Sibéria, e, nessa fase da reflexão mais profunda de Roth sobre os elementos de seu megarromance, exemplificam brilhantemente sua percepção de que a coerência nas relações humanas não é uma virtude, mas uma invenção de romancistas menores. A camaradagem ideal dos três homens racha ao longo de linhas imprevisíveis, assim como a complexidade do amor e indiferença de Trotta em relação à esposa e o fato de ela romper constantemente o que parecem soluções emocionais para a vida em comum são congruentes com as mudanças duras da guerra e do pós-guerra que os contêm.

Como em toda a obra de Roth, essa fase é tão maravilhosamente populosa quanto qualquer romance do século XIX, os aspectos psicológicos magistralmente delineados, sobretudo na pessoa da mãe de Trotta e nas digressões sobre o sofrimento e a satisfação ilógica na relação entre mãe e filho. Mas *A cripta dos capuchinhos* foi uma das últimas obras de Roth, publicada um ano antes de sua morte, o ano da guerra seguinte para a qual tudo o que não fora resolvido na anterior estava se armando no mundo, na época de Roth. Embora tenha escrito ao menos mais dois romances depois deste, ele conclui essa fase e atinge — para mim — o epítome de sua obra, com uma cena em que Trotta está num café. Naquela noite "a agitação de meus amigos... me parecia supérflua" — como parece ao leitor, porque, com o poder de Roth para estilhaçar uma cena com um golpe da história, ela só é explicada:

> ... no momento em que a porta do café se abriu de repente e um jovem estranhamente vestido apareceu no limiar. Ele estava com polainas de couro preto... e uma espécie de boné militar que me lembrou ao mesmo tempo um urinol de doentes acamados e uma caricatura de nossos antigos bonés austríacos.

O *Anschluss* chegou. O café é esvaziado, não fica ninguém, nem o proprietário judeu. Numa fusão inspirada de forma e conteúdo, segue-se um trecho aturdidamente desorientado que expressa o estilhaçamento de todos os valores, inclusive os emocionais, de modo que o trivial e o casual, os safanões involuntários, tomam conta. Trotta senta-se no café vazio, e dele se aproxima apenas o cão de guarda. "Franz, a conta!", grita para o garçom desaparecido. "Franz, a conta!", diz para o cão. O cachorro o segue no amanhecer que está irrompendo sobre "cruzes sinistras" que foram rabiscadas nos muros. Ele se descobre na *Cripta dos capuchinhos*, a tumba do imperador, "onde meus imperadores estão enterrados em sarcófagos de ferro".

> "Quero visitar o sarcófago de meu imperador, Franz Josef... Longa vida ao imperador!" O irmão capuchinho encarregado da cripta manda que ele se cale e vá embora. "Aonde é que poderia ir agora, eu, um Trotta?"

Conheço bastante bem os fatos da vida de Joseph Roth para saber que, no momento de sua própria morte, ele sofreu um colapso num café, uma estação do calvário do exílio.

1991

Virando a Página

Os escritores africanos no limiar do século XXI

No começo era o Verbo.

Ao longo dos séculos da cultura humana, a palavra tem assumido outros significados, tanto seculares como religiosos. Ter o dom da palavra passou a ser sinônimo de máxima autoridade, prestígio, tremenda persuasão, às vezes perigosa, ter horário nobre, um programa de entrevista na TV, ter o dom da loquacidade, bem como o de falar línguas desconhecidas.

No século XXI, a palavra voa pelo espaço, ricocheteia nos satélites, agora mais próxima que nunca do céu, do qual acreditava-se ter vindo. Mas sua transformação mais significativa ocorreu para nós — os escritores — há muito tempo (*e* na África), quando foi rabiscada pela primeira vez num tablete de pedra ou traçada em papiro, quando se materializou passando de som a espetáculo, deixando de ser escutada para ser lida numa série de signos, depois num texto escrito, e passando então a viajar através do tempo desde o pergaminho até Gutenberg. Pois essa é a história da gênese do escritor. É a história que escreveu o nosso vir a ser, o meu e o seu.

Foi estranhamente um processo duplo, criando ao mesmo tempo o escritor e o próprio objetivo do escritor como uma mutação na capacidade de agir da cultura humana. Não só a ontogênese como a origem e o desenvolvimento *de* um ser individual, mas também uma adaptação específica, na natureza desse indivíduo, à sondagem da ontogênese, a origem e o desenvolvimento *do* ser individual. Pois nós, os escritores, evoluímos para essa tarefa. Como o prisioneiro encarcerado com o jaguar na história de Borges, "A escrita do Deus", o qual tentava ler, num raio de luz que só acontecia uma vez por dia, o significado de ser nas marcas do pelo do animal, passamos a vida tentando interpretar pela palavra as leituras que fazemos nas sociedades de que participamos. É nesse sentido, nessa participação inextricável e inefável, que escrever é sempre e ao mesmo tempo uma exploração do eu e do mundo, do ser individual e coletivo.

Os escritores na África no século XX interpretaram os maiores acontecimentos em nosso continente desde a abolição da escravidão, desde "O mundo se despedaça" nos regimes colonialistas, atravessando "O rio que separa" a opressão e a libertação, passando "Armados para o combate" pela "Neblina no fim da estação", "Descendo a segunda avenida", entoando a "Canção de Lawino" sobre a "Missão para Kala", superando as "Condições nervosas" e descartando a "Ordem de pagamento" como o preço da servidão, suportando "A casa da fome", desafiando "Um mundo de estranhos" criado pelo racismo, reconhecendo que estamos fugindo da responsabilidade como "Tolos" a "Culpar a história" pela nossa existência. "Confessando como um terrorista albino", narrando como "Os intérpretes" "O conto árduo" da luta pela liberdade.[23]

Não há nenhum prêmio oferecido para quem identificar corretamente os escritores dos livros cujos títulos devem ser reconhecidos nessa enfiada narrativa que acabei de apresentar, nem será necessário apontar que esses títulos e escritores são apenas uns poucos escolhidos ao acaso dentre aque-

[23] As referências aqui são a *Things fall apart*, de Chinua Achebe, *The river between*, de Ngug wa Thiong'o, *Up in arms*, de Chenjerai Hove, *Fog at season's end*, de Alex L. Guma, *Down Second Avenue*, de Es'kia Mphahlele, *Song of Lawino*, de Okot P'Bitek, *Mission to Kala*, de Mongo Beti, *Nervous conditions*, de Tsitsi Dangarembga, *The money order*, de Sembene Ousmane, *The house of hunger*, de Dambudzo Marechera, *A world of strangers*, de Nadine Gordimer, *Fools*, de Njabulo Ndebele, *Blame me on history*, de Bloke Modisane, *The true confessions of an albino terrorist*, de Breyten Breytenbach, *The interpreters*, de Wole Soyinka, e *A tough tale*, de Mongane Wally Serote.

les que tornaram manifesto em nossa literatura o despertar combativo de nosso continente.

Sabemos que nossa tarefa era transmitir à consciência de nosso povo e à do mundo as verdadeiras dimensões do racismo e do colonialismo, indo além das que podem ser veiculadas pela mídia, pela coluna no jornal, pela imagem na tela, por mais valiosas que essas possam ser. Nós, escritores, procuramos a impressão digital da carne na história.

As chances de desenvolver-se como um escritor capaz de assumir essa imensa responsabilidade têm sido pequenas para a maioria de nossos escritores. Mas como Agostinho Neto disse e provou com sua vida: "Se escrever é uma das condições de estarmos vivos, criamos essa condição".

Na adversidade, na opressão, apesar de tudo.

Antes de olharmos adiante no século XXI, temos o direito de avaliar aquilo por que passamos e o que significa estar aqui, neste tempo e lugar específico que tem sido a África do século XX. Essa tem sido uma posição existencial com implicações particulares para a literatura; temos vivido e trabalhado em meio a uma daquelas épocas temíveis de que Brecht escreveu, quando "falar de árvores é quase um crime". Nossos irmãos e irmãs nos desafiaram com o grito do poeta polonês Czeslaw Milosz: "O que é a poesia se não serve às nações e aos povos?". E temos aceitado esse desafio. Inevitavelmente, a característica da literatura africana durante a luta contra o colonialismo e, mais tarde, contra o neocolonialismo, tem sido o engajamento — o engajamento político.

Agora, infelizmente, muitas pessoas veem esse conceito de engajamento como uma categoria limitada, fechada ao alcance da vida refletida na literatura; é considerado uma espécie de versão mais cara de propaganda. O engajamento não é compreendido pelo que realmente tem sido nas mãos de escritores honestos e talentosos: a investigação do escritor sobre o significado particular que existir tem assumido no seu tempo e lugar. Pois o real "engajamento", para o escritor, não é algo separado do âmbito da imaginação criativa a mando de seus irmãos e irmãs na causa partilhada com eles; provém do interior do escritor, de seu destino criativo como uma agência de cultura, vivendo na história. O "engajamento" não exclui a beleza da linguagem, a complexidade das emoções humanas; ao contrário, tal literatura deve ser capaz de usar tudo isso para ser realmente engajada na vida, quando o fator predominante nessa vida é a luta política.

Embora vivendo e escrevendo nessas condições na África, alguns de nós temos visto nossos livros passarem anos sem leitores em nossos próprios países, banidos, e temos continuado a escrever. Muitos escritores foram presos: Wole Soyinka, Ngũgĩ wa Thiong'o, Jack Mapanje, Jeremy Cronin, Mongane Wally Serote, Breyten Breytenbach, Dennis Brutus, Jaki Seroke e uma legião de outros. Muitos, como Chinua Achebe e Nuruddin Farah, suportaram o trauma do exílio, do qual alguns nunca se recuperam como escritores e ao qual outros nem chegam a sobreviver. Penso, entre tantos nomes, em Can Themba e Dambuze Marechera.

Tampouco podemos desconsiderar o que acontece a escritores em outras partes do mundo como algo que está longe de ser uma ameaça a nós próprios. Em 1988, o romancista grego Nikos Kazantzakis falou do "ritmo temível de nosso tempo" acelerado num frenesi sem precedentes, em que o escritor era intimado a dançar para salvar sua vida. Surgiu uma ameaça contra escritores que adquire sua estarrecedora autoridade de algo mais difundido que o poder de qualquer regime político em separado. O edito de uma religião mundial sentenciou um escritor à morte.

Há três anos, onde quer que esteja escondido, Salman Rushdie tem vivido sob o pronunciamento de uma *fatwa* contra sua pessoa. Não há asilo para ele em nenhum lugar. Toda vez que se senta para escrever, esse escritor não sabe se vai viver até o fim do dia; não sabe se a página será preenchida. O ditame assassino, invocando o poder do terrorismo internacional em nome de uma grande e respeitada religião, não é algo que acontece a "um outro". É relevante aos temas que *nos* concernem e vai continuar a sê-lo, na literatura africana como parte da literatura pós-colonial, pois o romance de Rushdie é uma exploração inovadora de uma das experiências mais intensas que partilhamos, a personalidade individual em transição entre duas culturas reunidas nesse mundo pós-colonial. Para a liberdade futura do mundo, e para os direitos humanos de todos que escrevemos, a *fatwa* de morte deve ser declarada um crime contra a humanidade e combatida por aqueles que são os únicos com o poder de fazê-lo — os governos democráticos em toda parte e as Nações Unidas. O precedente da *fatwa* lança uma sombra sobre o livre desenvolvimento da literatura em nosso continente assim como em toda parte, mesmo quando acreditamos estar ingressando nos tempos esclarecidos do século XXI.

O que nós, na África, esperamos realizar, como escritores, no novo século? Pelo fato de sermos escritores, podemos esperar realizar literalmente, por meio de nosso trabalho, aquele símbolo de mudança, o virar de uma nova página?

Quais são as condições sob as quais podemos esperar escrever — ideológicas, materiais, sociais?

Parece-me que essas são as duas questões básicas para o futuro da literatura africana. Acredito ser consenso geral que a consonância com as necessidades do povo é o imperativo para o futuro na nossa visão da literatura africana. Esse é o momento de abandonar o passado; ali, a literatura desempenhava o papel incomensuravelmente valioso de articular a luta política do povo, mas não acredito que se possa dizer que tenha enriquecido a vida desse povo com uma cultura literária. E entendo que nossa premissa é que uma cultura literária constitui um direito do povo.

Como tenho sugerido, vamos todos abordar a questão a partir de nossa experiência no século XX; vamos todos arriscar previsões, porque não sabemos em que circunstâncias nossas ambições de desenvolver uma literatura terão de ser realizadas. Temos nossas ideias e convicções de como o desenvolvimento literário deve se processar em consonância com essas necessidades de nosso povo; mas não podemos saber com que tipo de ordens políticas e sociais teremos de buscar essa consonância.

Acho que temos de abrir completamente os olhos a respeito das relações entre nossas duas questões básicas. Temos de reconhecer que a primeira — o que esperamos alcançar em termos de diretrizes literárias — depende fortemente da segunda: as condições sob as quais estaremos trabalhando como escritores. Uma cultura literária não pode ser criada por escritores sem leitores. Não há leitores sem uma adequada educação. É simples assim — e terrível. Por mais que estimulemos escritores que são capazes de realizar, segundo seus talentos, os vários tipos e níveis de escrita que vão tirar a literatura do contexto proibitivo do intelectualismo inalcançável, nunca atingiremos nosso objetivo enquanto não houver um amplo leitorado com uma competência além do nível escolar e da história em quadrinhos. E onde há leitores deve haver bibliotecas em que possam encontrar a nova literatura que esperamos criar, satisfazendo a necessidade de identificação com a vida cotidiana do povo, e a literatura geral que inclui as grandes obras mundiais que ampliam a consciência humana.

Os leitores potenciais encontrarão prosa, poesia e não ficção em suas línguas maternas? Se pretendemos criar uma literatura africana do século XXI, o que fazer enquanto publicar em línguas africanas continua a ser algo confinado principalmente a obras prescritas para estudo, folhetos de banca de mercado e brochuras religiosas? Aceitamos há muito tempo que a África não pode — e, no que diz respeito a seu povo, não deseja — criar uma cultura "pura" em termos linguísticos; isso é um anacronismo, quando, para fins de crescimento material, o continente busca ansiosamente meios de desenvolvimento tecnológico em todas as partes do mundo. Todos sabemos que não existe esse sistema viável de uma economia puramente nativa, pois todo mundo quer computador e cassetes. Tampouco pode haver, num futuro de crescente contato intercontinental, uma cultura nativa "pura". Vemos, fato evidente em toda a África, que as línguas europeias que vieram com a conquista europeia foram adotadas na independência, *adquiridas* pelos africanos e integradas em suas conveniências e cultura. (Os brancos, é claro, nunca tiveram o bom-senso de fazer o mesmo com as línguas africanas...)

Mas não podemos falar em aceitar o desafio de um novo século para a literatura africana se não considerarmos a necessidade de projetar o meio pelo qual a literatura em línguas africanas se tornará o principal componente da literatura do continente. Sem isso, não se pode falar de uma literatura africana. Essa deve ser a base das correntes cruzadas culturais que vão ao mesmo tempo fustigar e estimular essa literatura.

E que dizer das publicações?

Nós escrevemos os livros; para que adquiram vida, eles têm de circular para que sejam lidos. Para circular, precisam ser competentemente distribuídos, não apenas em bibliotecas, mas também no comércio. Muitos de nós procuraram tentar satisfazer as necessidades dos culturalmente marginalizados lançando pequenas editoras sem fins lucrativos na literatura africana. Fomos forçados a recuar de nossa intenção pelo fato de que a rede de distribuição, certamente nos países do Sul da África (não imagino que haja muita diferença nos países do Norte), continua a ser a antiga rede colonial. Umas poucas redes tomam as decisões, baseadas no mínimo denominador comum do valor literário, sobre os livros que devem ser comprados das editoras, e detêm o único meio de distribuir as obras para um público amplo, porque possuem a cadeia de livrarias que domina o comércio nas cidades e são as únicas livrarias existentes na maioria das pequenas cidades. Na África do Sul do século XX, por exemplo, *não* há virtualmente livrarias nas imensas áreas onde os negros foram confinados sob o *apartheid*.

Outra questão vital: qual será a atitude oficial dos vários Estados africanos em relação à cultura e à literatura como expressão dessa cultura? Nós, escritores, não sabemos, e temos razão de estarmos inquietos. Sem dúvida, no século XX da luta política, o dinheiro do Estado tem sido gasto com armas, e não com livros; a literatura — na verdade, a cultura — tem sido relegada à categoria do dispensável. Quanto à capacidade de ler e escrever, desde que as pessoas saibam ler os decretos do Estado e os grafites que os desafiam, isso tem sido considerado proficiência suficiente. Como escritores, antevemos, por exemplo, a determinação de um Ministério da Cultura para financiar publicações em línguas africanas e para criar bibliotecas nas comunidades rurais e nas favelas urbanas que existirão entre nós ainda por muito tempo? Temos de recear que, em troca da subvenção, os escritores possam ser restringidos pela censura de uma ou outra maneira? Como podemos assegurar que nosso papel implícito — fornecer uma crítica da sociedade para a maior compreensão e o enriquecimento da vida local — será respeitado?

Considerando todos esses fatores que se interpõem no caminho do escritor que deseja transformar a literatura em resposta a uma nova era, parece que nós, escritores, embora relutantemente, temos de assumir responsabilidades contingentes que não deveriam ser nossas. Teremos de nos preocupar com a qualidade e as diretrizes da educação — as nossas escolas formarão parasitas ou pensadores? Teremos acesso, por meio de nossa escrita, às jovens inteligências? Como devemos fazer pressão em prol de uma nova política e estrutura de publicação e distribuição, para que os escritores possam escrever em línguas africanas e proporcionar prazer e satisfação a milhares que se veem excluídos da literatura pela falta de conhecimento das línguas europeias? Como devemos executar a função dos escritores, cujo gesto essencial, a mão estendida a fim de contribuir para o desenvolvimento, está nos livros oferecidos, algo que é reconhecido e valorizado pelas potências governantes do século XX? Temos de começar a nos preocupar agora com as estruturas sociais que contêm cultura e dentro das quais ela deve assegurar seu crescimento.

E ainda há outro problema a ser encarado pelo poder puro da palavra, que é só o que temos, mas que tem se mostrado indestrutível até pela mais horrível das armas convencionais e não convencionais. Olhando em retrospectiva, muitos fatores bem conhecidos inibiram o crescimento de uma cultura africana moderna e de uma literatura africana neste século em que as areias da ampulheta escorrem entre nossos dedos. Não é preciso citar a desconsideração desdenhosa de toda a cultura africana pela dominação colonial e das fronteiras; o manto de cimento jogado por cima da música, dança, mito, filosofia, crenças religiosas e rituais seculares africanos: o próprio material de que se nutre a imaginação literária. A criatividade da África jaz ignorada sob os pés dos brancos caminhando para ver o último filme de gângster de Hollywood ou comprar numa loja da esquina um gibi com texto em inglês americano dentro de balões. E logo, logo, a esses brancos juntaram-se negros buscando a mesma coisa, tendo sido convencidos, já que se considerava sem valor tudo que era seu, de que essa era a cultura a adquirir. O hábito de mascar papa cultural está a essa altura tão profundamente estabelecido entre nosso povo e tão tentadoramente comprado a preços baratos no exterior pela nossa mídia — incluindo o meio cultural dominante de nosso tempo, a televisão — que a literatura na África tem de expressar não só a vida do povo, mas também afirmar a beleza e o interesse dessa realidade contra a megassubcultura que, na minha terminologia revisada de um mundo vastamente em mutação, é o ópio do povo.

O poder da imaginação de nossos escritores não pode ser exercido para atrair nosso povo e afastá-lo do seriado cômico da TV? As grandes aventuras que os escritores exploram na vida não podem oferecer a uma criança algo tão excitante em imagem e palavra quanto a batalha desajeitada das tartarugas ninjas? Não queremos que a liberdade cultural seja sequestrada pela investida da subliteratura internacional no espaço de desenvolvimento que conquistamos a duras penas com a derrota das culturas coloniais. Esse talvez seja o maior risco diante de nós, quando viramos a página da literatura africana e escrevemos o cabeçalho: século XXI.

Albert Camus escreveu: "Ou se luta pelo homem inteiro, ou não se luta pelo homem de modo algum. E se precisa de pão e justiça, o homem também precisa de beleza pura, que é o pão de seu coração". E assim Camus pedia "coragem em sua vida e talento em seu trabalho". Vamos precisar de coragem em nossas vidas para participar da transformação das estruturas sociais que tornará possível o crescimento da literatura africana.

Gabriel García Márquez escreveu: "A melhor forma de um escritor servir a uma revolução é escrever da melhor maneira que puder". Isso também vale para a revolução pacífica da cultura; sem talento em nosso trabalho, sem o esforço para escrever da melhor maneira que pudermos, não serviremos à literatura africana como deveríamos.

Acredito que as afirmações de Camus, Márquez e Neto (lembrem suas palavras: "Se escrever é uma das condições de estarmos vivos, criamos essa condição") poderiam ser o credo para todos nós que escrevemos na África. Elas não resolvem os conflitos que vão continuar a surgir, mas asseguram claramente uma possibilidade honesta de solução, viram a face dos escritores diretamente para sua existência, sua razão de ser como escritor e sua razão de ser como um humano responsável, agindo como qualquer outro dentro de um contexto social e político. Pão, justiça e pão do coração, que é a beleza da literatura: essas são as nossas tarefas na África do século XXI.

1992

Além do Mito

O brio de Mandela

Na sexta-feira, em Oslo, Nelson Mandela aceitou o Prêmio Nobel da Paz com o presidente sul-africano F. W. de Klerk pelos seus esforços para acabar com o *apartheid*.

Nelson Mandela é uma das celebridades de hoje. Um dos poucos que, em contraste com aqueles que tornaram nosso século XX abominável pelo fascismo, racismo e guerra, marcarão o período como uma era que realizou avanços para a humanidade. É assim que seu nome viverá na história, o contexto no qual ele pertence ao mundo.

Claro, nós, sul-africanos, somos parte desse contexto e partilhamos essa visão de Mandela. Mas ele nos pertence, e — acima de tudo — nós pertencemos a ele em outro nível, e diferente, de experiência.

Alguns de nós o conheceram na infância em sua casa no Transkei e veem, por baixo do rosto a envelhecer formado por extraordinárias experiências de clandestinidade e prisão, os contornos suaves de um jovem vivaz que não sabia das qualidades que possuía dentro de si além de um desejo comum de viver. Alguns que lutaram pela liberdade sacrificaram suas vidas e não estão conosco para casar a imagem do líder, na luta que partilharam, com o estadista que a conduziu à realização. Outros veem, sobreposta a suas aparições públicas, à sua imagem nos jornais e na televisão atuais, a lembrança de seu rosto, figura e postura quando ele falou no banco dos réus ao ser sentenciado à prisão perpétua por suas ações contra o *apartheid*, e declarou um compromisso que tem honrado desde então, muitas vezes em meio a muitos perigos: "Tenho acalentado o ideal de uma sociedade livre e democrática em que todas as pessoas vivam juntas em harmonia e com oportunidades iguais. É um ideal pelo qual pretendo viver e que espero poder realizar. Mas, se necessário, é um ideal pelo qual estou disposto a morrer".

É uma tentação contar histórias sobre Mandela. Falar — cada um de nós que tivemos até um breve ponto de contato com ele — do prazer de ser lembrado e de lembrar. Pois esse homem, com a carga de Atlas de nosso futuro sobre seus ombros eretos, tem o que parece ser uma espécie de facilidade telepática de reconhecer identidades, um sistema mnemônico de fichário (desenvolvido talvez nos longos anos contemplativos da prisão) que o torna capaz de reconhecer pessoas que pode não ter visto em anos, ou que talvez tenha conhecido de passagem durante as recentes semanas de encontros de aperto de mãos. Mas não é nenhum truque de comunicador político. Aparentemente insignificante, é um sinal de algo profundo: um distanciamento do egocentrismo, a capacidade de viver para os outros que é central no seu caráter.

Ele viaja pelo país no momento, sendo uma presença em carne e osso para milhões. Passou 27 anos na prisão; em nosso meio — pois Robben Island se acha à vista da Montanha da Mesa na Cidade do Cabo, e a Prisão Pollsmore faz parte da cidade — está, entretanto, em termos sociais, sepultado. Silenciado. Até sua imagem foi removida; proibiram reproduzir sua fotografia em jornais ou outros meios de comunicação. Ele poderia ter se tornado facilmente um lenda, suas feições recompostas como o ícone de esperanças que nunca seriam concretizadas e de uma liberdade que sempre recuava, quando cada onda de resistência dentro de nosso país era esmagada e parecia derrotada, e o mundo exterior se mostrava indiferente.

Mas as pessoas tinham noção de que suportara uma realidade conhecida de todos: as humilhações duras da prisão eram experiências diárias para os negros sob as leis do passe e inúmeras outras restrições civis do *apartheid*, que criaram por gerações uma imensa população carcerária não criminosa na África do Sul. Quando ele e seus colegas foram obrigados a quebrar pedras e arrancar algas marinhas do oceano Atlântico, as pessoas comuns entre a população negra estavam sendo contratadas pelas autoridades da prisão como mão de obra rural escrava. O seu povo o conservava entre si nas palavras das canções e dos cânticos, nos exemplos de formas de resistência que ele lhes havia passado e nos pedidos de sua liberdade que faziam parte da plataforma de libertação, mantida tanto pela liderança no exílio como pelo próprio povo no país. Pelas notícias que chegavam da prisão, viemos a saber que seu senso de identidade sempre incluía tudo isso, essa vida com seu povo; ele os recebia através das paredes da prisão, assim como eles o mantinham entre si. Esse duplo sentir era intrínseco ao próprio estofo da resistência. A forte possibilidade de que ele morreria na prisão nunca foi considerada passível de ser aceita. Para o movimento de libertação jamais houve a derrota psicológica de ele se tornar uma figura mítica, um Che Guevara que só pudesse reaparecer algum dia numa ressurreição mística sobre um cavalo branco, pois, assim que um personagem se torna um mito, ele desaparece para sempre como um líder que enfrenta o presente com seu corpo vulnerável.

Claro, continua difícil escrever sobre um fenômeno como Mandela em termos que não sejam hagiográficos. Mas ele não é uma figura divina, apesar de sua enorme popularidade — e essa popularidade, na era da negociação bem-sucedida entre os brancos e os negros, estende-se em todos os tipos de direções, indo além da confiança e da reverência que lhe devotam os negros e aqueles brancos que foram ativos na luta pela eliminação do *apartheid*. Enquanto escrevia este texto, escutei no noticiário que uma pesquisa entre negociantes sul-africanos revelou que 68% desejam ver Nelson Mandela como futuro presidente da África do Sul. Longe de assumir um status celestial, a qualidade de Mandela é, ao contrário, plenamente a de um homem, a essência de um ser humano em tudo o que o termo deveria significar, poderia significar, mas raramente significa. Ele pertence completamente a uma vida real que se passa em determinado lugar e época, e na relação desse ponto específico do espaço e tempo com o mundo. Está no epicentro de nosso tempo, o nosso na África do Sul e o de vocês onde quer que estejam.

Pois há duas espécies de líder. Há o homem ou a mulher que criam a identidade — sua vida — a partir do impulso da ambição pessoal e há o homem ou a mulher que criam uma identidade a partir da resposta às necessidades das pessoas. Para o primeiro, o impulso vem limitado de seu interior; para o outro, é uma carga de energia que provém das necessidades de outros e das demandas que esses fazem. O dinamismo de Mandela como líder é ter dentro de si a qualidade altruísta de receber essa carga de energia e agir sobre ela. Ele foi um líder revolucionário de enorme coragem, é um negociador político de extraordinária habilidade e sabedoria, um estadista na causa da mudança pacífica. Sofreu e sobreviveu mais de um terço de sua vida na prisão e saiu sem proferir uma palavra de vingança. Experimentou muitas tristezas familiares pessoais como resultado de seu aprisionamento. Suportou tudo isso, é evidente, não só porque a causa da liberdade para seu povo na África do Sul tem sido o sopro vital de sua vida, mas porque ele é aquele ser raro para quem a família humana é a sua família. Quando fala da África do Sul como o lar de todos os sul-africanos, negros e brancos, ele acredita realmente no que diz. Assim como falava a sério quando no tribunal prometeu que estava pronto a morrer por esse ideal.

Como diz Aimé Césaire, no encontro da vitória há lugar para todos. As ações e as palavras de Mandela demonstram que ele sabe que, sem essa condição, não há vitória para ninguém.

1993

Renascendo para a Eleição

O QUE SIGNIFICA UMA ELEIÇÃO nos países ocidentais democráticos? Uma eleição é um evento recorrente da ordem social, surgindo como a obrigação de preencher a declaração do imposto de renda. Um dia em que, como uma rotina na vida cívica, faz-se uma marca em favor do indivíduo ou do partido político cujo programa para governar a vida dos cidadãos acredita-se ter mais chances de cumprir esse objetivo. Se alguém não é político, nem está ativamente empenhado na campanha de um partido político, fazer essa marca não é uma experiência capital. Posso me incluir nessa categoria comum porque, embora seja sul-africana, sou branca e, consequentemente, tive o direito de votar desde os dezoito anos.

Mas, como sou sul-africana, compreendo também o que, imagino, ninguém no mundo ocidental pode entender: aquilo que a eleição desta semana em nosso país, no ano de 1994, significa para a grande maioria dos sul-africanos, negros que até então, por lei, nunca tiveram permissão de votar. E por ter sido protagonista, à minha maneira, na luta contra o racismo que foi estabelecido ao se negar aos negros o voto, o direito de ter voz nos governos que proscreveram todo e qualquer aspecto de suas vidas, também partilho o que essa eleição significa para os negros. É por essa razão que falarei em "nós" em vez de "eles" ao atribuir esse significado.

Para nós, a eleição não significa apenas um novo começo. É uma ressurreição: esta terra levantando-se da tumba de todo o passado colonial partilhado em diferentes países, décadas e proporções entre os holandeses, os franceses, os britânicos e sua mistura de outros europeus; este povo indígena levantando-se da tumba das moradias segregadas, campos ocupados, escolas faveladas, restrições de emprego, remoções forçadas de uma região do país para outra; do enterro de todas as aspirações e dignidade humanas sob a humilhação da discriminação por raça e cor da pele; este povo, levantando-se, pela primeira vez na história, com o direito de eleger um governo: para governar a si mesmos. Um momento sagrado é representado no ato de colocar uma marca no papel do voto.

Sim, há altas emoções envolvidas nessa eleição além dos óbvios sentimentos políticos da luta pelo poder como um processo democrático. Como transformar a emoção que as pessoas sentem em capacitação, a competência de usar esse processo, é outra história. As gerações da submissão produziram suas próprias psicoses. É difícil convencer pessoas cujas vidas têm sido totalmente controladas por empregadores brancos e pelas autoridades que serviam aos interesses desses empregadores de que qualquer coisa que se coloque no papel — uma assinatura, a impressão digital do polegar — não estará sujeita ao escrutínio do *baas*[24] branco e seus agentes.

Isso vale particularmente para os trabalhadores do campo. Os negros que trabalham nas fazendas de brancos, embora distinguidos da escravidão por ganharem um salário, pertencem, literalmente, de corpo e alma ao fazendeiro branco. Eles e suas famílias vivem de favor na terra dele — na terra que lavram para ele — e, se despedidos, perdem suas casas junto com o emprego. Não é fácil lhes transmitir a crença democrática de acreditar que seu voto será secreto, nem mesmo o *baas* saberá contra que nome de partido eles fizeram sua marca. Pelo traço de uma caneta em suas mãos, eles temem perder o mínimo de segurança que suas vidas possuem. Tanto nas áreas urbanas como nas rurais as pessoas têm sido condicionadas por outra coisa, muito diferente — uma das estratégias da luta de libertação que, ironicamente, agora as inibe de usar o voto. Uma das campanhas mais bem-sucedidas contra o *apartheid*, adotada pelo Congresso Nacional Africano e pelo Congresso

[24] Patrão. (N. T.)

Pan-Africanista, foi a campanha da recusa a portar o passe. O dossiê odiado que os negros tinham de apresentar, como uma algema, se lhes fosse exigido, e por causa do qual iam para a prisão se não conseguissem mostrá-lo, era o documento que restringia sua liberdade de domicílio e seu direito de procurar trabalho numa região em vez de noutra.

Dessa campanha originou-se uma cautela a respeito de todos os documentos oficiais, que tem continuado por muito tempo depois da abolição do passe. Tendo sido insufladas pelos movimentos de libertação a protestar contra o *apartheid* com a recusa a cumprir os registros oficiais da burocracia do governo, muitas pessoas retêm uma forte relutância inconsciente em requerer o documento de identidade que todo eleitor deve apresentar nos postos de votação.

Contra esse pano de fundo, a educação do eleitor tem se revelado o primeiro passo essencial no currículo de uma nova democracia. Muito diferente das campanhas eleitorais, a educação do eleitor deve ensinar às pessoas não em quem devem votar, mas por que devem exercer seus direitos por meio do voto e como fazê-lo. Várias organizações foram formadas para cumprir essa tarefa. Provavelmente a mais ativa, em toda a nação, é o Matla Trust ("Matla" significa força na língua *sotho*), em cujo conselho diretor trabalho e cujas atividades posso, portanto, relatar em primeira mão, mas elas são também típicas das atividades dessas organizações em geral, ainda que nem todas tenham o mesmo escopo que Matla.

A partir de sua sede em Johannesburgo, o Matla serve a todo um país de eleitorados variados por muitas diferenças de língua, níveis de alfabetismo, compreensão dos processos cívicos. Com 60% de analfabetos, as possibilidades de educar o eleitor pela palavra escrita são limitadas. Usar a imprensa diária é o menos eficaz dos meios. Com uma proliferação de línguas — embora muitos negros analfabetos falem três ou quatro línguas indígenas além do inglês ou do africâner, as línguas oficiais do regime branco —, a tarefa de atingir a população por meio de programas orais é um desafio. Existe a grande disparidade entre as posses materiais das pessoas de áreas urbanas e de áreas rurais. Nos imensos distritos negros em torno das cidades, a maioria possui aparelhos de televisão (alguns funcionam com bateria, nos lugares em que ainda não foi providenciada eletricidade para os negros), enquanto nas áreas rurais um radinho transistor com alcance limitado é o único meio pelo qual é possível chegar até as pessoas nas suas casas. Portanto, é necessária uma abordagem para a palavra falada e outra para a "palavra falada mais imagem".

O Matla Trust tem traçado muitas estratégias para obter respostas a esses problemas. Das onze filiais espalhadas pelo país, educadores de campo vão às vilas, fazendas, fábricas, associações religiosas de jovens e de mulheres, para explicar às pessoas em suas próprias línguas o que significa para o seu futuro dar seu voto e como fazê-lo.

Os métodos do Matla nesse trabalho vêm obtendo tanto sucesso que a organização tem oferecido cursos intensivos para treinar trabalhadores de campo, tendo chegado a quinhentos certa vez, tanto de outros programas de educação de eleitores, como de seus próprios. Breves diálogos informativos, seguindo o mundo com a qual as pessoas estão familiarizadas nos comerciais, vão ao ar nas estações de rádio. Encomendou-se de acordo com as ideias da organização uma minissérie televisiva de catorze capítulos com um popular comediante negro, e a história tem sido apresentada na TV semanalmente em horário nobre no período preparatório para a eleição. Para quem lê história em quadrinhos, distribuiu-se por toda parte um folheto em quadrinhos em nove línguas.

Talvez o meio mais original de educar o eleitor tenha sido a criação de seis trupes teatrais itinerantes de atores negros, que arquitetaram e representaram uma peça, adaptando-a em múltiplas línguas a áreas e públicos por todo o país. Tenho visto a peça evoluir fascinantemente em resposta à participação do público. Com humor e canções, ela apresenta um arremedo de posto de votação, com os atores passando por todos os procedimentos reais — revista corporal em busca de armas, apresentação do documento de identidade, colocação das mãos sob luz ultravioleta e, depois da votação, o mergulho das mãos num líquido especial, para que ninguém possa votar duas vezes — nas personas de vários personagens: a velha senhora cética, o jovem arrogante com seu gravador cassete ensurdecedor, o trapaceiro, o estudante militante etc. As pessoas do público são convidadas a subir no palco e fazer sua marca numa tábua que representa o papel do voto. A necessidade da educação do leitor ficou alarmantemente clara quando vi alguns riscarem os nomes dos partidos em que não desejavam votar.

Uma canção e dança jazzística sobre votos "anulados" lida com esse tipo de confusão. Entretanto, não se deve concluir que a confusão sobre o processo de votação significa falta de compreensão de questões políticas; milhares de pessoas têm consciência política e são bem informadas sobre as políticas dos partidos, embora simplesmente nunca tenham tido a chance de praticar os procedimentos cívicos comuns. E esse é o motivo da educação do eleitor.

O Matla Trust, como outros educadores do eleitor, tem sido financiado por organizações assistenciais e governos de além-mar que desejam promover um futuro democrático na África do Sul. Se houver a grande participação de eleitores esperada no dia da eleição, os doadores ficarão satisfeitos por seu dinheiro ter sido bem empregado, pois sem esses programas imaginativos e eficazes um vasto número de sul-africanos teria perdido a primeira oportunidade de exercer o direito de governar suas próprias vidas.

O Matla, por si mesmo, sabe que a tarefa não está terminada. A educação do eleitor é apenas o primeiro passo para a democracia; todos os seus outros processos, organização da comunidade, prestação de contas daqueles que governam para o povo governado, precisarão ser aprendidos durante os cinco anos do governo de unidade nacional que começa depois da eleição desta semana. A democracia não é uma questão intermitente; tem de ser aprendida dia a dia.

1994

Carta da África do Sul

Agora quando retorno do exterior para a África do Sul, não piso na terra de meu antigo *habitat*, o Transvaal, onde nasci, mas em novo território. É chamado de "Gauteng" — "Lugar do Ouro".

O próprio aeroporto foi renomeado. Costumava ser "Aeroporto Jan Smuts", agora é "Aeroporto Internacional de Johannesburgo".[25] O antigo nome da minha região natal — Transvaal — provinha, desde priscas eras, das fronteiras geográficas reconhecidas pelas Repúblicas Bôeres: o Transvaal — "além do rio Vaal" — ficava onde a água dividia a República Bôer do Estado Livre de Orange de sua contrapartida no outro lado, a República Bôer do Transvaal. O antigo nome do aeroporto homenageava o general Jan Smuts, um dos heróis dos regimes dos brancos, que levou a África do Sul a entrar na guerra contra o racismo nazista, mas continuou a comandar um governo racista no país.

Agora "Gauteng" não só afirma resolutamente que não haverá mais repúblicas de brancos por aqui, mas que o correspondente *apartheid* de tempos mais recentes, o fatiamento e o retalhamento do país em enclaves étnicos, está findo para sempre. Se "Lugar do Ouro" exibe quaisquer símbolos históricos, esses celebram o trabalho dos negros que trouxeram o metal subterrâ-

[25] 2010: Aeroporto O. R. Tambo, renomeado em homenagem ao grande Oliver Tambo, herói da luta contra o *apartheid*, que também igualou-se a Mandela.

neo para a superfície e enriqueceram o país, tanto quanto os europeus que fizeram as descobertas e forneceram a tecnologia. Abandonando-se o costume de dar a um aeroporto o nome de algum herói popular, espero que se indique o princípio de não nomear lugares de serviços públicos em referência a indivíduos — ainda que estejam seguramente mortos. O mundo está cheio de estátuas derrubadas de nariz quebrado no chão, ruas renomeadas em honra a líderes célebres e depois depostos, exigindo mais outra mudança no nome da rua, de modo que talvez percamos nosso senso de direção em mais de um sentido. Claro que abro uma exceção, à maneira inconsistente de todos os seres humanos. A minha exceção é Nelson Mandela.[26] Ele não é uma figura transitória no desenvolvimento humano; um dos poucos mortais, como Mohandas Gandhi, cujo nome é e será invocado, e cuja imagem é e será reverenciada, até por seus inimigos.

Logo me acostumei à nova Johannesburgo, mas quando viajo e retorno para casa, recém-chegada à cidade, minha visão volta ao modo como ela era antes, para realizar uma comparação fascinada. Moro aqui desde 1949, e já vivi em muitos níveis daquela segregação reservada aos brancos. Fui uma jovem escritora na luta pela vida, divorciada, com uma criança para sustentar. Acabei numa bela casa antiga de telhado de zinco com espaço para meus livros. Mas fosse qual fosse o lugar e o modo da minha vida durante os regimes passados, era sempre um local em que pessoas negras não podiam alugar um quarto, um apartamento, ou comprar uma casa. Quando fui para a cidade central, ela era um imenso clube de negociantes brancos, com os negros vindo fazer pequenos serviços, polir as maçanetas das portas dos bancos e seguradoras, varrer as ruas, e ficar bem longe de qualquer restaurante ou cafeteria onde os clientes pudessem se sentar. Claro que eram muito bem-vindos a gastar seu dinheiro nas lojas dos negociantes — desde que fossem embora, sumissem da vista, para seus distritos negros segregados, depois do horário comercial.

Nos anos 1980, as coisas começaram a mudar. As pessoas de outros países tendem a pensar que as eleições em abril deste ano realizaram a mu-

[26] Oliver Tambo junto com ele; e a renomeação de hospitais, muitas outras instituições e estradas principais em referência a combatentes da liberdade.

dança a partir no zero, da noite para o dia. Não foi assim. Durante esse tempo, as bibliotecas, os teatros e os cinemas tinham sido declarados, por lei, abertos a todo mundo. Os negros podiam se sentar num restaurante para comer. O transporte público foi dessegregado, e, embora restassem muitas tergiversações legalistas para reter a segregação residencial, elas eram simplesmente ignoradas pela crescente confiança dos negros que se mudavam para áreas de alta densidade populacional de brancos e por senhorios brancos ansiosos por alugar moradias desocupadas nos locais em que os brancos tinham se retirado para os subúrbios. Aos poucos, nos próprios subúrbios, esse antigo solvente de preconceitos, a solidariedade de classe, mostrou para os brancos que os vizinhos negros — advogados, médicos, publicitários, jornalistas, membros do conselho diretor de companhias brancas que asseguravam seu futuro — seguiam a mesma rotina aprovada de levar as crianças de carro para as escolas particulares de manhã, e protegiam sua propriedade com os mesmos interfones instalados em portões eletrônicos. Na cidade, a falta de interesse ou eficácia do governo branco em providenciar transporte para os negros nas suas idas e vindas diárias entre a cidade dos brancos e os guetos negros foi substituída por uma forma de transporte muito caótica, mas eficiente, viabilizada por milhares de micro-ônibus pertencentes a uma empresa particular negra.

Essas foram as concessões feitas, e as mudanças irremediavelmente aceitas, nos últimos dias do *apartheid*, isolado no seu *bunker*, mas determinado a não engolir a cápsula de cianureto.

As ruas do centro da cidade de Johannesburgo estão agora totalmente transformadas. Uma cena sempre apinhada de gente tomou o lugar do que era um palco varrido e vazio em que uns poucos protagonistas autonomeados representavam uns para os outros. As calçadas são um mercado em que o caminhar dos passantes é uma *step-dance* entre pirâmides de frutas e legumes, armações com jeans de segunda mão, livros de capa mole muito manuseados com biografias de Marx a Mandela espalhados pelo chão, mesas instáveis cobertas de amendoins, doces, óculos escuros, loções feitas no quintal com rótulos de Chanel e Dior, alisadores de cabelo, relógios Swatch e brincos. Os gases do tráfego são temperados com o aroma de *boerewors*, uma linguiça rústica gordurosa que é um de nossos pratos nacionais, tanto quanto a farinha de milho grossa, a polenta africana, pois em toda esquina há carroças em que se fritam fatias de embutidos sobre bicos de gás. Você pode mandar pôr nova sola no sapato, enquanto espera de meias; pode até cortar o cabelo ali na calçada. Como todos os demais que têm carro, tive de adquirir novas habilidades como motorista, depois de 47 anos na estrada: os micro-ônibus que chamamos de *combis* — uma combinação entre um ônibus e um táxi — param ao sinal de um dedo levantado em qualquer lugar e em toda parte. Você tem de estar preparado com um pé no freio para dar uma rápida guinada e passar à pista paralela, que está geralmente cheia.

O centro da cidade é sujo, sim. O clube privado dos brancos, aquele palco somente para os atores principais, não foi projetado para os não membros, para o uso da multidão, de toda a população desta cidade. As lixeiras delicadas transbordam de lixo. E talvez haja até uma euforia inconsciente, entre os negros, em mostrar que podem atirar o maço de cigarros e a lata de Coca-Cola, até a velha camiseta, no espaço que os brancos mantinham tão limpo, apenas para eles próprios. Vai levar algum tempo até que as pessoas queiram ter ruas limpas porque reivindicaram essa limpeza.

Uso a palavra "inconsciente" sobre esse abandono descuidado nas ruas porque há muito pouco rancor contra os brancos nos sul-africanos negros. Não é manifesto porque, algo muito importante, simplesmente não existe a ponto de ser sentido. Reflito sobre isso enquanto escrevo; mas, quando caminho por Johannesburgo atualmente, não o faço como uma branca entre negros. Não estou mais consciente disso, não está nos olhos, no modo de andar das pessoas que se aproximam ou passam por mim. E se por acaso damos um encontrão um no outro, antes que eu possa pedir desculpas, o outro dirá "Desculpa, ma-Gogo", *Desculpe, vovó* — em respeito ao meu cabelo grisalho... Não sei de nenhuma outra cidade no mundo que eu tenha visitado onde se possa encontrar tanta cortesia na rua.

Assaltos, sequestros e arrombamentos de casas são temidos. E, embora seja fácil dizer que esses são os perigos da vida urbana em muitos países, nos pós-coloniais em desenvolvimento é um dado estatístico que nossa cidade ocupa uma posição muito elevada na escala do crime. Num dos paradoxos da liberdade, nosso país não é exceção. Durante todos os anos do *apartheid*, estávamos isolados do mundo, evitados com razão; agora somos aceitos de braços abertos, e nós próprios também abrimos as portas para traficantes de drogas e contrabandistas de outros países, e num nível mais humilde, mas ainda assim danoso, para imigrantes ilegais de países distantes, como a Nigéria, a Coreia e a China, que competem com nossos desempregados na luta para ganhar dinheiro e comer.

O imenso número de desempregados que herdamos do regime do *apartheid*, bem como os milhões que precisam de casas e escolas, têm criado uma indústria do crime, que usa como aprendizes as crianças de rua sem lar. É uma situação dickensiana que o *apartheid* nos legou e que os estrangeiros exacerbam, ironicamente, em nossos tempos de liberdade. É uma herança não só dos anos do *apartheid* desde 1948, mas de mais de três séculos e meio de domínio racista colonial sob diferentes nomes.

O que o governo da Unidade Nacional pôde fazer sobre essa herança — essa maldição social, nada menos — nos meros dezoito meses de sua existência no poder?

Fico surpresa, um tanto incrédula, quando as pessoas do mundo exterior nos cobram uma prestação de contas em termos quantitativos que *elas* decidiram. Quantas casas construímos? Muito poucas, sim, muito poucas, sabemos bem. Mas quantas, calculam esses observadores da África do Sul, das milhares requeridas por vários milhões de moradores de cabanas e favelas, poderiam ser construídas num ano?

Esse não é um jogo de monopólio, no qual uma casa é uma ficha que se coloca num quadrado escolhido.

Elas percebem que terras têm de ser legalmente adquiridas, perto do lugar onde as pessoas trabalham, que redes de eletricidade e água têm de ser instaladas em lugares onde nunca existiram, que — acima de tudo — é preciso negociar com os bancos para que forneçam empréstimos de moradias de baixo custo a pessoas que, por ser negras e de baixa renda, nunca foram consideradas qualificadas para receber crédito bancário? Esses preparativos estão tomando todo o tempo. O fato de que na região em que moro 80 mil casas foram ligadas à rede de eletricidade pode significar pouco para vocês, que têm aceitado a energia elétrica como algo natural desde que cresceram o suficiente para ter acesso a uma tomada; mas, para as pessoas que moram nessas 80 mil casas, pôr a mão num interruptor é certamente o início de uma nova vida: que se faça a luz.

Ainda temos falta de escolas e professores mais qualificados que os produzidos pelo *apartheid*. Mas em janeiro, quando começa o ano escolar no Hemisfério Sul, aconteceu algo que me encoraja sempre que considero os imensos problemas que temos de enfrentar. As escolas foram dessegregadas. As crianças negras com seus uniformes novos em folha matricularam-se junto com as brancas, e não foi necessário usar polícia, pessoal do Exército ou cães para proteger as crianças negras, como aconteceu, vocês hão de lembrar, quando o Sul-Americano abriu suas escolas para todas as raças. Quando passo por acaso por um local, uma escola só para brancos no passado, ao fim de um dia escolar, e vejo crianças pequenas saindo aos magotes, as meninas rindo juntas, os meninos brigando e gritando juntos, sei que as estatísticas são apenas parte do progresso.

Tivemos um grande número de greves neste ano. As mais importantes são as das minas e indústrias correlatas, porque estão ligadas com a prática de empregar mão de obra migratória estabelecida nos tempos coloniais, que, por sua vez, está relacionada com a violência recorrente que transborda das frustrações das condições de vida nos abrigos para as comunidades negras adjacentes; violência iniciada pela determinação fanática de um indivíduo que representa um perigo para a paz na África do Sul, Mangosutho Buthelezi, ao agitar as diferenças étnicas na busca temerária de realizar suas ambições políticas pessoais. Outros trabalhadores estiveram em greve — empregados de supermercados, motoristas dos meios de transporte, até coveiros. Essas ações são deploradas porque afetam a produção (claro que não a greve dos coveiros...) e o crescimento da economia, mas, temos de lembrar, é a democracia em ação... Sob o antigo regime, a polícia, os cães e as armas eram a única resposta aos trabalhadores que procuravam garantir seus direitos.

No início deste ano estive presente à sessão inaugural da Corte Constitucional. Considerou-se o caso encaminhado por dois homens no corredor da morte, com base no argumento de que a pena de morte viola a nova

Constituição da África do Sul. Era um caso teste de tremenda importância para a Constituição como árbitro máximo dos direitos humanos individuais. Entre os juízes, negros e brancos, estava Albie Sachs, o ativista da libertação que perdeu um braço e um dos olhos na explosão de um carro-bomba instalado pelo serviço secreto do governo do *apartheid* para matá-lo; ele, que se poderia considerar desejoso da morte dos assassinos, foi eloquente em favor da abolição da pena de morte. A corte finalmente a declarou uma contravenção da Constituição, e a pena de morte foi abolida. Oitenta por cento dos brancos e 49% dos negros haviam declarado, numa pesquisa de opinião, seu desejo de que fosse conservada. O juiz presidente Arthur Chaskelson afirmou: "Esta corte não se pode permitir nenhum desvio de seu dever de agir como um árbitro independente da Constituição, tomando decisões porque serão do agrado do público". Temos, e precisamos ter, esse tipo de proteção dos direitos individuais onde antes tínhamos tão pouco. Aqueles que matam irão para a prisão perpétua; o Estado não se tornará assassino matando os criminosos.

Temos outros tipos de assassinos entre nós: assassinos políticos que nunca foram levados a julgamento. Em 1995, o presidente Mandela sancionou a Comissão da Verdade e Reconciliação. É um país que preferiu a alternativa da reconciliação aos julgamentos de Nuremberg da Alemanha. Àqueles que se apresentam e confessam o que fizeram no passado pode ser concedida a absolvição. Vai ser um processo cheio de perguntas e dificuldades, tanto para os perpetradores de atos medonhos e mortais quanto para as famílias daqueles que eles mataram ou mutilaram. Mas é certamente um modo raro e civilizado de lidar com o passado de um povo que tem de viver, unido, com sua memória. Hoje, a África do Sul é um lugar humano para viver.

1995

O Epílogo de Cannes

Forrest Gump como a culminação de cem anos da arte do cinema: esse pensamento assombroso me levou a aceitar o convite para fazer parte do júri do Festival de Cinema de Cannes em 1995. Pertenço à primeira geração para a qual o cinema foi mais uma forma de arte, ao lado da literatura, da música, da pintura e da escultura, que uma descoberta técnica, o cinematógrafo, realizada em 1895 por dois irmãos franceses, Auguste e Louis Lumière. O século tem proporcionado muito prazer e revelação ao longo do desenvolvimento desse meio de comunicação único. Como poderíamos permitir que fosse marcado por uma coroa de louros de açúcar de confeiteiro colocada sobre a cabeça do único herói que uma civilização aparentemente fatigada, definhada em sentimentalismo, poderia conceber — um herói baseado na premissa de que é preciso ter um cérebro lesado para que alguém seja plenamente humano neste mundo?

Assim fui a Cannes, esperando uma obra-prima: um filme buscando todas as possibilidades da filmagem multimídia; um filme alargando as fronteiras já atingidas pelos grandes cineastas, de Chaplin e Welles passando por Truffaut, Buñuel, Bergman e Bertolucci. (Todo mundo pode fazer sua própria lista daqueles que venero, mas que não cito por falta de espaço.) Depois há, nas palavras de Satyajit Ray, "a presença da coisa essencial num detalhe muito pequeno que alguém (roteirista, diretor, *cameraman*, ator) deve captar para expor as coisas maiores".

Eu estava curiosa por descobrir quais seriam os critérios dos outros membros do júri. Meus companheiros, sob a coordenação da presidente Jeanne Moreau, eram o diretor de fotografia francês Philippe Rousselot, o diretor italiano Gianni Amelio, o diretor africano Gaston Kaboré, o crítico mexicano Emilio García Riera, a roteirista russa Maria Zvereva, a produtora francesa Michèle Ray-Gravas, o ator-diretor francês Jean-Claude Brialy e John Waters, de quem nenhum leitor americano perguntará: "E quem diabos é esse cara?".

Um elenco misturado — para alguns, até ousado. O *Times* observou que eu "talvez fosse a pessoa neste mundo com quem o sr. Waters tem menos coisas em comum". Bem, o *Times* estava enganado. Embora tenhamos divergido de vez em quando sobre a natureza das obras-primas, rimos juntos tanto que pensamos em tirar uma fotografia, apropriadamente abraçados, para a imprensa.

O isolamento do júri não tinha bem o mesmo grau que coincidentemente prevalecia no júri de certo julgamento em outro continente. Mas era um alívio ter regras rígidas a observar, quando os jornalistas nos atormentavam querendo saber que filme estava na frente na cotação do júri. Um ícone do glamour do cinema, muito inteligente, verdadeiramente culta em muitas dimensões culturais, Jeanne Moreau foi uma presidente a cuja disciplina não teríamos ousado desobedecer dando com a língua nos dentes. Sua personalidade é uma combinação improvável, ao mesmo tempo imperiosa e amável. Ela nos fez trabalhar duro, mas nem uma única vez tentou influenciar a opinião de qualquer membro do júri. Quanto a mim, aprendi com a troca de preocupações com os outros. Um diretor de fotografia lê a linguagem das imagens, enquanto eu recebo a linguagem do roteiro; um ator intui quando o desempenho trai ou transcende um papel, os diretores veem a estrutura e os produtores percebem a proporção entre a engenhosidade e a imaginação logradas e a pequena ou a grande quantidade de dinheiro gasto. Tornar-se ciente de todos esses componentes foi compreender melhor o que o filme procura fazer e até que ponto obteve sucesso.

O cinema pode recriar o passado ou criar um futuro, mas em seus primórdios bruxuleantes era a única forma de arte capaz de captar, ao vivo, o momento presente contínuo. Não foi surpreendente, portanto, que dois temas se mostraram obsessivos em vários dos filmes que vimos. Um era o novo niilismo — jovens em dois continentes vivendo de sexo sem emoção e de violência catatônica no beco sem saída de nosso século. O segundo era a autodestruição de Sarajevo.

Passamos doze dias vendo os filmes e discutindo-os. As vidas, os países, o mundo criado pela imaginação em que penetrei, foi isso que se tornou o mundo real. Sair do Palais des Festivals para a orla do mar e entrar na luz ofuscante de um olhar intenso concertado — aquilo era fantasia. Cannes é uma cidade de *voyeurs*. O que todos esperam ver quando se espremem contra o vidro dos carros com bandeiras esvoaçantes? Seus rostos desabam de desapontamento: ai, não sou Sharon Stone. E se eu fosse? Que consolo poderia oferecer para o destino do espectador?

Por sinal, apareceu a obra-prima que eu havia esperado, e nós lhe concedemos a Palma de Ouro. Nela estava a presença da coisa essencial no pequeno detalhe, captado para expor as coisas maiores. *Underground — Mentiras de guerra*, de Emir Kusturica, é uma esplêndida mascarada da vida triunfante, no estilo brilhante de uma fanfarra, ao longo de meio século na terra natal dos avatares da guerra que costumava ser a Iugoslávia.

1995

Lembrando Barney Simon

O teatro na África do Sul sem Barney Simon é inimaginável. Com Athol Fugard — cujas primeiras peças ele dirigiu — nos idos das décadas de 1950 e 1960, Simon rompeu o molde colonial de encenar apenas aquelas peças já aplaudidas no West End e na Broadway, desvencilhou-se da falta de confiança em nossa capacidade de julgar o teatro por nós próprios e abriu a estrada brechtiana para que os sul-africanos afirmassem, como dramaturgos e atores, o que Walter Benjamin chamava a "capacidade de relatar suas vidas"; a tragédia e a vitalidade, o humor desafiador da pobreza no submundo dos distritos negros que era, de fato, a África do Sul real. Durante aqueles anos, era o teatro alternativo que mantinha a cabeça da cultura acima do *apartheid* devorador. Enquanto os livros eram proibidos, o teatro safava-se com o gênero astuto da ilusão. Barney Simon foi um dos fundadores do Market Theatre, e desde seus primórdios em 1976, nos edifícios reformados do que tinha sido nosso Convent Garden de Johannesburgo, ele consagrou à sobrevivência e ao crescimento desse teatro alternativo sua própria vida. Ninguém sabe quantos homens e mulheres que se tornaram os criadores de um teatro negro único e um teatro não racial único na África do Sul, famoso em todo o mundo, provêm de sua visão e energia paciente como diretor-escritor. Sua atitude foi sempre não só ensinar aos outros o que sabia, mas — e isso é que lhe dava brilho — extrair deles o que estava no fundo das ruas e de si mesmos.

Lembro, décadas atrás, que Barney Simon cruzou comigo e perguntou se eu gostaria de acompanhá-lo para conhecer dois rapazes que estavam entusiasmados com a ideia de arquitetar uma peça. Eram Percy Mtwa e Mbongeni Ngema, e eles tinham o germe de uma ideia — colocar dois desempregados conversando no cemitério onde o grande líder do Congresso Nacional Africano e ganhador do Prêmio Nobel da Paz, chefe Albert Luthuli, estava enterrado. Barney Simon fez com que explorassem a ideia, sondando o conteúdo; mandou que fossem para casa em Soweto e falassem sobre isso com os camelôs, as velhas, os jovens que andam pelas rodoviárias, os bandidos, os motoristas de táxi, qualquer pessoa — e voltassem com o que conseguissem colher depois de uma semana. Com esse material, nutriu o grande talento de ator dos dois jovens para modelar com eles *Woza Albert* (Volte, levante Albert), uma obra maravilhosa que emprega música, mímica, ironia e comédia *stand-up* numa mensagem de libertação. A peça foi o primeiro de muitos sucessos para Mtwa e Ngema, um protótipo do teatro novo que seria criado por eles e seus contemporâneos, mostrando ao mundo exterior como era realmente a versão oficial do *apartheid* nos relatos dos negros a contarem suas próprias vidas.

Simon foi diretor artístico do Market Theatre durante quase toda a sua vida, produzindo suas próprias peças, obras internacionais e adaptações das histórias de outros — *The suit* de Can Themba é uma delas, no momento sendo representada em Londres —, e na última década dedicando uma enorme energia ao Laboratório, parte do complexo teatral do Market, onde aspirantes a dramaturgo podiam desenvolver e encenar suas peças sob sua orientação altamente criativa. Como era o homem Barney Simon? Em contraste com seu profissionalismo magistral no teatro, era frequentemente desconcertado pelos mecanismos da vida cotidiana: uma espécie de personagem Woody Allen amável, derrotado por canos estourados, panes no carro e, nas relações humanas, sujeito a ser explorado em sua bondade por qualquer um que lhe contasse uma história infeliz. Era um amigo amoroso e amado; o teatro era sua família. Sempre que o teatro florescer nesta África do Sul livre que seu trabalho ajudou a criar, seu espírito estará presente: *Woza* Barney! Viva Barney!

1995

O Nosso Século

Cem anos é a maior unidade que podemos entender em termos de vida humana. Depois de cem anos, a quantificação recomeça; não deixa de ser significativo que a vida seja renovada no castelo da família da Bela Adormecida depois de cem anos. A virada do século é o beijo do tempo dado pelo príncipe. Na primeira manhã de 2000, o mundo será acordado para um novo calendário, talvez uma nova vida.

Como tem sido a nossa, esta nossa vida no século XX?

Vivendo no século XX, não podemos considerá-lo a partir do simulacro de outra perspectiva; nem deveríamos tentar fazê-lo, se quisermos descobrir o que apenas nós, ainda que secreta, reprimidamente, conhecemos melhor: a verdade sobre nós próprios, sobre nosso tempo.

Tem sido o pior dos tempos?

Tem sido o melhor dos tempos?

Ou deveríamos combinar os dois extremos à maneira dickensiana, e tentar "foi o melhor dos tempos, foi o pior dos tempos"?

A breve concepção de nosso século que agora proponho é inevitavelmente subjetiva; cada um de vocês proporá ou acrescentará a sua própria, mas há com certeza muitas que nós, formados pelo mesmo período, partilhamos.

De imediato, surge de um lampejo mais brilhante que mil sóis a nuvem de cogumelo que paira sobre nosso século. Explodindo quase exatamente na metade do século, as bombas atômicas que destruíram Hiroshima e Nagasaki elevam-se como um mal insuperável, mesmo neste século em que mais humanos foram mortos, ou em que se permitiu que morressem de fome e doença por decisão humana, do que nunca antes na história; e em que o holocausto nazista, depois de cinquenta anos, transformou-se em palavras familiares de horror como "limpeza étnica" nos Bálcãs e na África.

O mal insuperável estava à nossa porta, certamente, porque em primeiro lugar, antes de todos os "primeiros" lugares que o nosso século pode reivindicar, está o de que pela primeira vez o homem inventou um poder de destruição que supera qualquer catástrofe natural — terremoto, erupção de vulcão, enchentes. Assim, a conquista final da natureza, uma meta perseguida com o objetivo de beneficiar os humanos desde a invenção da agricultura na Idade da Pedra, foi alcançada com a nossa descoberta de como nos eliminar com mais rapidez e eficiência que qualquer força da natureza. O voto demoníaco de nosso século parece vir de Virgílio: "Se não posso mover os Céus, vou agitar o Inferno".

A assinatura de um Tratado de Não Proliferação Nuclear é negociada entre as nações, e a ameaça de uma guerra atômica, que durante quarenta anos dependia de alguém apertar um botão no Pentágono ou no Kremlin, está complacentemente meio esquecida desde que um dos protagonistas na Guerra Fria se viu *hors de combat*. Mas os franceses, nesta última década, têm experimentado sua capacidade nuclear como se essas abomináveis armas apocalípticas fossem agora velhos brinquedos com que um mundo seguro pode brincar lembrando-se dos antigos tempos.

A predição de T. S. Eliot foi que terminaríamos com uma lamúria; a nossa é que podemos desaparecer com um estrondo. A nuvem de cogumelo ainda paira sobre nós; estará ali como um legado para o novo século?

A estranha relação entre as forças do Bem e do Mal tem feito parte do mistério da existência humana desde que evoluímos como as únicas criaturas centradas em si mesmas no mundo animal. Em nosso século, com seus grandes saltos para o que estava outrora além da experiência humana, a relação tornou-se decerto profundamente relevante e mais inexplicável que nunca. Einstein, exilado de seu país natal pela força maligna do nazismo, partiu o átomo, decifrando um dos maiores segredos da natureza. O que deveria enriquecer a humanidade, com uma ampliação do conhecimento de sua existência cósmica, produziu a partir do Bem a maldição de nosso tempo: a capacidade atômica, nas mãos de quem quer que a retenha ou venha a adquiri-la.

O que é mais enigmático e muito mais perturbador é o que parece ser uma simbiose do Bem e do Mal. Eles passam de um para outro através de alguma transparência que nós, perplexos, não podemos imaginar. Tentamos aplicar preceitos morais a processos que funcionam talvez segundo *outras leis bem diversas*, leis em que esse nosso constructo humano, a moralidade, absolutamente não existe. Uma reflexão sóbria para uma era caracterizada pela descoberta científica revolucionária.

Se nos afastarmos dos absolutos da oposição do Bem e do Mal, assim como devemos vê-los enquanto os valores humanos sobreviverem, chegaremos ao nível inferior — do paradoxo. Fizemos avanços espetaculares em descobertas que tornaram a vida mais tolerável para alguns e mais agradável para outros. Eliminamos muitas epidemias e mitigamos muita dor com novos remédios; despertamos os mortos num sentido real, ao tomar órgãos vitais dos mortos e implantá-los para funcionar nos vivos. As viagens aéreas revolucionaram a possibilidade da presença física. O feixe de telecomunicações — computador, fax, e-mail, celular — acelerou a comunicação pela palavra falada e escrita. Acabamos com a carga dos trabalhadores manuais e donas de casa por meio de máquinas programadas para fazer tarefas pesadas; com outros dispositivos levamos música e imagens em movimento para dentro de toda casa. Rompemos a barreira do som, exploramos o espaço, entramos no reino dos anjos, na esfera dos céus. A maioria de nós desfruta alguns desses melhoramentos da vida.

Os pintores futuristas italianos nas primeiras décadas de nossa era representaram em sua imaginação esse mundo que é agora nosso como um mundo de carros polidos rodopiando desembaraçados pelas ruas, aviões zumbindo como abelhas felizes a coletar o néctar de uma nova era entre arranha-céus e arco-íris num céu radiantemente claro.

Suas pinturas nos parecem agora a obra de uma Grandma Moses[27] da industrialização; mas partilhamos essa ignorância inocente da poluição; falta-nos,

[27] Anna Mary Robertson Moses, ou Vovó Moses, foi uma famosa pintora primitiva americana. (N. T.)

como a esses artistas, a verdadeira visão do futuro, a saber, que começaríamos a nos engasgar com nosso progresso tecnológico, a sufocar dentro de nossas cidades em nosso próprio sopro sujo de gases e vapores carcinogênicos. Realizamos muito, mas nem sempre estivemos no controle de nossos propósitos.

É também intrigante observar em nós mesmos como a tecnologia vem intervindo no intangível, condensando nossas emoções. Esses estados antípodas, temor e expectativa, foram praticamente ultrapassados. Em nosso século, a provação do temor é banida pela plena comunicação instantânea de qualquer lugar para qualquer lugar. E quanto à expectativa, essa se torna satisfação instantânea. Assim, não pela primeira nem pela última vez, os avanços da tecnologia contradizem teorias da satisfação humana, expostas pelos sábios desse outro tipo de progresso do conhecimento que tornou nosso século dramaticamente eminente, a psicanálise. À parte sua aplicação puramente sexual, o prazer demorado como um refinamento da experiência emocional não se compara, para nós, com a alegria imediata de escutar a voz do ser amado, ou receber a resposta de um amigo a uma carta, sem delonga, por e-mail.

Até o aventureirismo foi transformado pela tecnologia. Os intrépidos do mundo euro-russo-americano caminham sobre a Lua e oscilam no espaço em vez de "descobrir" selvas e rios que os habitantes indígenas conhecem como sua casa, desde que seus mitos da criação pessoais explicaram sua presença no lugar. Os novos aventureiros *experimentam realmente*, pela falta de gravidade, *a extinção enquanto ainda vivos*, tornam-se fantasmas cujos pés não podem tocar a terra. São os sucessores dos anjos em que nós, ai, já não acreditamos, porque sondamos o espaço exterior e não encontramos o céu.

Qual tem sido o impacto sobre as artes, em nosso século de desenvolvimento tecnológico sem precedentes?

A tecnologia é o meio pelo qual uma das consequências positivas e progressistas das revoluções do século — sangrentas ou pacíficas, fracassadas ou duradouras —, a determinação de romper o elitismo das artes, tornou-se prática. Da era das trupes de atores e exposições de arte itinerantes pelas vilas da Rússia depois da Revolução de Outubro, até esta década de 1990, quando as vilas e até os campos de favelados na África, na Índia, no Oriente Médio têm rádios de pilha, e os aparelhos de televisão funcionam com baterias de carro, a cultura na sua forma mais facilmente assimilável — o entretenimento adoçando a informação — tem sido democratizada. Houve uma redistribuição do privilégio intelectual por meio da tecnologia.

A música foi levada até as massas pelos discos e pelos programas radiofônicos que podem ser escutados nos rádios mais humildes, seja música pop, reggae ou uma ópera que muitas pessoas jamais teriam dinheiro ou oportunidade de conhecer. E pelos mesmos meios um reconhecimento e uma apreciação das formas musicais do Oriente e da África, desde os ragas de Ravi Shankar aos *kwela* e *mbaqanga* da África do Sul, difundiram-se internacionalmente.

Mas foi a televisão que gerou a assombrosa transformação cultural.

A televisão alterou a percepção humana. Mudou o meio de conhecer; de receber o mundo. Dos cinco sentidos, a visão agora ultrapassa todos os outros; ver é a forma mais importante de compreensão. Embora a televisão fale, é a partir de seu interminável fluxo de imagens que a criança, o jovem, até o adulto e o velho que tiveram uma considerável experiência direta da vida constroem a realidade. O outro mundo visual da televisão é renovado em palimpsestos, dia após dia, noite após noite, para milhões a última visão antes de dormir e a primeira ao acordar de manhã. Sei que toda escola de jovens pintores no meu país mostra admiravelmente a marca impressa na criatividade dos artistas pelas imagens da televisão, sua iconografia, *a hierarquia visual do que é significativo em nossa vida* passada pela televisão. A televisão conferiu ao visual um poder muito além da capacidade do cinema, a arte que democratizou o desfrute do lazer antes que os aparelhos de TV entrassem nos lares. Por meio da televisão, o serviço da tecnologia para a arte desenvolvido em nosso século, produzimos uma mutação humana, uma espécie que substitui o real pela experiência vicária.

"Em nosso tempo, o destino do homem apresenta seu significado em termos políticos." Essas são as palavras de Thomas Mann, um dos maiores intérpretes literários do real, que ele viveu na sua experiência pessoal dos deslocamentos físicos e das sublevações da percepção do século XX.

Mas não somos apenas filhos do nosso tempo, somos também filhos de nosso lugar. Minha consciência e meu subconsciente, a partir dos quais escrevo, provêm, mesmo nos aspectos mais pessoais da inteligência e do espírito, do destino modelado pela matriz histórico-política em que nasci. Minha percepção pessoal dos eventos definidores de nosso século é dominada por dois deles: a queda do comunismo e o fim do colonialismo. E os dois estão ligados subjetivamente, até contraditoriamente, para mim, pois nasci dentro da segunda geração colonial numa sociedade capitalista-racista e, ao crescer, procurei na esquerda a solução para a opressão dos pobres e dos fracos ao meu redor, no meu país natal e no mundo. Quando mal começava a andar, fui levada a agitar uma bandeira para o príncipe de Gales, o futuro Edward VIII, em sua visita imperial ao então domínio britânico, a África do Sul. Durante minha infância, falaram-me muitas vezes dessa ocasião relevante, com um senso de valores a ser inculcados: lealdade para com o poder imperial, o poder do homem branco.

Ninguém apresentou para a formação de meu senso de valores o fato de que Mohandas Gandhi havia vivido e desenvolvido sua filosofia dentro e através do país em que nasci e deveria levar minha vida; o homem que deixaria nesse país princípios de libertação que seriam importantes para a luta dos negros pela liberdade, meus irmãos e minhas irmãs não aceitos pelos valores dos brancos que me levaram a prestar obediência a um príncipe inglês. A essência do *éthos* colonial em que fui criada está contida naquela bandeira que me deram para abanar.

TORNOU-SE UM TRUÍSMO balançar a cabeça de admiração com o fim do *apartheid* e o surgimento de uma África do Sul livre que este século acaba de presenciar.

Um milagre; e vindo a acontecer na hora em que é necessário um novo milagre ardentemente desejado para compensar aquele que o primeiro quartel do século prometeu para muitos — agora uma estrela caída, a Estrela Vermelha tremulou e se apagou.

Os seres humanos sempre terão o imperativo de acreditar na possibilidade de um mundo melhor criado por eles próprios. Nas palavras de Jean-Paul Sartre, o socialismo era visto como "o homem no processo de criar a si mesmo". A profundidade da sensação de abandono, não só entre aqueles que eram comunistas, mas entre todos nós para quem permanece a esquerda ampla, os ideais do socialismo, embora esses tenham sido traídos e profanados em muitos países e nos *gulags* do país fundador — é essa sensação de abandono que o colapso da União Soviética traz para nosso século, bem mais que a desilusão que muitos no Ocidente triunfantemente afirmam.

Pois qualquer que seja o julgamento de suas consequências, a data mais importante na organização social de nosso século foi inquestionavelmente a Revolução de Outubro de 1917, uma vez que na sua esteira um terço da humanidade se descobriu vivendo sob regimes derivados desse evento. A desintegração do mundo soviético antes do fim do mesmo século que presenciou seu início: isso trouxe o triunfo da democracia ou apenas o retorno do liberalismo que fracassou, depois da Primeira Guerra Mundial, em impedir que os pobres e desempregados da Itália e Alemanha se voltassem para o fascismo como a solução de suas circunstâncias, muitas das quais existem de novo em diversas partes de nosso mundo atual?

Posso afirmar que em meu país, a África do Sul, a revelação esquerdista da base classista e econômica da discriminação racial foi uma das influências formativas que, com o Pan-Africanismo, juntou-se à vontade inevitável, nacional, natural do povo rumo à libertação. A outra influência formativa sobre a luta de libertação na África do Sul é algo de que já falei, Mahatma Gandhi. Ele foi um dos indivíduos verdadeiramente grandes de nosso século, cujo período de vida colocamos contra os monstros, de Hitler a Pol Pot, que nosso século produziu. Gandhi foi um pensador original sobre *a natureza do poder*, distinto do poder limitado ao conceito puramente político como ferramenta de libertação, mas capaz de trabalhar por essa ferramenta como parte de uma alta consciência moral. Sua filosofia de *satyagraha*, "a força que nasce da verdade e do amor", talvez seja o único progresso espiritual genuíno numa era de declínio religioso marcado por distorções bizarras da fé e, por fim, por um fundamentalismo selvagem.

O que Mohandas Gandhi começou, a partir de uma filosofia formulada na África do Sul e aplicada taticamente na Índia para que o país se livrasse do domínio imperial britânico, Nelson Mandela concluiu. Pois o prestígio e a honra inigualáveis e inquestionáveis de Nelson Mandela no mundo atual é o reconhecimento não só de sua realização, junto com seu povo e para seu povo, na derrota do medonho experimento de engenharia social do século XX chamado *apartheid*. É também o reconhecimento de que outras formas horríveis de engenharia social ensaiadas em nosso século foram derrotadas nos lugares em que haviam se refugiado, pois o *apartheid* com suas leis racistas espalhafatosas foi um avatar do nazismo. E é finalmente um tributo prestado a Mandela em reconhecimento de que o que estava em jogo era algo muito maior que o destino de um único país; era a vitória final conquistada para a humanidade sobre a servidão secular da colonização.

O RESUMO DE NOSSO século pode ser considerado de várias maneiras.

As guerras que foram travadas, as derrotas militares que se transformaram em vitórias econômicas, as ideologias que ascenderam e decaíram, a tecnologia que condensou tempo e distância.

Poderíamos mergulhar um dedo numa substância viscosa escura e escrever, na janela de nosso tempo, PETRÓLEO. O petróleo tornou-se mais precioso que o ouro; tem sido a "razão" de muitas guerras de nossos dias; regimes repressivos continuam a existir, sem sofrer reprovação de países democráticos que são dependentes desses regimes por causa do petróleo; homens, mulheres e crianças morrem por causa do petróleo, sem saber por quê.

Nas relações humanas íntimas, conquistamos a liberdade sexual e a perdemos — para a Aids. Freud mudou a cognição emocional e a autopercepção. Outro tipo de percepção passou de *Guernica* de Picasso para uma lata de sopa Campbell's, para o Reichstag embrulhado em plástico, ilustrando nossos ciclos: culto da força e destruição, culto do materialismo, desejo de encobrir e esquecer essas escolhas que fizemos.

Agora que os atos estão terminados, os cem anos prestes a selar o que será registrado sobre nós, nossa última realização poderia conter em si o espírito de assumir o controle de nossas realizações, na "aventura interminável do homem",[28] discutindo honestamente e refletindo sobre a verdade do que foi vivenciado, do que foi feito. Não há nenhuma outra base que sirva de fundamento ao século XXI com chances de torná-lo melhor.

1995

[28] Jawaharlal Nehru, *The discovery of India*, Meridian Books, Londres, 1951, p. 16.

O Status do Escritor no Mundo Atual

Que mundo? De quem?

Há alguns meses participei de uma reunião internacional em Paris para avaliar o status do artista no mundo. Ali estávamos num palco elegante diante de um grande público; entre nós encontrava-se um famoso músico, um ilustre escultor, vários poetas e escritores de grande reputação, uma renomada bailarina-coreógrafa. Tínhamos vindo, literalmente, das extremidades da Terra. Nessa imponente sessão inaugural, estávamos flanqueados pelo diretor-geral de nossa organização anfitriã, pelo representante de uma fundação cultural financiada por uma das dinastias multibilionárias da América do Norte e pelo vice-ministro da Cultura da França. O diretor-geral, o representante da fundação multibilionária e o vice-ministro levantaram-se, cada um por seu turno, e proferiram um discurso de meia hora; a sessão, que também incluiria uma apresentação musical, estava marcada para terminar depois de duas horas.

Um funcionário passou na ponta dos pés ao longo dos respaldares de nossas cadeiras e nos pediu, aos artistas, que cortássemos nossos discursos para três minutos. Tomamos humildemente nossas canetas e começamos a eliminar o que tínhamos para dizer. Quando os burocratas retornaram finalmente a seus assentos, fomos chamados um a um para falar em linguagem telegráfica. Todos cumpriram esse papel, exceto a última da fila. Ela era — eu a cito para homenageá-la! — Mallika Sarabhai, uma bailarina-coreógrafa da Índia. Ela correu para o estrado, uma beldade de sandálias e sári, e anunciou: "Rasguei meu discurso. Os burocratas tiveram permissão para falar quanto tempo quisessem; aos artistas informaram que três minutos eram suficientes para o que tivessem a dizer. Assim... temos a resposta para o status do artista no mundo atual".

Essa experiência me fez pensar em outra que tive num nível mais profundo e mais pessoal.

Em minhas conferências sobre Charles Eliot Norton em Harvard, há um ou dois anos, que foram subsequentemente publicadas sob o título *Writing and being*, dediquei três das seis palestras à escrita e ao ser de Chinua Achebe, Amós Oz e Naguib Mahfouz. Edward Said, outro escritor cuja obra é importante para mim, escreveu uma resenha extremamente favorável do livro num influente jornal inglês, embora me repreendendo por minha afirmação indignada de que a Mahfouz não é dado o lugar que lhe cabe na literatura mundial contemporânea, nunca sendo mencionado na companhia de nomes como Umberto Eco, Günter Grass etc., e certamente não sendo muito lido, nem mesmo por aqueles considerados cultos; sei que vários de meus amigos leram sua obra pela primeira vez por causa da publicação de minha palestra.

Mahfouz negligenciado?, Said ralhou-me.

Mahfouz não reconhecido por sua grandeza na literatura mundial?

Em relação a que mundo eu o definia, a que mundo meu raio de visão *me* limitava na minha avaliação? Na literatura da cultura árabe, o mundo da língua árabe, Mahfouz está plenamente estabelecido no cânone da grandeza, e no cânone populista da fama, embora controverso, é lido por muita gente.

Edward Said tinha razão. O que eu concebia como "literatura mundial" na minha palestra era, de fato, a dos euro-norte-americanos, na qual apenas alguns de nós, estrangeiros, fomos admitidos. Naguib Mahfouz é reconhecido como um grande escritor no mundo da literatura árabe, de cujo cânone nada ou muito pouco sei.

Mas esperem um momento — Said, eu percebia, havia atingido intrigantemente um paradoxo. *Ele* estava colocando o conceito de outra "literatura mundial" ao lado daquele que *eu* havia proposto com meus olhos fixos sobre a Euro-América do Norte como o umbigo do mundo literário. No sentido abrangente do termo "mundo", qualquer uma de nossas literaturas pode ser declarada definitivamente como a literatura "mundial"? Que mundo? Mundo de quem?

A lição que Edward Said me deu, com a lição fornecida por Mallika Sarabhai na reunião em Paris, é uma sequência da situação dos artistas em geral, de um lado, para a questão dos cânones literários, de outro, que se torna a introdução naturalmente relevante ao meu tema, aqui entre meus irmãos e irmãs escritores africanos: o nosso status, *especificamente como escritores*, nos mundos dentro do "mundo" que ocupamos.

Status. O que é status para nós?

Primeiro — nunca se deve deixar de dizer —, o status primário deve ser a liberdade de expressão. Esse é o oxigênio de nossa criatividade. Sem ela, muitos talentos em nosso continente têm lutado para respirar; alguns têm se engasgado; e perdemos outros naquele outro clima, o ar rarefeito do exílio.

A supressão da liberdade de expressão por censura e proibições era em muitos de nossos países uma característica dos regimes coloniais — eu própria fui vítima do governo do *apartheid*, pois três dos meus livros e uma antologia que organizei com obras de escritores sul-africanos foram banidos. A supressão da liberdade de expressão continuou a ser uma característica de muitos de nossos regimes independentes, acarretando afrontosa e tragicamente num deles, a Nigéria, a execução de um escritor e a ameaça de pena de morte a outro. Mas devemos agradecer, pois em muitos de nossos países, inclusive no meu, a África do Sul, e no de vocês, Gana, a liberdade de expressão está consolidada.

Liberdade para escrever. Possuímos esse status; e temos plena consciência de que é um status sobre o qual devemos estar sempre alertas na defesa contra todas as racionalizações políticas e os pleitos para adulterar nossa busca pela verdade e transformá-la em algo mais palatável àqueles que fazem os pactos do poder.

Bem longe da suprema questão da liberdade humana, nossa reivindicação da liberdade para escrever tem uma significação, um benefício para a sociedade que só os escritores podem dar. Nossos livros são *necessários:* pois nas palavras do grande escritor russo do século XIX, Nikolai Gogol,[29] eles mostram tanto ao escritor como a seu povo *o que eles são*. "O escritor é tanto o repositório do *éthos* de seu povo como aquele que revela esse povo a si mesmo." Essa revelação é o que os regimes temem nos seus escritores. Mas se nosso status de escritores for significativo, esse temor é a prova de nossa integridade... E de nossa força.

Status, como a caridade, começa em casa. O movimento moderno dos escritores africanos para definir seu status neste século aconteceu dentro de nosso próprio continente. Foi grande o impacto do colonialismo e sua industrialização concorrente sobre o guardião da palavra — aquele que está marcado para expressar a imaginação criativa com o "círculo de giz branco" desenhado ao redor do olho pelo velho de Abazon de Chinua Achebe, em *Anthills of the Savannah*. Com o impacto do colonialismo, o status tradicional do guardião da palavra, o *griot*,[30] não foi, nem poderia ser, adaptado como status para alguém cujos poemas e histórias eram disseminados para "o povo transformado no público" com o grau de afastamento dos livros impressos, distantes de qualquer presença viva de seu criador em carne e osso, sua origem na imaginação criativa. O guardião da palavra tornou-se invisível, não tinha lugar definido na sociedade.

Não vou reiterar, ou melhor, regurgitar, a história, inclusive a influência da diáspora africana nos Estados Unidos e no Caribe, que precedeu e coincidiu com o primeiro congresso de escritores e artistas africanos em 1956.[31] E é significativo, em termos de progresso, lembrar que o encontro não foi realizado na África, mas em Paris.

Estou observando o movimento moderno a partir da distância criada pelos acontecimentos entre aquela data e agora; a partir do épico desdobramento da libertação africana do domínio colonial em seus muitos avatares,

[29] Citado, em paráfrase, por Vladimir Nabokov, em *Nikolai Gogol*, de Vladimir Nabokov, New Directions, Nova York, 1961, p. 129.

[30] Membro de uma casta hereditária entre os povos da África Ocidental, cuja função é preservar histórias orais da tribo ou vila, além de entreter com histórias, poemas, canções, danças. (N. T.)

[31] "Congresso de Escritores e Artistas Negros", na Sorbonne, em Paris, sob os auspícios de *Présence Africaine*, 1956.

desde a libertação de Gana, a primeira, há quarenta anos, até a da África do Sul, a mais recente e a última.

Num amplo movimento retrospectivo, pode-se ver que a postulação política do Pan-Africanismo de Kwame Nkrumah teve seu equivalente cultural no movimento da negritude. A negritude, como palavra, tornou-se há muito tempo um arcaísmo, com sua primeira sílaba — ainda que vinda da língua francesa — sugerindo o Sul Profundo americano. Mas a *outra* palavra inventada, com a qual o jovem Wole Soyinka atacou insolentemente o conceito, continuou bem viva, porque muitas vezes, na obra de vários escritores africanos, a palavra iconoclasta de Soyinka revelou-se equivocada. "Um tigre não tem de proclamar sua tigritude", declarou. Mas, quando cada país em nosso continente conquistou sua independência, a expressão da africanidade, a afirmação dos modos de vida africanos, da filosofia à comida, intensificou-se: a África medindo-se em relação a si mesma, e não em relação a seus antigos conquistadores.

A africanidade está plenamente estabelecida. Assim, que status nós, escritores, temos agora, bem aqui em casa, em cada um de nossos países?

É o tipo de status que gostaríamos de ter — não em termos de fama e glória, convites para jantar com ministros do governo, mas em termos do papel da literatura na iluminação de nosso povo, na abertura de suas vidas ao poder e à beleza da imaginação, na revelação de si mesmo feita pelo escritor como o repositório do *éthos* de um povo? Junto com o estabelecimento de valores africanos — que no caso de nossos melhores escritores incluía o destemor de questionar alguns deles, estabelecendo assim aquele outro componente essencial da validade social da literatura —, o critério em quase todos os nossos países tem sido quanto o escritor tem se identificado com a causa e articulado, por meio de transformações da imaginação criativa, a luta pela liberdade. E esse foi, portanto, o papel do escritor como repositório do *éthos* de um povo. Hoje, o status, se for medido na escala do comprometimento político, é mais complexo.

Sim, o neocolonialismo econômico é uma fase que ameaça a liberdade no *éthos* de um povo. Sim, as disputas gananciosas das potências euro-norte-americanas para manipular a mudança política africana em busca do espólio dos suprimentos de petróleo e influência militar são questões preocupantes no *éthos* de um povo. Sim, as guerras civis travadas por seus líderes, gerando um sofrimento aterrador — tudo isso faz parte do *éthos* de um povo a ser expresso, pois, agora que nosso continente se livrou de seus autonomeados senhores da Europa, desgastou-se o senso de identidade em ter um inimigo comum, e em muitos de nossos países o sentimento de irmandade tornou-se o de Caim e Abel.

Na relação entre os escritores e o Estado nacional, a ameaça de morte pela *fatwa* ou decreto secular, de Mahfouz a Saro Wiwa e Soyinka, tornou-se o status do escritor em alguns de nossos países. Mas esses e outros temas políticos menos sombrios tendem a ser antes a *mise-en-scène* da escrita contemporânea em nosso continente que sua centralidade. Agora, o próprio africanismo é antes um conceito econômico e cultural que ideológico. Para os escritores, vem à tona o drama do indivíduo e das relações pessoais, que estava em grande parte eliminado neles próprios e, quando abordado por condescendência, era julgado por suas sociedades como trivial em comparação com os grandes traumas partilhados da luta pela libertação. Quando nós, na África do Sul, somos indagados "Sobre o que você vai escrever agora que o *apartheid* se foi?", a resposta é: "A vida não parou porque o *apartheid* está morto". Como aconteceu para vocês em Gana depois de 1957, e para todos os outros países de nosso continente após sua libertação, a vida recomeça. Há tanta coisa a escrever sobre o que antes era posto de lado pela mente criativa comprometida; e há tanto a escrever sobre o que nunca aconteceu, porque antes não podia existir. A liberdade e suas alegrias e — parafraseando Freud — a liberdade e seus descontentamentos são agora o *éthos* de um povo para seus escritores.

Assim, perdemos o status do que se poderia chamar de engajamento nacional. Uns poucos dentre nós assumiram a responsabilidade de se tornar escritores-políticos — penso aleatoriamente no poeta Mongane Wally Serote, agora no Ministério da Cultura do governo Mandela, e em diplomatas, como o poeta de vocês, Kofi Awoonor. Mas é improvável que apareçam futuros Senghors, poetas-presidentes. E pergunto a mim mesma e a vocês: nós, escritores, buscamos, necessitamos desse gênero de status, o escritor como político, estadista? Não nos é imposto, como um dever patriótico fora dos talentos particulares que temos a oferecer? O círculo de giz ao redor do olho não é o sinal de nossa verdadeira vocação? Tudo o mais que somos convocados a fazer afasta-nos da dedicação que sabemos ser exigida de nós pelo nosso papel de escritores. Como o braço cultural das lutas de libertação, enfrentamos as demandas de nosso tempo naquela época. Esse era nosso status nacional. Ainda temos de ser reconhecidos com um status proporcional à primazia do merecido papel de *escritor como escritor* na era pós-colonial.

Como nós próprios definiríamos tal status?

O que esperamos de nossos governos, de nossas sociedades, e em troca o que esperamos lhes dar de nós mesmos? Tenho convicções pessoalmente assentadas sobre essa questão, sempre evoluindo à medida que o país a que pertenço desenvolve suas diretivas culturais, e tenho certeza de que vocês têm suas convicções, suas ideias. E precisamos trocá-las, leste-oeste, norte-sul, por todo o nosso continente; essa é minha primeira convicção. Precisamos nos encontrar pessoalmente, apertar as mãos, escutar uns aos outros, em encontros valiosos como a presente oportunidade sob a bandeira da Associação Pan-Africana de Escritores.

Mas vocês e eu sabemos que o melhor que existe em nós, como escritores, está em nossos livros. O benefício e o prazer do contato pessoal estão, em todo caso, limitados a uns poucos afortunados. Muito mais importante, precisamos ler a obra uns dos outros. Nós e o povo de nossos países precisamos de um acesso natural e fácil aos escritos que expressam o *éthos* de nossos países vizinhos: aquilo em que acreditam, o que sentem, como seguem seu caminho pelos acasos e pelas alegrias da vida, controlados por quais variedades de estruturas sociopolíticas e culturais que estão buscando. Quarenta anos depois de o primeiro país — o de vocês — alcançar a independência, nas bibliotecas e livrarias de nossos países ainda se encontrará, além das obras de escritores do próprio país, apenas um punhado de livros dos mesmos nomes famosos dentre os escritores africanos de outros países de nosso continente. De vez em quando, talvez haja um escritor novo, um Ben Okri que chega até nós por meio do reconhecimento na Europa, pelo velho circuito cultural norte-sul. Sem a obra pioneira de Hans Zell, e a inestimável

Heinemann African Writers Series,[32] a publicação de revistas desde a velha *Présence Africaine* até aquelas lançadas com bravura, frequentemente de vida curta ou irregular, por organizações de escritores ou editoras em nossos vários países, a polinização cruzada da literatura na África mal existiria onde deve existir: entre os leitores comuns, mais do que entre os literatos africanos que representamos aqui.

A melhor parte de duas gerações já passou desde que o continente africano começou sua inexorável realização de independência que agora chega ao auge: uma prioridade em nossa reivindicação do status do escritor e da escrita na África é certamente o desenvolvimento de uma rede pan-africana de editoras e distribuidoras que vão cooperar — por sinal, em grande parte com o objetivo de lucro comercial — para tornar a obra de nossos escritores tão proeminente e naturalmente acessível quanto a literatura barata euro-norte-americana que enche as bancas de livros nos aeroportos. Isso não significa que devemos exportar literatura barata uns para os outros! Significa que a escrita de qualidade que os leitores do país de vocês e do meu nunca veem, a menos que tenham recursos para encontrá-la em catálogos de livros especializados e encomendá-la pelo correio, estaria ao lado de nossas camas à noite e em nossas mãos quando viajamos de ônibus, trens e aviões. Há uma indústria editorial em nosso continente, variando em países diferentes, como foi evidenciado mais uma vez, depois de estudos anteriores, na obra de Hans Zell e Cecile Lomer de 1996, *Publishing and book development in Sub-Saharan Africa,*[33] e entendo que foi recentemente criado um centro de recursos, a Rede de Editores Africanos (APNET, sigla em inglês). Acredito que essa rede ainda não existe, e saudaria qualquer iniciativa para tecê-la.

Pode-se dizer que o velho obstáculo da nossa Torre de Babel de línguas se ergue diante de uma rede africana de editoras. Mas a ironia é que a conquista colonial, com toda a sua destruição e as suas privações, deixou o nosso continente com uma lista curta de *linqua francas* que foram apropriadas para os propósitos da África de muitas outras maneiras além da comunicação prag-

[32] Série Heinemann de Escritores Africanos. (N. T.)

[33] *Publishing and book development in Sub-Saharan Africa: an annotated bibliography*, Hans Zell Publishers, Oxford, 1996.

mática na política e no comércio. Inglês, francês e português — essas três, pelo menos, são as línguas usadas por muitos escritores africanos em sua obra — para o bem e para o mal em relação à cultura nacional: esse é outro debate que vai continuar. Essas três línguas tornaram-se virtualmente *línguas africanas adjuntas por apropriação legítima*; e a tradução da literatura de língua africana, que é e sempre será a fundação e o critério básico da literatura do continente, para essas três línguas não é um obstáculo, mas uma oportunidade. Onde estão os centros de tradução em nossos estabelecimentos de ensino superior e universidades, nos quais os jovens estudiosos pudessem adquirir uma compreensão profunda de suas próprias línguas ao aprender as habilidades da tradução? Eis uma área de avanço cultural, emprego cultural *em colaboração com editores*, à espera de ser cultivada. Temos um OAU[34] unindo nosso continente, às vezes em conflito, mas também trabalhando para um propósito comum, no que concerne a questões de interesse comum em assuntos internacionais, governança, políticas e comércio; precisamos de uma OAC, uma Organização da Cultura Africana, que faça o mesmo para a literatura e as artes pan-africanas. Só então teríamos uma "literatura mundial": um mundo nosso próprio, nosso desafio ao título que cada agrupamento linguístico e político-cultural em nosso planeta tem a húbris de reivindicar para si mesmo.

O professor Lebona Mosia,[35] um acadêmico de artes da África do Sul, refletiu recentemente sobre o conceito do vice-presidente, Thabo Mbeki, de uma renascença africana de raízes, valores e identidade, observando (cito) que nosso povo está saindo de uma "história imaginária... na qual os brancos acreditavam que a África do Sul fizesse parte da Europa, da América (os Estados Unidos) e da Austrália. Os negros sempre reconheceram que são parte da África". "A mesma história imaginária" se aplica, é claro, à Pan-África, ao pensamento das ex-potências coloniais.

A renascença de Thabo Mbeki soa como uma renascença da negritude?

Não acredito que seja. Ou que pudesse ser. As circunstâncias em nossos países mudaram fundamentalmente desde o surgimento desse conceito dos

[34] Organização da Unidade Africana. (N. T.)

[35] "Time to be truly part of Africa", Lebona Mosia, reitor da Faculdade de Artes, Technikon Northern Gauteng, Soshanguve, *The Star*, Johannesburgo, 26 de setembro de 1997.

anos 1950, quando a libertação ainda estava para ser conquistada. A realidade da história africana começou a ser registrada e estabelecida há muito tempo, desde quando foi descontinuada como antropologia e pré-história e substituída pela história da conquista e dos colonizadores estrangeiros. Uma das definições dicionarizadas dos amplos significados de renascença é "qualquer revivescência na arte e na literatura"; como nós, escritores, nos apropriamos do direito de variar ou ampliar o significado das palavras, eu não interpretaria o significado de renascença no contexto de Mbeki como revivescência do passado, se pré-colonial ou da era da negritude, mas no sentido de usá-lo apenas como uma base para a autorrealização e o desenvolvimento cultural de uma África que nunca existiu antes, porque é uma África que *triunfou*: saiu da experiência da escravidão, opressão colonial, exploração humilhante do paternalismo, degradação espiritual e econômica, sofrimentos de toda e qualquer natureza que o mal humano pode tramar. Um continente que se libertou, venceu.

Os africanos estabeleceram, sem sombra de dúvida, que nosso continente não faz parte do império passado de nenhum senhor. Seguros nessa confiança, e de olhos abertos em nossos países, como espero que estaremos, para a necessidade de nos dedicarmos a desenvolver a variedade literária por meio de nossas fronteiras pan-africanas, é hora de cruzar novas fronteiras em nosso horizonte cultural, virar a bússola literária para avaliar se ainda devemos apontar na mesma direção para o mundo exterior.

Que mundo? Mundo de quem? O eixo norte-sul era aquele em que fomos considerados por muito tempo apenas na ponta receptora, o que, ultimamente, temos de certo modo revertido em termos culturais: os escritores africanos ganharam prêmios literários prestigiosos na Inglaterra e na França, e até prêmios Nobel; a música africana tornou-se popular no exterior, a indústria internacional da moda vive no momento uma onda de adaptações um tanto bizarras da vestimenta tradicional africana — bem, a África se vestiu com os ternos de três peças, colarinho e gravata da Europa; agora a Europa se enrola num *pagne*, num *dashiki*, num *bou-bou*...

Claro que conservamos, e devemos conservar, nossa liberdade de acesso à cultura literária europeia e norte-americana, de apropriação dessa literatura. Acredito que ultrapassamos o estágio, na maioria de nossos países, de achar

Shakespeare e Dostoiévski, Voltaire e Melville irrelevantes. Acredito que, como escritores e leitores, toda a literatura de qualquer origem nos *pertence*. *Há* uma "literatura mundial" aceitável nesse sentido; uma grande biblioteca da qual seria uma loucura de autoprivação jogar fora nossos cartões de sócios.

O que *aconteceu* é que as obras de nossos escritores, dando a conhecer o *éthos* de nossos povos, deslocaram firme e corretamente as dos europeus como os textos culturais definitivos em nossas escolas e universidades.

Mas, se colocarmos a bússola sobre um mapa, não só veremos que o sul-sul, e não o norte-sul, é a nossa orientação mais aproximada, mas também que, se recortarmos a forma da América do Sul e a da África, é possível encaixar a costa leste da América do Sul na costa oeste da África, peças de um quebra-cabeça criando um todo — o continente perdido Gondwana, separado por cataclismos cósmicos e mares.

Essa conexão geográfica romântica é um mero símbolo das relações reais e potenciais que estavam adormecidas e ignoradas durante o período colonial, quando o nosso continente da África foi colocado pelas potências europeias estritamente no eixo norte-sul. O clima e o terreno são experiências primárias para os seres humanos; muitos países sul-americanos e africanos partilham o mesmo tipo de ambiente natural básico, que não só determina os tipos de alimentos que cultivam e comem, mas os mitos que criaram, bem como a natureza da vida urbana que desenvolveram. Os dois continentes foram conquistados por potências europeias, sua cultura atropelada e denegrida. Os dois conquistaram sua independência das potências estrangeiras por meio de sofrimento e sofreram subsequentemente sob ditadores brutais em guerras intestinas entre seu próprio povo. Os dois sustentam a carga da pobreza de seu povo e enfrentam o neocolonialismo exigido em troca de sua necessidade de ajuda econômica. Por fim, há o estranho laço recíproco: com aquelas comunidades na América do Sul que são descendentes dos escravos trazidos da África.

Tudo isso em comum, e no entanto conhecemos tão pouco da obra e da vida dos escritores sul-americanos. À parte alguns poucos nomes famosos, como Borges, da Argentina, Machado de Assis, do Brasil, Mario Vargas Llosa, do Peru, e agora Gabriel García Márquez, da Colômbia, não conhecemos a obra da maioria dos escritores sul-americanos, com quem, de muitas maneiras, temos mais laços *existenciais* que com os escritores da Europa e da América do Norte.

Os industrialistas e os empresários estão abrindo suas rotas sul-sul de comércio, combinando o intercâmbio de matérias-primas, processamento e conhecimento especializado que os países na América do Sul e na África podem fornecer uns para os outros. Estão dando mais que um olhar de soslaio, afastando-se do olhar fixo do desenvolvimento norte-sul. No início do ano, Mongane Wally Serote e eu visitamos a Argentina, o Brasil e o Uruguai, e ali também conhecemos escritores de outros países sul-americanos. Todos estavam ansiosos por aprofundar ainda mais o reconhecimento de que nossas literaturas são recíprocas no *éthos* de nossas muitas situações existenciais partilhadas, desde o passado colonizado até os problemas de desenvolvimento do presente, tanto materiais como culturais. Se os industrialistas e empresários estão prestando atenção à reciprocidade material, por que nós, escritores, não estamos olhando na direção sul-sul com uma nova liberdade para escolher com que mundo, de quem, além do nosso próprio, poderíamos criar um mundo mais amplo para nós mesmos?

Diante de nosso primeiro interesse, que é desenvolver uma "literatura mundial" africana como nosso status, devemos ter sempre em mente as palavras do grande poeta mexicano Octavio Paz.[36] Com as exceções das civilizações pré-hispânicas da América, ele escreve, todas as civilizações — incluindo China e Japão — têm sido o resultado de cruzamentos e choques com culturas estrangeiras. E o escritor congolês Henri Lopez, [37] em seu romance *Le lys et le flamboyant*, não está falando apenas do sangue misturado da tribo, raça e cor de muitos de nossos povos na África, mas do intercâmbio de ideias, de soluções para uma existência comum, quando escreve: "Toda civilização nasce de uma mistura esquecida, toda raça é uma variedade de misturas que é ignorada". A educação de nossos escritores, nossa literatura, é uma prioridade que não deve criar para nós uma "literatura mundial" africana de circui-

[36] Octavio Paz, *In light of India*, traduzido do espanhol por Eliot Weinberger, Harcourt Brace, 1997.
[37] Henri Lopez, *Le lys et le flamboyant*, Éditions du Seuil, Paris, 1997. Minha tradução do francês.

to fechado, uma exclusividade cultural em lugar da exclusão, mesmo pós-colonial, que nos tem mantido na antessala das pretensas "literaturas mundiais". Que nossa escolha de status no mundo seja o de escritores que procuram trocas mútuas da imaginação criativa, modos de pensar e escrever, de cumprir o papel de repositório do *éthos* do povo, revelando-o, acrescentando-lhe uma mistura vital de indivíduos e povos que se recriam a si mesmos.

Por fim, aqui na África, nos países de nosso continente, que a definição de Rosa Luxemburgo esteja na ponta de nossas canetas esferográficas e nas telas de nossos processadores de textos, quando escrevemos: "Liberdade significa liberdade para aqueles que pensam de modo diferente". Que o status do escritor seja reconhecido como cantor de louvores e crítico social. Vamos dizer com Amu Djoleto:[38]

> What you expect me to sing, I will not,
> What you do not expect me to croak, I will.[39]

1997

[38] Amu Djoleto, "A passing thought", *Messages: poems from Ghana*, editado por Kofi Awoonor e Adali-Mortty, Heinemann, Londres, 1971.

[39] O que esperam que eu cante, não vou cantar./ O que não esperam que eu rezingue, vou rezingar. (N. T.)

Os Pobres Estão Sempre Conosco

A erradicação da pobreza

Estes são os polos de percepção entre os quais nos encontramos hoje. Estas são as oposições do fenômeno da carência.

O primeiro é antigo, uma aceitação implícita de destino, todo mundo condicionado pela classe (cada um em seu lugar), pela religião (os mansos herdarão a terra), contentando-se em não ter lugar e não herdar.

A segunda proposição recusa a aceitação da pobreza como parte do destino humano. A denominação da Década Internacional para a Erradicação da Pobreza da Assembleia-Geral das Nações Unidas é um declaração de *missão* no verdadeiro sentido. É certamente a mais ousada expressão de fé no esforço humano jamais formulada. Provém do órgão mais representativo do mundo. Propõe talvez o maior melhoramento humano em que jamais participamos, uma aventura maior que qualquer outra já tentada no progresso da humanidade, desde que fomos capazes de nos definir como tal. E, o mais importante, apresenta uma prova convincente de que a meta é alcançável.

Com início no ano passado, o Programa de Desenvolvimento das Nações Unidas lançou uma iniciativa exaustiva em todo o mundo para desmascarar a ideia de pobreza como destino; com seus parceiros, o sistema das Nações Unidas, as organizações da sociedade civil, as instituições acadêmicas, os setores privados e a comunidade doadora internacional, produziu pesquisas que identificam a extensão e a natureza da pobreza em suas muitas formas — e destino.

Não me proponho a citar as estatísticas do mundo da carência. Elas estão ali, devastadoras, nas publicações inestimáveis do Programa de Desenvolvimento das Nações Unidas: os assombrosos dados materiais de raça, preconceito racial, administração política e social, geografia, gênero, etnia, prática agrícola, prática tecnológica, produção industrial, serviços de saúde — tudo, desde a extinção de uma corrente de água até o fechamento de uma fábrica de armas —, que produzem o fenômeno da pobreza, assim como ela é vivida pelo 1,3 bilhão de pobres do mundo.

Quando se lê essa evidência de privação física, mental e espiritual, só se chega a uma conclusão: a pobreza é uma armadilha. Gerada por muitos fatores além dos óbvios em que sempre pensamos, a pobreza é o nadir do desempoderamento.

É um desempoderamento que existiu e existe em democracias, bem como em ditaduras, ligando-as de um modo que relutamos em ter de admitir. A urna de eleições livres e justas fracassou em fortalecer os pobres na maioria dos países democráticos. A ditadura do povo fracassou nesse intento na maioria dos países do império soviético. E, desde a queda do comunismo, a pretensão do Ocidente de libertar esses países para estabelecer uma economia de mercado e torná-los prósperos nada significa para os velhos que agora mendigam nas ruas de Moscou, assim como fazem os sem-teto nas ruas das cidades da única grande potência que resta no mundo, este Estados Unidos da América. No Brasil, na Argentina, na África, na Índia — onde neste mundo, à exceção dos pequenos Estados de bem-estar social do Norte, não existem pessoas no nadir da pobreza? Não é preciso entrar em diferenças ideológicas, nem fazer julgamentos de valor: cada país produziu — ou fracassou em eliminar — o vergonhoso produto final humano, a pobreza.

O que é uma década, em termos de séculos, aceitando que *os pobres estão sempre conosco*?

A nossa resposta é que o mundo tem agora o conhecimento, a capacidade científica e tecnológica de acabar com a maioria das causas da pobreza, e reverter as consequências de causas que não consegue impedir. Há meios práticos identificados: o que se faz necessário é o dinheiro e o compromisso dos governos — regionais, nacionais e órgãos da governança mundial — com a cooperação e execução desses meios. E o que se faz necessário para tornar *isso* realidade é a consciência e admissão, entre os povos do mundo, de que, se for provada a existência de vida em Marte, e se for possível realizar os negócios eletronicamente sem sair da poltrona, o novo século não vai ser *absolutamente* novo, em termos do progresso da humanidade, se carregarmos conosco a aceitação dos grilhões vergonhosos do passado sobre 1 bilhão de homens, mulheres e crianças na pobreza, e oferecermos apenas caridade, esse paliativo para satisfazer a consciência e manter o mesmo velho sistema dos que possuem e dos que não possuem quietamente reprimido.

Em vista da necessidade de uma consciência despertada, acho importante considerar como povos diferentes concebem a pobreza. Como pensam a respeito? Historicamente, onde começou?

Na Pré-História, os primeiros humanos viviam com o que chamaríamos agora uma economia de subsistência: caçavam, coletavam, e quando esses recursos do grupo acabavam num lugar, mudavam para outro; somente a natureza discriminava, tornando uma área mais salubre que outra, mas havia espaço suficiente para transformar esse fato antes numa vantagem que numa privação. Foi com a chegada do valor excedente que começou o fenômeno do rico e do pobre; com o cultivo dos vales do Eufrates e do Nilo, quando o alimento era plantado e podia ser armazenado, em vez de ser pilhado e caçado, capaz de satisfazer apenas necessidades de curto prazo. Havia, assim, mais do que suficiente para o dia, aqueles que plantavam mais do que poderiam comer tornavam-se os com posses, enquanto aqueles cuja colheita não fornecia excedente tornavam-se os sem posses.

Basicamente, nada mudou desde então. Exceto que já não é possível para a sociedade passar de um ambiente pouco vantajoso para um mais salubre — a era colonial das potências europeias foi talvez o último desses movimentos a ocorrer com sucesso, a montagem final de uma solução obsoleta para problemas sociais. Numa escala individual, os imigrantes em tempos contemporâneos se veem recebidos pelos cidadãos locais com ressentimento, por serem concorrentes no mercado de mão de obra do país de suas aspirações, e logo descambam para um lugar entre os pobres daquele país. Pouco tem mudado, ao longo dos séculos, exceto que desenvolvemos o que poderíamos chamar uma filosofia de aceitação da pobreza.

Em primeiro lugar, há a questão das diferentes percepções do que é a pobreza segundo cada classe, e de como se chegou a essas noções. Existe a percepção da classe alta. Existe a percepção da classe média. E existe a dos pobres.

Para os ricos, qualquer contingência de que possam afundar na pobreza é tão remota que nem chega a entrar em suas mentes. Eles estão também na posição de ser *generosos*, de modo que, curiosamente, embora talvez estejam deveras preocupados com a existência dos pobres, a pobreza é uma fonte de autoestima. Não se choquem com este comentário; sem a filantropia da riqueza, a maneira como o mundo tem tratado e aliviado a pobreza até agora não poderia ser absolutamente mantida. Mas esse transbordamento de riqueza é demasiado esporádico, demasiado dependente daqueles aspectos da pobreza que, aqui e ali, os doadores por acaso favorecem para ser uma solução.

Li recentemente que se a riqueza dos dez indivíduos mais ricos do mundo se tornasse acessível, o problema mundial de 1,3 bilhão de pessoas vivendo na pobreza poderia ser resolvido. Bem, não se pode esperar que esses indivíduos abram mão de seus bens mundanos *in toto* em favor do mundo, assim como é pouco provável que qualquer um de nós, suponho, esteja pronto para sacrificar nossos privilégios razoáveis — a nosso ver — inteiramente por aqueles que não têm nenhum. O que se pede é que aqueles que possuem e controlam grandes riquezas observem em seus países as estruturas econômicas que tornaram essa riqueza possível e, não obstante, criaram condições que tornam a filantropia necessária — regimes que fracassaram em estabelecer os meios referentes a pagamento adequado pelo trabalho, educação e treinamento, meio ambiente, pelos quais as pessoas possam se sustentar com respeito por si mesmas e com dignidade. Esse é o pensamento que vai confrontar os fatos da redistribuição da riqueza do mundo.

Os ricos e poderosos que controlam os consórcios e as companhias internacionais, e as agências do governo que planejam com eles, precisam atentar responsavelmente para a ênfase do Programa de Desenvolvimento das Nações Unidas em "colocar as pessoas no centro do desenvolvimento", em incentivar um conceito de empresas de desenvolvimento que priorize não só, nem sequer primariamente, a promoção do saldo credor de um país e a provisão de um número X de empregos, mas o fomento de uma série de consequências sociais que afetarão a comunidade implicada de muitas maneiras. O dinheiro que é possível colocar nos bolsos dos pobres de baixa renda em determinado ano talvez seja contrabalançado, ao longo de seus períodos de vida, pela destruição de seus ambientes. O desenvolvimento se torna uma forma perigosa de engenharia social, se não leva em conta os efeitos de longo prazo sobre a coesão social. O lucro e a perda, na contabilidade da erradicação da pobreza, será o cálculo de quantas vidas diárias de pessoas comuns podem ser incluídas, a longo prazo, na coluna dos créditos.

Para a classe média ampla, que inclui a classe trabalhadora qualificada em muitos países, a possibilidade de cair na pobreza está subliminarmente presente. Seu conceito de pobreza é também colorido pelo medo, ao lado de sua preocupação com aqueles que sofrem por serem pobres: se não for pela graça de Deus, é nessa miséria que vou afundar. Uma mudança de governo, a inflação, uma forma de ação afirmativa por causa de uma questão de cor, raça ou simplesmente substituição dos empregados mais velhos por novos — essas contingências ameaçam a segurança da classe média com sua casa própria, suas políticas de seguro e fundos de pensão. Todas as coisas que a pobreza rouba das pessoas, todas as redes de segurança que os pobres não possuem... A pobreza é considerada um golpe do destino que poderia acontecer. Alternativamente, de quem é a culpa? Talvez, como é de modo geral diligente e ambiciosa — e tem a possibilidade de progredir em termos de dinheiro e status, possuindo uma base de partida que os pobres não têm —, a classe média sinta frequentemente que é falta de vontade, iniciativa e compromisso com o trabalho, atitudes cultivadas por eles próprios, o que mantém os pobres nessa condição.

A percepção básica da pobreza é o homem mendigando na rua — a conclusão: há certamente *alguma outra coisa* que ele poderia fazer, não? Desconfia-se do desemprego como falta de capacidade; o que bem pode ser verdade em muitos países em desenvolvimento, onde a falta de habilidades torna as pessoas literalmente incapazes de conseguir emprego, incapazes de ser ativas em setores onde haveria empregos disponíveis. Mas o que tem de ser percebido é como essa falta atua no desempoderamento geral da própria pobreza. Para abolir o espectro do homem mendigando na rua, a mulher enrodilhada em seu lar de banco da praça, as crianças olhando fixo de um campo de refugiados, é primeiro preciso fazer o esforço de compreender quais são os fatores que criam esse desempoderamento.

Como as próprias vítimas percebem sua pobreza?

Elas a vivem, conhecem-na melhor, muito mais que o demonstrado por todas as concepções externas. À parte as necessidades vitais de alimento e abrigo, do que *elas* se sentem mais privadas? Pesquisadores que andam entre os pobres aprenderam muita coisa frequentemente ignorada, como a percepção das mulheres de que, sendo aquelas que com os filhos sofrem muito, melhorar sua situação por meio de treinamento e educação deve tomar mais que um lugar marginal de "interesse especial" na transformação das vidas dos carentes. A consulta para saber como as comunidades pobres se veem em relação à abundância comum da vida que outras comunidades consideram normal é reconhecida pelas pesquisas como indispensável para aproveitar as atitudes negativas do ressentimento e da passividade sociais, transformando-as numa parceria vital para a mudança. É o mundo afortunado longe da subsistência de "um dólar por dia" que precisa começar a ver os empobrecidos como nossos parceiros necessários na sobrevivência mundial, a ser escutados a respeito dos componentes que tornam uma vida decente. É o mundo privilegiado que precisa se conscientizar de que uma "vida decente" não pode verdadeiramente existir para nenhum de nós enquanto um quarto da população do mundo em desenvolvimento vive na pobreza.

Se a pobreza econômica começou quando alguns tiveram uma produção excedente e outros não, e em princípio pouco tem mudado, a segunda causa da pobreza como fenômeno da história humana é a guerra, e a esse respeito também pouco mudou. As guerras, o conflito social, em nível internacional, nacional ou interétnico, ainda produzem fome e desabrigo, as principais características da pobreza, e agora, ao que parece, numa escala galopante. A erradicação da pobreza implica uma relação de mãos dadas com as mediações de uma resolução não violenta dos conflitos. O trabalho de manter e promover a paz realizado pelas Nações Unidas e outras formações, carregado de dificuldades, perigos e frustrações, e controverso como deve ser, pode ser visto como um componente vital dos objetivos da década.

A violência da natureza — inundação, seca e terremoto — é outro fator que tem causado pobreza desde os tempos antigos, sendo algo que, ao contrário das guerras, não está dentro da capacidade humana prevenir. Mas a violência perpetrada *pela* humanidade *sobre* a natureza torna-se cada vez mais uma das causas da pobreza. A destruição de florestas nativas, a poluição dos oceanos, a lixiviação da terra pelo uso indiscriminado de produtos químicos, tudo isso tira das comunidades seu sustento. O vazamento do lixo nuclear torna a água não potável e o próprio ar irrespirável. O problema da pobreza não pode ser resolvido enquanto a terra e os oceanos que nos alimentam são violentados por planejamento governamental cruel e ganância humana de visão bitolada.

Quais são as percepções morais da pobreza?

Essas são regidas por aqueles que olham a pobreza sem se envolver e de relance, por assim dizer, a partir de fora. "Pobre mas honesto": considera a máxima. Por que aos ricos nunca se atribui a qualificação "rico mas honesto"? Nesse contexto, ninguém comentou melhor as atitudes morais que o poeta e dramaturgo alemão, Bertolt Brecht. Eis seu poema:

> Primeiro vem o estômago, depois a moral.
> Primeiro garantir que os mortos de fome
> Ganhem suas fatias do pão que está sendo cortado.
> [Bertolt Brecht, *A ópera dos três vinténs*.]

A nossa medida de virtude é que o povo deve ser honesto quando está morrendo de fome, ou essa é uma medida de hipocrisia? O crime comum, até certo nível — o crime econômico do colarinho-branco é a prerrogativa dos ricos —, é um produto da pobreza e não pode ser combatido apenas por métodos punitivos. Alguns dos fundos que os cidadãos, vivendo com o medo urbano dos espancamentos e assaltos, querem ver usados, como se diz, para "aniquilar o crime" com mais polícia e prisões maiores, produziriam melhor efeito se desviados para o propósito de aniquilar a pobreza. Ninguém estará seguro enquanto se distribuírem punição e máximas morais piedosas em lugar de comida. A campanha contra a pobreza é a melhor campanha contra o crime.

Finalmente, a definição da pobreza não termina com as necessidades materiais; a meta de sua erradicação não será completada ou talvez nem sequer alcançável sem a atenção mundial para a privação da mente: a pobreza intelectual. Assim como a comida é a necessidade básica do corpo faminto, a alfabetização é a necessidade básica da mente faminta. Segundo o "Relatório do desenvolvimento humano" do Programa de Desenvolvimento das Nações Unidas, nos últimos cinquenta anos o analfabetismo no mundo foi reduzido pela metade. Se puder ser virtualmente eliminado no início do próximo século, será uma grande força no plano de seis pontos de ação global gerado pelo Relatório, e não só porque a capacidade de ler e escrever é crucial para a participação no desenvolvimento, o abre-te sésamo para o mundo do trabalho, as qualificações mentais e a autoadministração que é liberdade econômica. Ser analfabeto ou semianalfabeto é ser privado da iluminação e prazer da leitura, da participação legítima no mundo das ideias e em sua investigação; é passar a vida aprisionado entre as paredes da experiência unidimensional.

O analfabetismo mutila cruelmente o espírito humano como causa e resultado do desempoderamento que agora procuramos fazer desaparecer dedicando uma década de esforços à tarefa. Estamos aqui para celebrar e discutir os meios que sabemos ter à nossa disposição; e quero terminar com o que acredito possa ser o nosso texto, para o dia e para a década. É de William Blake. Cito:

> Many conversed on these things as they labour'd at the furrow
> Saying: "It is better to prevent misery than to release from misery:
> It is better to prevent error than to forgive the criminal.
> Labour well the Minute Particulars, attend to the Little ones,
> And those who are in misery cannot remain so long
> If we do but our duty: labour well the teeming Earth".[40]

1997

[40] Muitos conversavam sobre essas coisas ao sulcar a terra/ Dizendo: "É melhor prevenir a miséria que livrar-se da miséria:/ É melhor prevenir o erro que perdoar o criminoso./ Cultivem bem os Detalhes Diminutos, cuidem das Coisas Pequenas,/ E aqueles na miséria não continuarão assim por muito tempo/ Se fizermos apenas nosso dever: lavrar bem a terra fértil". (William Blake, "Jerusalem", 1804). (N. T.)

De uma Correspondência com Kenzaburo Oe

Caro Kenzaburo,

Sua carta me dá o prazer de constatar que estamos simplesmente retomando a conversa interrompida ao final de nosso encontro no hotel de Tóquio há seis anos. Havia tanto para conversar; o que não deixou de existir, no parêntese das vidas separadas, prestes a continuar a qualquer momento. A ambiguidade, as conexões que se entrecruzam contra a cronologia entre aquele curto encontro e o que iria acontecer — uma presciência invisível que influenciaria nosso pensamento e escrita individuais —, *isso* se mostrou um presságio das ligações entre o nosso *então* e *agora*. Sem o saber, você veio ao nosso encontro já na sombra futura do terrível terremoto que devastaria uma cidade japonesa mais tarde naquele ano, e que eu empregaria, num romance então ainda não concebido, como uma metáfora para a catástrofe apocalíptica desencadeada pela natureza, junto com a devastação contemporânea perpetrada por humanos contra humanos na Europa Oriental e na África.

E assim não deveria me surpreender que você, ao me escrever, esteja preocupado com a questão da violência que penetra profundamente na sua consciência, assim como se introduziu na minha. Esse é um "reconhecimento" entre dois escritores, mas vai além. É o reconhecimento da necessidade inescapável de os escritores lerem os sinais que a sociedade emite de forma críptica, tentando compreender o que eles realmente significam.

Devo lhe contar que, quando comecei a escrever *A arma da casa*, a história me surgiu como a tragédia pessoal de uma mãe e um pai cujo filho, num crime passional, assassina os valores humanos dos progenitores com o homem que ele mata. O tema paralelo, que inseria suas vidas no contexto do país, a nova África do Sul, consistia em que o casal — brancos que no regime passado de discriminação racial sempre tiveram negros dependentes *deles* — seria dependente de um ilustre advogado negro para defender o filho. Essa seria a tese dupla de meu romance. Mas, enquanto escrevia (e isso não acontece sempre conosco, nosso exame da história não nos induz a penetrar cada vez mais na complexidade de existências humanas específicas?), descobri que o contexto da mãe, pai e filho não era existencialmente determinado apenas em termos geográficos e políticos; havia a questão do próprio ar que respiravam. Violência no ar; o ato privado do *crime passionnel* não ocorreu dentro da sanção inconsciente sinistra — a banalização pública e social da violência?

Você faz uma observação verdadeira e terrível: "Todas as crianças do mundo, com sua percepção e consciência da época, são os espelhos nos quais está refletida a enorme violência universal". Você tem toda razão de estar muito preocupado com a situação das crianças, e abordo isso depois, mas primeiro devo comentar a extraordinária atitude míope em relação à violência que não só encontrei, mas à qual acabei de estar sujeita, na Europa e nos Estados Unidos.

Sempre que fui entrevistada, os jornalistas propunham a questão da violência na África do Sul como um fenômeno isolado, como se espancamentos na rua, arrombamentos, "estupros em encontros" no *campus* universitário, arruaças resultando em graves danos entre os chamados jogos esportivos não fizessem parte da vida diária em seus países.

Admito desde já que as cidades da África do Sul têm no presente uma posição elevada na lista assustadora daquelas com a pior taxa de crimes no mundo. Algumas cidades sul-americanas têm sido proeminentes nessa lista por tanto tempo que o resto do planeta passou a considerar esse dado complacentemente como uma característica nacional, mais um tipo de costume folclórico que uma tragédia. Inversamente, o crime violento na África do Sul é visto como um *fenômeno da liberdade* — interpretado pelos racistas em toda parte (e ainda há muitos) como uma evidência de que os negros deviam ter sido mantidos sob a hegemonia branca para sempre.

Entretanto, as razões para o aumento do crime na África do Sul não são as do abuso da liberdade pelos negros. Elas são nossa herança do *apartheid*. O que o mundo não sabe, ou prefere não saber, é que, durante o regime do *apartheid* desde 1948, a violência do Estado era cotidiana e desenfreada. Ser vítima da violência do Estado era o modo de vida para os homens, mulheres e crianças negros. A violência não é nada de novo para nós; estava simplesmente limitada à sua prática diária contra os negros. Eles ficavam confinados fora das cidades em seus distritos negros à noite ou eram permanentemente banidos para territórios definidos pelas etnias e conhecidos pelo eufemismo de "terra natal", dos quais só os trabalhadores masculinos contratados tinham permissão de sair para as cidades. Era assim que mantinham a lei e a ordem urbanas. A violência e a desesperada desvalorização da vida que ela provocava ficavam fora do alcance da vista. Agora que as pessoas da África do Sul são livres no seu próprio país para procurar trabalho e casa em qualquer lugar que lhes aprouver, elas correm em bando para as cidades. Mas as cidades não foram construídas para elas; não há habitações para números tão grandes, e sua presença no mercado de trabalho tem inchado sobremaneira as filas dos desempregados. Seu lar é nas ruas; a fome as desvia para o crime, assim como desviaria a maioria de nós que deploramos o crime de barriga cheia, e a degradação degenera em violência. Esses são os fatos históricos que tornam as razões para a violência na África do Sul excepcionais. O desenvolvimento econômico tem a chance de mudar essa relação com a violência de maneira significativa, mesmo não sendo uma solução completa.

Quanto à questão de armas de fogo como bens domésticos ao lado do gato da casa — enquanto eu estava nos Estados Unidos, dois meninos de doze e treze anos atiraram e mataram vários colegas e a professora. Por que essas crianças têm acesso a armas de fogo? Onde é que as conseguem? As crianças americanas tiram as armas da casa do avô; a criança francesa, da casa do pai. As armas estavam simplesmente ali, nessas casas de família, objetos comuns, evidentemente não guardados a sete chaves, até tendo algum lugar legítimo no equipamento do lar. Acabei de ler estatísticas americanas revelando que é 43 vezes mais provável que uma arma dentro de casa mate um membro da família que um intruso. E agora você me conta que um menino japonês matou um companheiro e dependurou a cabeça da vítima num lugar público; um menino apunhalou fatalmente seu professor; um velho foi espancado até a morte por duas meninas; e um pai foi morto pelo filho e pelo amigo do filho.

Isso nos traz ao que é a responsabilidade máxima dos adultos no seu país, no meu, no mundo inteiro: por que as crianças matam a sangue-frio? O que as tornou estarrecedoramente indiferentes à dor e à morte dos outros, a ponto de estarem elas próprias prontas a causar dor e morte? O que aconteceu a seus "tenros anos"?

Pondo de lado a experiência particular da África, acho que a mulher que o questionou, citando causas ambientais — um ambiente criado inteiramente pelo poder e pela vontade dos adultos —, estava correta. Se você relembrar sua própria experiência da infância, Kenzaburo, e se eu recordar a minha, veremos como a nossa moralidade, a nossa humanidade, foi distorcida pela agenda dos adultos, algo que tivemos de combater e abandonar por nossos próprios esforços ao crescer: uma confirmação da sua convicção de que existe um "poder de recuperação inerente nas próprias crianças", sim. Você passou por uma lavagem cerebral — nada menos — que lhe inculcou a noção de que o valor imortal do imperador era de tal ordem que você devia estar pronto a se matar a um comando imperial. Eu passei por uma lavagem cerebral — nada menos — que me inculcou a noção de que minha pele branca me dava superioridade e autoridade absoluta sobre qualquer um de outra cor.

As crianças não estão sujeitas a essa espécie de mau condicionamento hoje em dia. Assim, em países devotados à paz e à democracia, reformados em sua aversão às crueldades autoritárias do passado, o que é que torna a violência aceitável para as crianças? Sei que é fácil colocar a responsabilidade no mais óbvio — os meios de comunicação visuais, a televisão e os jogos eletrônicos, agora também parte da mobília da casa. Mas o fato é que essas presenças nos lares têm se tornado o terceiro progenitor. Eles educam a criança segundo um conjunto de valores de influência igual à dos pais biológicos. O poder da imagem tornou-se maior que o da palavra; pode-se dizer a uma criança que uma bala na cabeça mata, que uma faca no coração mata. A criança *vê* o ator "morto" aparecer no dia seguinte, andando com arrogância no desempenho de outro papel. Essa *desvalorização* da dor, embotando consequentemente as inibições contra o ato de violência, tem se tornado, com as cenas de bandidos glamourosos, de heróis espaciais soprando raios mortais, a formação diária, minuto a minuto, das atitudes jovens. É assombrosamente claro para mim que essas crianças que matam não têm — é como uma faculdade atrofiada — a capacidade de sentir a dor e a destruição experimentada por outros. Acho que é isso que tem acontecido à "psique interior desses delinquentes juvenis" de que você fala.

O que podemos fazer, nós, adultos, para criar a responsabilidade nas crianças, "restaurar seu eu normal", como despertar "o poder do respeito próprio originalmente inerente a elas"?

Se atribuirmos à mídia uma grande cota da culpa pela sua condição, estaremos advogando a censura? A ideia é repugnante e assustadora para mim, que passei décadas combatendo a censura de informação, a literatura e a arte no meu país. Tenho uma ideia tão difícil de ser executada que talvez pareça ingênuo mencioná-la. Não será possível que os escritores, os atores, os diretores e os produtores desses programas que tornam a violência aceitável e banal reconsiderem seus valores? Diz-se, no que é conhecido pelo eufemismo "indústria do entretenimento" — tornou-se também uma indústria de lavagem cerebral —, que a indústria simplesmente dá ao público o que ele quer. Mas o público está há muito tempo condicionado a querer o que a indústria impõe. E por que esse público é tão passivo sob essa autoridade autonomeada? Será porque a mídia visual é a verdadeira representação de muitos comportamentos adultos aceitos? A violência no ar tornou-se a exalação do ser?

Por sinal — ainda mais revelador que qualquer declaração na sua carta —, anos atrás você deu uma notável declaração implícita sobre a capacidade de as crianças restaurarem o poder do respeito próprio que lhes é inerente. As crianças na sua história (na tradução inglesa intitulada "Prize stock") são as de uma remota vila japonesa, que, por suas ações e atitudes, ensinam aos adultos que o aviador americano negro que caiu nas suas mãos durante a guerra é um ser humano, capaz de reações emocionais e sofrimento. Ao adotar sua premissa de que o poder do respeito próprio é inerente às crianças, significa que ele também deve *existir*, adormecido, na substância de homens e mulheres adultos. Como podemos liberar esse poder de restauração em nossa presente época e suas circunstâncias?

Kenzaburo, você nem fazia ideia de que estava falando para o fim de nosso milênio quando usou estas palavras numa história anterior: "Quem nos ensinará a superar nossa loucura?".

Sinceramente,
NADINE

1998

Octavio Paz: Poeta-Arqueiro

Conheci Octavio Paz nos anos 1970, como uma convidada em sua casa na Cidade do México. Um longo almoço, acompanhado pela bênção de sua inteligência. Ele era um homem de cabeça muito grande, poderia ter sido modelo para um dos monólitos da Ilha de Páscoa, e a alta extensão branca de sua testa freava, numa linha reta que cruzava o contorno craniano, o drama do cabelo preto bem crespo. Quando o escutávamos, aquela testa parecia um farol do qual emanava a iluminação

Todo assunto que ele abordava era brilhante e novo.

Tivemos um contato esporádico depois disso, e no último ano de sua vida mantivemos correspondência, quando ele e eu estávamos tentando arranjar uma visita sua à África do Sul sob os auspícios do Congresso dos Escritores Sul-Africanos. Ele era vivamente interessado em nosso país, em nosso envolvimento na transição da opressão para a liberdade, principalmente na liberdade da palavra, e foi apenas a saúde fraca que fez os planos darem em nada.

Como um grande poeta contemporâneo, Octavio Paz se definia mais precisamente como um poeta americano *espanhol*. Pois a língua era, para ele, não só o instrumento de sua poesia, a harpa de seu lirismo — ela a via como o significante fundamental no destino da sociedade humana; um barômetro seguro da condição das situações ideológicas, políticas e sociais, e da responsabilidade individual por essas circunstâncias. Num de seus textos clássicos em prosa, "O outro México: crítica da pirâmide", ele escreveu: "Quando uma sociedade entra em declínio, é a língua que primeiro gangrena. Em consequência, a crítica social começa com a gramática e o restabelecimento do significado".

Sobre a questão da corrupção, escreveu:

> Embora se escandalizem com as fortunas acumuladas pelos revolucionários [no México], os moralistas deixam de observar que esse florescimento material tem um paralelo verbal: a oratória torna-se o gênero literário favorito dos prósperos... e junto com a oratória, com suas flores de plástico, há a sintaxe bárbara em muitos de nossos jornais, a tolice da língua nos alto-falantes e no rádio, e as vulgaridades abomináveis da publicidade — toda essa retórica asfixiante.

E, como acontece com tanta frequência com os escritos de Octavio Paz, ele poderia falar sobre e para grande parte do restante do mundo.

Como Pablo Neruda e Federico García Lorca, Octavio Paz foi um daqueles poetas soberbos cujo brilho torna absurda a noção de inteligências inferiores de que absorver o tumulto e o conflito na sociedade e sua expansão no mundo, transportar a substância social e política contenciosa até a sacrossanta torre de marfim, corrompe e destrói a verdadeira criatividade.

Octavio Paz arriscou-se no ativismo de muitas maneiras durante as crises recorrentes no México. Penso em sua resignação como embaixador de seu país na Índia em 1968, quando o governo mexicano abriu fogo e matou estudantes que protestavam na Plaza Tlatelolco.

Mas o aspecto mais resistente de seu ativismo — seu ativismo intelectual, se é possível fazer tais distinções na personalidade de um homem tão *completo* —, o tesouro que nos lega com sua poesia, é a ontologia abrangente de seus ensaios. Ali, partindo de sua filosofia da linguagem, os significados da literatura, da história, da política e dos conceitos do tempo interagem na perfeita lucidez do discurso sobre nosso ser. Um de meus exemplos favoritos dessa simbiose é o seguinte:

> Toda vez que encontraram outras culturas e civilizações, os europeus e seus descendentes norte-americanos as chamaram de *atrasadas*. Essa não é a primeira vez que uma raça ou uma civilização impõe suas formas a outras, mas é certamente a primeira vez em que se estabelece como um ideal universal, não um princípio

imutável, mas a própria mudança. Os muçulmanos e os cristãos baseavam a inferioridade do estranho numa diferença de credo: para os gregos ou toltecas, ele era inferior por ser bárbaro, um chichemecan. Desde o século XVIII, os africanos e os asiáticos têm sido inferiores por não serem modernos. O mundo ocidental tem se identificado com a mudança e o tempo, e não há outra modernidade senão a do Ocidente... os novos pagãos podem ser contados aos milhões... são chamados "povos subdesenvolvidos".
"Subdesenvolvidos" — esse adjetivo pertence à língua anêmica e castrada das Nações Unidas. A palavra não tem significado preciso nas áreas da antropologia e da história. Não é um termo científico, mas burocrático... Sua imprecisão mascara duas pseudoideias: a primeira aceita como natural a existência de apenas uma civilização, ou que as civilizações diferentes podem ser reduzidas a um único modelo — a civilização ocidental moderna; a segunda afirma que as mudanças nas sociedades e culturas... são lineares e progressivas, além de poder ser medidas.

Mas Octavio Paz não era um pessimista.

A beleza das imagens em sua poesia, a alegria elegante com que trata da linguagem cujo poder venera, uma linguagem que triunfantemente sobrevive até à tradução — essas são um amor afirmativo da vida. Cito de um de seus poemas:

Ver, tocar formas hermosas, diarias.
Zumba la luz, dardos y alas.
Huele a sangre la mancha de vino en el mantel.
Como el coral sus ramas en el água
extiendo mis sentidos en la hora viva:
el instante se cumple en una concordancia amarilla,
¡oh mediodía, espiga henchida de minutos,
copa de eternidad![41]

Essa sensibilidade coexistia em Octavio Paz junto à raiva rebelde contra uma sucessão de governos corruptos e/ou incompetentes. Cito de outro poema:

Hemos desenterrado a la Ira
... El parque de los enamorados es un muladar
La biblioteca es una madriguera de ratas feroces

[41] Ver, tocar formas formosas, diárias./ Zumbe a luz, dardos e asas./ Recende a sangue a mancha de vinho na toalha./ Como o coral seus ramos na água/ estendo meu sentido na hora viva:/ o instante se cumpre numa harmonia amarela./ oh, meio-dia, espiga cheia de minutos,/ copa de eternidade! (Octavio Paz, "Himno entre ruinas", 1948). (N. T.)

La universidad es el charco de las ranas
El altar es la tramoya de Chanfalla
Los cerebros están manchados de tinta
Los doctores discuten en la ladronera
Los hombres de negócios
manos rápidas pensamientos lentos
ofician en el santuario.[42]

A partir de toda experiência, por mais distante que pudesse parecer da inspiração para a poesia ou a prosa imaginativa, ele gerava uma criatividade sensual e intelectual. De seu período formal na Índia surgiu, mais tarde, em 1995, uma notável coletânea de ensaios que abrangiam desde uma celebração pessoal de sua temporada no país, passando por uma investigação da arte, da literatura, da música e das religiões da Índia, até uma comparação das civilizações islâmica, hindu e ocidental no curso da história mundial.

Ele escreve: "A Índia não penetrou em mim pela mente, mas pelos meus sentidos".

Ainda assim cita um poeta indiano anônimo que diz:

Admira el arte del arquero
No toca el cuerpo y rompe corazones[43]

A coletânea de ensaios nessa última obra é intitulada *Vislumbres da Índia.*[44] À luz de tudo o que Octavio Paz escreveu, todos nós, que o lemos, recebemos sua luz.

E a sua era a arte do poeta-arqueiro, que vai direto ao coração e à mente, onde o centro do ser é um só.

1999

[42] Desenterramos a Ira/ ... O parque dos enamorados é puro estrume/ A biblioteca é uma toca de ratos ferozes/ A universidade é o charco das rãs/ O altar é a tramoia de Chanfalla/ Os cérebros estão manchados de tinta/ Os doutores discutem num covil de ladrões/ Os homens de negócios/ mãos rápidas pensamentos lentos/ oficiam no santuário (Octavio Paz, "Petrificada petrificante", *Vuelta*, poemas de 1969-1975). (N. T.)
[43] Admira a arte do arqueiro/ Não toca o corpo e rompe corações. (N. T.)
[44] Em inglês, *In light of India* — À luz da Índia. (N. T.)

Quando a Arte Encontra a Política

Calculo que estamos excluindo a propaganda de nossas considerações sobre onde e por que a arte se encontra com a política. A propaganda, em palavra e imagem, tem sua necessária justificação para condicionar as pessoas a marchar para a guerra, comprar coisas, votar em partidos políticos, mas não tem nada a ver com originalidade, porque provém da certeza de ortodoxias; nunca é uma busca, uma investigação pessoal.

Claro, as artes são muitas, e sua expressão das questões sociais salta à mente desde *Guernica*, de Picasso, passando por Goya como a apoteose das guerras, até — no cinema — Z, de Costa-Gravas e Semprun, sobre os coronéis gregos como a apoteose da opressão da junta, *O tambor*, de Schlöndorff, como a das deformações sociais, o aviltamento da humanidade durante o nazismo, até *Underground — mentiras de guerra*, de Kusturica, e *Traídos pelo desejo*, de Neil Jordan, como a do conflito que continua sobre a terra, mesmo hoje, e a visão do racismo na América em *Faça a coisa certa*, de Spike Lee.

Como escritora, entretanto, me concentro naturalmente no nosso tema em relação à arte que eu própria pratico e conheço melhor pela obra de meus colegas escritores, mortos e vivos — a literatura.

Primeiro, um olhar retrospectivo para obras em que muito obviamente a arte encontra a política, em níveis diferentes e de maneiras diversas. Deve-se começar com a Bíblia, claro, tanto o Antigo como o Novo Testamento; os ideários líricos da política secular — a política da sucessão tribal — e da política religiosa — as lutas de poder pela alma, entre os seres humanos e Deus. Depois passo ao longo dos séculos, pelos gregos antigos e por Dante, até *A cabana do Pai Tomás* e *Chora, terra bem-amada!* Esses dois últimos mostram como uma história sentimental pode ser uma forma efetiva de expressão de uma questão social, porque, separados por um século, o Pai Tomás de Harriet Beecher Stowe e o reverendo Kumalo de Alan Paton introduziram as questões da escravidão e do racismo na consciência de milhões de leitores que talvez não as tivessem admitido, se apresentadas de qualquer outra maneira.

Ralph Ellison e James Baldwin desprezavam o sentimento por ser inadequado para expressar as realidades do preconceito racial, revelando a *persona* negra como aquela de quem *Nobody knows my name*, o "Homem Invisível" rejeitado por brancos.

Joseph Roth empregou o gênero picaresco para resumir a húbris patriótica e o fim do Império Austro-Húngaro com as gerações Von Trotta em *A marcha de Radetzky*.

Malraux deu expressão ao estado de espírito de *Dias de esperança* na primeira e fracassada resistência ao fascismo na Guerra Civil Espanhola, enquanto Hemingway propôs o estímulo sexual da guerra como um fenômeno social — a terra movida antes pelo orgasmo que pelas bombas.

Thomas Mann usou o isolamento nevado deste mesmo lugar em que nos encontramos hoje — Davos — para falar da complacência de uma Europa esquiando em direção ao desastre, e daqui lançar seu anti-herói, Hans Castorp, na "festa universal da morte", que Mann via como a guerra de 1914.

Milan Kundera tirou sua arte de um regime comunista que transformou o escritor num lavador de janelas, lançado no labirinto do exílio, que sempre dá voltas sobre si mesmo no sentido de que *A vida está em outro lugar*, e Ariel Dorfman, também no exílio, escrevendo *La muerte y la doncella*, revelou a situação social de uma mulher na reconciliação de uma democracia nascente, confrontada com seu ex-torturador como um convidado da casa. Eu própria procurei compreender a mim mesma e a outros escrevendo sobre a predeterminação do credo político de um pai na vida da geração seguinte, em meu romance *A filha de Burger*, e recentemente, com *A arma da casa*, explorei o significado social de um *crime passionnel* no clima mundial de violência urbana em que agora vivemos. Jorge Semprun é um escritor que interiorizou os conflitos sociais e ideológicos de nosso tempo em forma de autobiografia na despedida *Adieu, vive clarté*.

Por que esses escritores e muitos outros assumiram o encontro da arte com a sociopolítica?

Somos fatalmente ligados às consequências sociais e políticas daquilo que nossa sociedade, nosso país, a política de nosso país possam ser, e, ainda mais, ao fluxo e refluxo da globalização que estamos começando a enfrentar. É por isso que a expressão original está inexoravelmente ligada à política. É, como escreveu Kafka, "o salto para fora da fila dos assassinos, a observação dos fatos".[45]

A próxima questão é: qual o efeito da expressão original das questões sociais, realizada pelo escritor, na consciência individual da sociedade? Fui informada de que um dos critérios para o Prêmio Nobel de Literatura, à parte a qualidade do meio de expressão, é que as obras do escritor sejam "benéficas para a humanidade". O modo como a expressão artística original das questões sociais e políticas beneficia a humanidade reside certamente num engajamento do artista em seu nível mais profundo de compreensão independente e perscrutadora, na capacidade de a imaginação criativa buscar o não expresso na motivação humana, o não admitido, as intuições necessárias que os fatos nunca revelam.

Ora, isso não é negar que os próprios escritores tenham sido e são veementemente divididos em relação a se a arte deve ou não se envolver com um imperativo de questões sociais e políticas. Proust julgava que questões como "o caso Dreyfus ou a guerra" simplesmente "forneciam escusas para que os escritores não decifrassem... aquele livro dentro deles".[46] O crítico marxista Ernst Fischer declarou mordazmente: "A característica comum a todos os artistas e escritores significativos no mundo capitalista é sua incapacidade de

[45] Franz Kafka, *Kafka's diaries*, 1922.
[46] Marcel Proust, *Em busca do tempo perdido*.

refletir sobre a realidade social que os circunda".[47] Picasso — nunca com dificuldade de encontrar as palavras: "O que você acha que é um artista? Um imbecil que não tem senão olhos, se for pintor, ou ouvidos, se for músico, ou uma lira em cada nível do coração, se for poeta... Muito pelo contrário, ele é ao mesmo tempo um ser político, constantemente consciente do que se passa no mundo, seja angustiante, amargo ou doce, e ele não pode deixar de ser formado por isso... a pintura não é decoração interior. É um instrumento de guerra para ataque e defesa contra o inimigo".[48] Enquanto Flaubert se queixa: "Sempre tentei viver numa torre de marfim, mas uma maré de merda está batendo nas suas paredes, ameaçando solapá-la... não é uma questão de política, mas do estado mental da França".[49]

George Steiner, falando sobre escrever sob um governo totalitário, insta o escritor a parar de escrever "na estrada a alguns quilômetros do campo de extermínio... quando as palavras na cidade estão cheias de selvageria e mentiras, nada fala mais alto que o poema não escrito".[50] Mas escutem Neruda: "A poesia pode servir a nossos semelhantes? Pode encontrar um lugar nas lutas do homem? [...] Senti uma necessidade premente de escrever um poema central que reunisse os eventos históricos, as situações geográficas, a vida... de nossos povos".[51] E Rilke, olhando para uma pintura de Cézanne, exclama: "De repente, temos os olhos certos",[52] e Kundera considera os escritores e os artistas testemunhas vitais deste século XX como uma era marcada pela tirania, dizendo: "As pessoas veem esses dias como uma era de julgamentos políticos, perseguições, livros proibidos e assassinato legalizado. Mas nós, que lembramos, devemos prestar testemunho; não foi só uma época de terror, mas também uma época de lirismo, regida pelo carrasco e pelo poeta de mãos dadas".[53]

[47] Ernst Fischer, *A necessidade da arte*.
[48] Pablo Picasso, *Lettres françaises*.
[49] Gustave Flaubert, carta a Turgueniev, 13 de novembro de 1872, *The letters of Gustave Flaubert 1857-1880*, traduzidas e editadas por Francis Steegmuller.
[50] George Steiner, *Linguagem e silêncio*.
[51] Pablo Neruda (meus cadernos de notas não fornecem a fonte — provavelmente sua autobiografia).
[52] Rainer Maria Rilke, *Letters on Cézanne*, traduzidas por Joel Agee.
[53] Milan Kundera, *A vida está em outro lugar*.

Finalmente, para nós — escritores e artistas que conferimos uma expressão original às questões sociais e políticas no fim deste século em que nem o socialismo nem o capitalismo alcançaram justiça e realização humana para todos —, Czeslaw Milosz tem a rubrica:

> Ill at ease in the tyranny, ill at ease in the republic
> In the one I longed for freedom, in the other for the end of corruption.[54, 55]

1999

[54] Czeslaw Milosz, "To Raja Raó", *Selected poems*, Ecco, Nova York, 1980.

[55] Pouco à vontade na tirania, pouco à vontade na república/ Em uma ansiava por liberdade, na outra pelo fim da corrupção. (N. T.)

Uma Carta às Futuras Gerações

Caros cidadãos do século XXI,

Não há como escapar do passado e, assim, vocês devem considerar honestamente a herança do século XX. Há muitos aspectos; escolho o novo conceito, nunca antes aventado, que surgiu durante minha vida como filha deste tempo. Um conceito de grande significação para suas vidas, quando tomarem as rédeas do novo século, o da globalização.

A viabilidade da globalização tornou-se possível pelos imensos avanços tecnológicos do século XX, particularmente nos meios de comunicação, desde o satélite lá no alto entre as estrelas até o computador em toda mesa de escritório. As informações podem ser trocadas através do mundo em *tempo real*; a distância não significa nada, desde que os aviões a jato tenham combustível para superá-la. A globalização tem todos os recursos eficientes para regular a si mesma, da maneira como está sendo concebida até agora: principalmente como um único mundo de investimento, uma superferramenta de finanças internacionais.

Tem uma face humana?

A necessidade real da globalização — com que vocês terão de lidar — é nada menos que a questão de saber se a lacuna entre os países ricos e os pobres pode ser estreitada por esse meio. Que papel a globalização pode desempenhar na erradicação da pobreza? Pois a pobreza coloca uma máscara inumana, de pária, em mais de 3 bilhões de nossa população mundial.

Se quiserem que a globalização tenha uma face humana em seu século, a premissa é que o desenvolvimento se forma com a interação dos povos no planeta que ocupamos, até agora, sem partilhar.

Entretanto, isso não será alcançado por meio de compras na internet. No século XX, o consumo cresceu de modo sem precedentes, chegando em torno de 24 trilhões de dólares em 1998, mas a farra voraz de gastos, longe de beneficiar os pobres por toda parte, solapou em alguns aspectos as perspectivas verdadeiramente humanas da globalização: o desenvolvimento sustentável para todos.

O consumo desenfreado do mundo desenvolvido corroeu recursos renováveis, como combustíveis fósseis, florestas e áreas de pesca, poluiu ambientes locais e globais, e ajudou a promover necessidades de ostentação em lugar das legítimas necessidades da vida.

Enquanto aqueles de nós que pertencemos às gerações de grandes consumidores precisamos consumir menos, para mais de 1 bilhão das pessoas mais pobres do mundo o aumento de consumo é uma questão de vida e morte e um direito básico — o direito de libertar-se da carência. E essa não é apenas uma carência de alimentos e água limpa; há outras formas de carência — analfabetismo, falta de habilidades tecnológicas: as qualificações básicas para tirar proveito do conceito de globalização. O analfabetismo é a base da privação cultural global, existente entre grandes números da população mundial. Dele provém o isolamento em relação a muitas das formas de cultura que são essenciais ao direito humano de desenvolver o potencial individual para uma vida plena. Não há possibilidade de uma cultura global enquanto existirem habitantes privados da capacidade de ler, de ter acesso aos poderes da imaginação liberados pela palavra escrita por meio da literatura; privados da abundância intelectual e espiritual das bibliotecas.

E há a questão da tradução do copioso repertório mundial do esclarecimento literário. Com toda a facilidade da reprodução tecnológica da palavra escrita agora alcançada, resta o fato de que o processo humano de traduzir a literatura criativa de uma língua para outra — o que até agora não pode ser realizado por nenhum cérebro eletrônico — não é reconhecido como um meio altamente importante para produzir o ideal da *compreensão* global; que deve ser com certeza a *filosofia* subjacente à globalização, não?

No novo milênio, haverá necessidade de remediar essa situação, fundando escolas de tradução nas universidades (são raras no século XX); cruzando as fronteiras das línguas pela ação de editoras que cooperam num empreendimento comum; angariando subsídios dos Ministérios de Artes e Cultura dos governos para esse trabalho; e despertando os Ministérios das Relações Exteriores para a realidade de que essa é uma iniciativa diplomática cuja eficácia vai muito além dos limites culturais convencionais de fornecer intercâmbio cultural, sobretudo na forma de bolsas de estudo no exterior.

O consumo é necessário para o desenvolvimento humano quando, como acontece com o consumo cultural, aumenta as capacidades humanas e melhora a vida das pessoas sem afetar adversamente a vida de outros. E um freio no consumo material não precisa acarretar, como alguns temem, indústrias e lojas fechadas, se o poder de tornar-se consumidor é espalhado em meio à população do globo.

De quem será a responsabilidade de efetuar essas coisas?

Será de muitos, em nível internacional e nacional.

É responsabilidade da Comunidade Europeia, que zomba dos princípios da globalização com seu protecionismo espalhafatoso. É responsabilidade dos governos nacionais produzir um consumismo justo. Sua responsabilidade é legal: criar leis em cada país para que haja justiça na apropriação e partilha dos recursos. E é responsabilidade da lei internacional, um aspecto da globalização há muito contestado a respeito dos direitos de pesca, por exemplo, e que, perto do fim do século XX, encontra-se finalmente no processo essencial de estabelecer um tribunal criminal internacional. Pois a globalização, devemos admitir, propõe a mais difícil moralidade secular possível: uma autoridade moral acima de todas as autoridades individuais dos países componentes do conceito global.

As organizações cívicas e não governamentais têm a responsabilidade de fomentar a capacidade humana e de assegurar que prevaleça uma filosofia do desenvolvimento em que os projetos não sejam impostos às pessoas segundo as ideias de outros sobre suas necessidades, mas planejados e concretizados apenas com os próprios beneficiários, de acordo com seu conhecimento da comunidade e do ambiente. Que os remanescentes da era da engenharia social sejam profundamente enterrados no século XX, não com um olhar para trás, mas com um estremecimento.

Ora, se formos realistas, teremos de ver que no limiar do novo século surgiu uma nova ameaça à globalização com face humana. Trinta e cinco por cento de nosso mundo está em recessão ao final do velho século. Muitos países estão em conflitos. Isso significa mais milhões de refugiados, impelidos, desabrigados e famintos, a inflar o número dos 3 bilhões de pobres do mundo, calculados antes das tragédias de Kosovo e Angola, para mencionar apenas duas. Na Rússia, o inverno de 1988-1989 congelou um povo empobrecido em sua desilusão com a abertura internacional do comércio e investimentos; como tem sido comprovado, esses elementos da globalização não mostraram até agora uma face humana.

Mas sabemos o que não se deve absolutamente fazer — permitir que a sombra da recessão econômica mundial que obscureceu a última década do século XX, atingindo da Ásia até o Ocidente, o Norte e o Sul, venha a se tornar uma desculpa para adiar, no novo milênio, a responsabilidade inescapável do mundo desenvolvido em fomentar a erradicação, e não apenas os tradicionais remendos paliativos, da pobreza que existe ao lado da globalização do poder econômico.

Nem perguntem por quem o sino dobra — quando ele soa numa Bolsa de Valores, sua nota reverbera em todo o mundo, sacudindo os com posses e rebaixando ainda mais os sem-posses.

Os mercados livres globais acabam não significando nada, se não houver ninguém capaz de comprar. Existe o risco do declínio pela própria interdependência criada pela globalização das economias mundiais: esse impacto negativo sobre os aspectos progressistas e positivos do conceito é o que deve certamente forçar até os que aceitam com mais complacência a divisão há muito vergonhosa dos recursos do mundo entre ricos e pobres a perceber que os bilhões de semelhantes na mais abjeta pobreza coexistem com *eles*, sem estar isolados numa quarentena segura. O financista George Soros chegou à conclusão: "Há interesses coletivos que não encontram expressão em valores de mercado".[56]

E talvez aqueles cinco membros permanentes do Conselho de Segurança, Grã-Bretanha, China, França, Rússia e Estados Unidos, que ao lado de outros enriquecem suas economias nacionais vendendo armas para os conflitos e guerras do globo, escutem quando Amartya Sen, Prêmio Nobel de Economia em 1998, afirma sobre a produção de armas: "Os benefícios humanos que fluem para redirecionar essas forças podem ser extraordinariamente grandes".[57] E quando Kofi Annan diz: "Não existe desenvolvimento sem paz, não existe paz sem desenvolvimento".[58]

1999

[56] George Soros, "The international crisis: an interview", *New York Review*, entrevista com Jeff Madrick, janeiro de 1999.
[57] Amartya Sen, "Economics laureate condemns arms sales", *The Star*, Johannesburgo, 5 de janeiro de 1999.
[58] Kofi Annan, secretário-geral das Nações Unidas, discurso no lançamento do programa UNDP "Erradicação da Pobreza", ONU, 1997.

Cinco Anos Liberdade Adentro

Minha nova identidade sul-africana

Quando era jovem, na África do Sul durante a Segunda Guerra Mundial, eu estava bem longe das bombas, das noites em abrigos subterrâneos, da comida racionada na Europa. Li reflexões daqueles que passaram por essa experiência, e elas não batiam com a vida que eu imaginava ali; eu tinha construído a vida das pessoas a partir de uma projeção de minhas prioridades em tudo o que compõe a vida, de meus temores em relação ao que seria muito ameaçado nas circunstâncias imaginadas.

A nossa guerra — a luta pela libertação da África do Sul — está finda. Em 2 de junho vamos depositar nossos votos em nossa segunda eleição pós-*apartheid*. Fomos conduzidos até esse dia por um dos grandes homens deste século. Ele agora manifesta suprema sabedoria ao fechar sua era no auge de suas realizações, a última sendo a garantia de que seu sucessor está à altura da era prestes a começar. Temos vivido cinco anos de liberdade. Quaisquer que tenham sido as frustrações ou os triunfos que experimentamos, é uma realização situada nas alturas em comparação com os anos de racismo *apartheid* e, ainda antes, com os anos de racismo colonial — cinco anos contra três séculos. Entretanto, vejo que esse período é frequentemente objeto do mesmo tipo de projeção subjetiva que impus à realidade da Europa no tempo de guerra há cinquenta anos.

Muitas vezes, quando sou entrevistada ou me vejo em reuniões com outras pessoas no exterior, a questão candente é: "O que está acontecendo com os brancos?".

E muitas vezes minha resposta genuinamente surpresa é: "E que dizer dos negros? Não acha que há desafios a ser enfrentados nas suas novas vidas?".

Há duas pressuposições óbvias a ser tiradas dessa abordagem da África do Sul pelos europeus e norte-americanos. Como a maioria deles é branca, eles se identificam apenas com os brancos, consciente ou subconscientemente. Como sou branca, eles pressupõem que faço o mesmo. É o Clube dos Velhos Garotos/Velhas Garotas apresentando seu cartão de sócio já gasto. A projeção é das prioridades de suas vidas, com o velho condicionamento colonial de que essas pertencem aos brancos e são ameaçadas, incontroversamente, sempre, para toda a eternidade, pelo Outro — os negros.

Cinco anos liberdade adentro. Que tipo de fóssil eu seria, desenterrado da caverna de ossos que era o *apartheid*, se meu senso de identidade essencial fosse ser branca?

Há alguns que ainda têm esse senso de identidade — sofrem-no, eu diria, e desnecessariamente, de modo que ele se torna uma forma de autoflagelação. Não postulo isso numa afirmação de superioridade presunçosa; quero apenas incitá-los a libertar-se do confinamento. E há também o outro lado — não admitido — de sentir-se superior como branco: ter vergonha de ser branco. Uma compensação exagerada pelo passado, inútil para viver plenamente no presente.

Se alguém me faz a pergunta, eu a escuto como: "E nós?" — sul-africanos fazendo o melhor possível para viver unidos. Ser branco como um estado que determina minha existência é simplesmente pouco prático. Eu era privilegiada pelo racismo, rejeitei e combati ativamente o racismo, desempenhei meu pequeno papel na luta de libertação, e sei que por isso sou uma sul-africana e nada mais, vivendo num país que passa pelo processo difícil e emocionante de ser criado. Esse país, devemos criar; pois, apesar de seus recursos naturais, sua infraestrutura sofisticada, sua tecnologia avançada, o que queremos nunca existiu para nós: uma sociedade verdadeiramente humana.

Palavras grandiosas. Qual é a sensação de viver o dia a dia sob seu imperativo? Cinco anos liberdade adentro: para mim, a grande mudança vem dos outros, da mudança na atmosfera das cidades, nas ruas. Para mim, não é nada novo "misturar-me" com pessoas de todas as cores; minhas amizades mais estreitas e relacionamentos de trabalho estão nesse contexto há muitos anos. Mas a vida antiga existia contra tudo o que definia e caracterizava o país. Estava — ainda que triunfantemente sempre na oposição — rodeada por leis, o Estado, tradições seculares e religiosas que representavam tudo o que ela não era. Embora falássemos "nosso país", nos referíamos ao que o povo estava sofrendo, trabalhando com grande esforço, sobrevivendo para criar — não havia identidade com a entidade oficial chamada África do Sul. Não tínhamos país.

Estou consciente agora, todos os dias, de tantas maneiras, grandes e pequenas, felizes e perturbadoras, de que posso falar de "nosso país". Se o ar de tomar posse pode ser palpável, eu o sinto quando saio de meu portão para caminhar. Eu o escuto no volume do tráfego. Eu o conheço quando vou escolhendo meu caminho entre os vendedores de tudo quanto é mercadoria, de celulares e perfume francês falsificado a tomates e rolos de papel higiênico sobre as calçadas. Eu o vejo pelo canto do olho quando estou na fila da minha agência do correio e ouço sem querer o agente negro do correio dar instruções ao jovem empregado africâner no balcão. Eu o escuto nos sotaques de nossas muitas línguas, ouvintes falando inglês nos programas de rádio que recebem telefonemas. É essa qualidade indefinível chamada confiança; até o membro do vasto grupo de desempregados que me guia teatralmente a uma área de estacionamento a possui — sim, uma contradição de suas circunstâncias reais.

Bem, moro em Johannesburgo. Uma cidade em transição é cheia dessas contradições.

Recentemente, minha bolsa foi arrancada do carro, quando meu amigo que estava dirigindo parou num semáforo; eu tinha me esquecido de trancar a porta do banco do carona — uma precaução nossa rotineira, como a distribuição grátis de preservativos contra a Aids. Fiquei indignada. Chaves de casa, cartão de crédito, cartão ATM[59] — o fato de que foram surrupiados por alguém que vive na rua sem status de classe média para ter essas coisas não me aliviou. Mas, nas mesmas ruas, em meio à pressão das pessoas fluindo e esquivando-se

[59] Cartão de caixa eletrônico. (N. T.)

umas das outras, a grande massa que tinha sido excluída da cidade e confinada em guetos e "territórios étnicos", se alguém me empurra, escuto: "Desculpa, *maGogo*" ("Desculpa, vovó"). Boas maneiras, você dirá. Não. Ele se desculpa. Ele me aceita como um parente comum na família humana, depois que ele e seus antepassados foram declarados párias por decreto durante gerações, tanto sutil como brutalmente, do clientelismo colonialista à rejeição do *apartheid*. A bênção do sentimento brilha contra o crime violento, mas é ao mesmo tempo ameaçado por ele. A segunda pergunta disparada por estrangeiros tem um alvo que não pode deixar de ser atingido. Voltando à primeira proposição da contradição: a bolsa roubada. "E que dizer sobre o crime?" Não vou tirar o corpo fora. As estatísticas impessoais estão aí, esqueçam meu cartão de crédito. A cidade em que moro está entre as que têm maiores índices de crime no mundo. Que o velho e pequeno carro de minha neta francesa, estudante em Nice, tenha sido roubado é um incidente de crime urbano em todo o mundo, mas não altera o total de delitos numa cidade, num país, assim como a perda da minha bolsa vai afetar o cálculo daqueles que julgam o progresso de um país que tem um compromisso de cinco anos com a democracia contra a experiência de sua evolução no Ocidente ao longo de vários séculos.

A visão curiosa do exterior é que apenas os brancos vivem ameaçados e atormentados pelo crime nas ruas, pelos sequestros e arrombamentos, bem como pela violência implicada nisso. Mais de uma vez, há descrições de cercas suburbanas de arame farpado e rottweilers como a flora e a fauna predominantes nos subúrbios dos brancos. O fato é que as casas, tanto humildes como espaçosas, e até equipadas com piscinas, no que ainda são os distritos negros da Grande Johannesburgo, estão também armadas com cercas e cachorros. Profissionais e negociantes negros que ocupam agora um lugar entre os donos afluentes de carros de luxo (considerados afetadamente consumidores ostensivos suspeitos por observadores que não têm o mesmo julgamento moral dos brancos que dirigem idênticos modelos de carro) são também vítimas de sequestro. Enfrentamos os problemas juntos.

Mas, andando pela minha cidade, não é preciso um criminologista para identificar a razão da predominância do crime. E não é uma reação de justificativa humanitária quando a resposta dura é: desemprego.

Aprendi a dirigir, de novo a partir do zero, cinquenta e poucos anos depois de ter tirado a primeira carteira de motorista, porque temos de adquirir uma nova e afiada habilidade e compreensão de um código não escrito entre os motoristas, para avançar dando voltas entre o rebanho de búfalos da estrada, os micro-ônibus. Nós os chamamos *combis*, porque são uma combinação de ônibus e táxis, e comportam-se como um híbrido, o que é confuso para um motorista não iniciado. Buzinam continuamente, para atrair a atenção de potenciais passageiros; param em qualquer lugar ao sinal de um dedo levantado na beira da calçada, assim como reage um táxi chamado; têm rotas regulares que seguem como um ônibus, mas nenhuma obrigação de se restringir a quaisquer paradas de ônibus demarcadas. Estão sempre lotados até o limite da sufocação: resolveram a questão do transporte, que uma sucessão de regimes dos brancos tratou de acordo com a decisão de que os negros usam as pernas para se deslocar. Para mim, os *combis* são símbolos do incomensurável influxo de pessoas para a cidade desde que a liberdade foi confirmada nas urnas em 1994, a trilha de milhares que vêm procurar trabalho, e para quem haverá pouca ou nenhuma possibilidade de encontrá-lo. Quando fracassa a humilhação de mendigar, o desespero oferece um único modo de sobreviver — o crime.

Esse fenômeno do crime não é, como alguns observadores têm a satisfação arrogante de considerá-lo, um fenômeno da liberdade.

As coisas não eram melhores nos velhos tempos do regime do *apartheid*: os crimes ficavam encobertos. Os desempregados e os subempregados, que agora vêm para a cidade ansiando de todas as maneiras por uma vida melhor, eram encurralados naquele extraordinário experimento de engenharia social, os "territórios étnicos" dominados pela pobreza. A doença social, o desemprego, era colocada em quarentena; a mão de obra migratória das áreas rurais, e de uma província para outra, só tinha permissão para entrar na cidade em números considerados saudáveis pelas necessidades da indústria. E esses trabalhadores eram legalmente proibidos de levar consigo suas famílias. Tenho de me lembrar disso quando vejo entre nós aquela triste categoria da infância no mundo em desenvolvimento, as crianças da rua; agora elas estão ali diante de nossos olhos, em vez de subnutridas e subeducadas nas "terras natais" do *apartheid*.

Não é uma conveniência politicamente correta culpar o passado, o *apartheid*, pelo desemprego. O fato simples é que o desemprego represado explodiu sobre nós lá dos confins inumanos do passado; não é algo inerente à liberdade, uma espécie de castigo para a audácia de nosso povo que conseguiu derrotar o governo composto só de brancos. Como resultado das políticas do passado, os negros vêm para a cidade com uma dupla desvantagem. Primeiro, o desenvolvimento industrial, tolhido por sanções que foram necessárias para acabar com o *apartheid*, tem somente emprego limitado a oferecer num período em que, apesar de todos os esforços para a expansão, tal desenvolvimento é afetado por condições abaladas das finanças mundiais. Segundo, a maioria dos desempregados não tem a educação ou as habilidades para assumir os empregos disponíveis. Muitos são analfabetos ou semianalfabetos, produtos do nível desprezível de educação que o *apartheid* decretou para os negros. Poucos têm qualquer uma das habilidades básicas exigidas por um mercado de trabalho cada vez mais tecnológico.

Não posso dar de ombros e descartá-los como uma geração perdida. Sou daqueles que vão pressionar para que sejam criados projetos governamentais inovadores de grande escala que instituirão ao mesmo tempo treinamento de habilidades e emprego. Quando os adultos providenciam o sustento, as crianças não ficam nas ruas. E me sinto encorajada pelas manobras do governo para que as empresas ofereçam treinamento em processos financeiros, e pela condição estipulada aos investidores estrangeiros de que deve haver um componente de treinamento nas suas muito bem-vindas decisões de aproveitar as oportunidades de investimento no país.

Há entusiasmo entre aqueles com posses na cidade que veem uma solução para o desemprego dos sem-posses no que eles chamam, em termos amplos, pequenos negócios, e há organizações que de forma louvável oferecem financiamento modesto para esse fim. Mas quando passo, perto de um supermercado, por um jovem consertando sapatos numa barraca que lhe foi fornecida, não posso deixar de pensar que isso é uma espécie de beco sem saída para ele: não poderia estudar para ser eletricista ou encanador, mesmo que não pudesse se tornar um dos alfabetizados em computação do milênio? Seu "pequeno negócio" não parece ter o vigor do comércio rápido de cunho próprio daqueles vendedores ambulantes que observo, mês a mês, adquirindo a sagacidade mercantil de saber o que atrairá o olhar dos clientes além de uma simples pilha de bananas — o logotipo mais recente de um clube esportivo num boné, os tênis Nike todos parecidos. Os negros sul-africanos são novos no comércio, e foram barrados pela proibição de ter uma loja na cidade. Eles não têm capital para abrir uma loja, mas pode-se ver que estão aprendendo rápido — pelo modo árduo.

Na conscientização da partilha como um *éthos* pós-*apartheid*, em que níveis isso se torna evidente? No nível econômico mais elevado, que costumava ser exclusivamente aquele ocupado por brancos, o igual começa a morar ao lado de igual. Era pejorativo — endereçado ao privilégio branco em geral — referir-se a "Houghton", mas agora nosso presidente Mandela mora nessa área mais modestamente do que se tivesse feito a clássica escolha da residência oficial ocupada pelos presidentes dos regimes dos brancos em Pretória. Sandton — o mais suntuoso dos subúrbios arborizados — já não pode ser considerado o símbolo genérico da vida capitalista dos brancos, porque autoridades negras nas profissões, nos negócios, nas comunicações e nas artes agora também preferem os complexos de moradias ajardinadas equipados com serviço de segurança. São uma minoria entre os negros, claro. No nível mais amplo e básico da nova pirâmide social, há mudanças que não são menos contrastantes, à sua maneira, com as condições de vida de antes. No final do ano passado, eu estava no velho distrito negro de Alexandra, numa casa de três quartos nova em folha, construída com subsídios do governo e um empréstimo bancário de juros baixos, para a qual a família Mashabela, composta de cinco membros, acabara de se mudar depois de dezessete anos numa cabana de um quarto que abrigava catorze pessoas. Esse tipo de nivelamento das condições materiais é meu critério primário de justiça no meu país, na cidade em que moro.

Sei que isso não seria possível realizar em cinco anos, nem mesmo poderia ser completamente alcançado, dada a evidência dos abismos entre a vida dos ricos e a dos pobres em países capitalistas desenvolvidos que têm se debruçado sobre esse problema por vários séculos, e o fracasso dos países socialistas (do socialismo — até agora na história humana, mas não para sempre, na minha opinião) em evitar que a liberdade se torne prisioneira de seus próprios ditames. A África do Sul — como seus *combis* — teve de optar pragmaticamente por ser um híbrido: uma economia mista, com todo e qualquer viés a que se possa permitir para tornar a igualdade legal, agora alcançada, significativa em termos econômicos e materiais para a maioria empobrecida.

Segue-se que a comunhão de propósitos é particularmente decisiva para nós, que proviemos, cruamente, de nosso passado racista, dividido. Meus próprios interesses naturais, na minha visão de vida como cidadã responsável, focalizaram sempre o campo das artes, o que são chamadas (um tanto embaraçosamente para meu gosto) formações culturais, nas quais a raça, a cor ou até diferenças de língua eram uma irrelevância nos entusiasmos comuns, o reino da imaginação que não podia ser anexado, nem mesmo pelo *apartheid*. Mas agora, como deve ser, em busca de uma África do Sul que seja um país africano, e não um posto africanizado do Ocidente, as iniciativas e grande parte da inovação em cultura são assumidas pelos negros — uma forma de ação afirmativa orgânica, não oficial, que gera o equilíbrio que faltava enquanto as parcerias entre os negros e os brancos se viam oneradas pelo fato de que os brancos, pela lei, nas atividades comuns da vida cotidiana, tinham acesso a oportunidades que os negros não desfrutavam. Eu me sinto em casa — no sentido real do conceito — como nunca antes me senti, mesmo trabalhando com meu grande amigo de muitos anos Mongane Wally Serote, poeta, ex-combatente pela liberdade, ora membro do Parlamento com uma alta posição no Departamento de Artes e Cultura, e com Walter Chakela, diretor do Centro Windybrow para as Artes, num contexto amplo que antes não existia para eles, nem para mim.

Talvez isso possa ser considerado uma área um tanto especial das relações raciais, distante do "Desculpa, *maGogo*" na rua. Entre as duas situações, reflito sobre meus sentimentos quando, circulando pela cidade e pelos subúrbios, passo por uma escola na hora em que as aulas terminam. Era uma escola só para brancos que eu conhecia muito bem. Vejo a garotada saindo, os meninos lutando uns com os outros, as meninas entrelaçando as mãos e dando risadinhas juntas. São de todos os matizes — negros sul-africanos, indianos sul-africanos, *mélange* sul-africana, brancos sul-africanos. Estão crescendo com uma experiência comum de iniciação para a vida. Nunca estarão sujeitos aos horrores inexprimíveis que a Comissão da Verdade e Reconciliação nos revelou, e que para nós tem sido tão vital enfrentar, o que fizemos ou o que deixamos que acontecesse. Essas crianças não estão sendo mantidas separadas para aprender a odiar, a temer o desconhecido, o intocável mútuo.

Um membro da geração que foi vítima dos horrores do *apartheid*, Tokyo Sexwale, recentemente premiê da província de Gauteng, da qual Johannesburgo é a capital, e agora um cruzado do empoderamento dos negros casado com uma mulher branca, declarou algo neste mês que poderia ser nossa orientação de vida: "Se os negros são ofendidos, eu me ofendo. Se os brancos são ofendidos, é a minha esposa que se sente ofendida, e se os mestiços são prejudicados, isso tem a ver com meus filhos. A unidade do país encarna quem eu sou".

1999

OS EXPATRIADOS DE HEMINGWAY

UM MODO DE VER O MUNDO

NÃO HÁ CERTAMENTE nenhum escritor no mundo anglófono, nascido nas gerações depois de Ernest Hemingway, que não partilhe essa comemoração centenária pela influência que de algum modo recebeu de sua obra. Sou da primeira geração depois de Hemingway. Num outro continente, cresci num ambiente semelhante de pequena cidade. O Meio-Oeste dos Estados Unidos e uma cidade mineradora de ouro na África do Sul partilhavam algo mais que as limitações de regiões remotas: a minha escassamente ocupada por brancos em oposição a africanos nativos, a dele escassamente ocupada por brancos em oposição a índios americanos nativos, embora no seu ambiente os índios fossem talvez uma presença mais fantasmagórica que material, e na minha os africanos fossem muito vivos, uma maioria excluída do grupo daqueles que contavam na contabilidade dupla do colonialismo.

Os dois ambientes do século XX estavam "à beira de um universo cultural recém-formado e ainda em formação";[60] dali, ele e eu seguimos caminhos diferentes, eu entrando cada vez mais fundo no movimento da reali-

[60] Walter Berthoff, "Fitzgerald and Hemingway in the 20s", *American trajetories 1790-1970*, Penn State Press, 1990.

dade de meu país, ele procurando a realidade na festa em movimento do mundo exterior.

Mas, no ofício de que me muni como escritora, havia certas habilidades que aprendi com ele e pelas quais lhe sou grata, junto com o inestimável treinamento oferecido por Tchekhov, D. H. Lawrence e Eudora Welty. Estou falando especificamente da escrita de contos, e não me referindo, como todo escritor sabe, ao processo de imitação do amador. O que um escritor iniciante aprende com um mestre (de qualquer sexo) é o alcance da imaginação atuando sobre a vida — o que a literatura pode buscar, o que falta àqueles que não têm o que Chinua Achebe apontou como o círculo invisível ao redor do olho que marca o escritor.

Com as histórias de Ernest Hemingway aprendi a escutar, dentro de mim ao escrever, o que era *não dito* pelos meus personagens; o que pode ser, deve ser transmitido de outras maneiras, e não apenas pela linguagem corporal, mas também nos espaços de respiração da sintaxe: a necessidade de criar silêncios que o leitor pode interpretar a partir desses sinais. O lugar da hermenêutica não é nos armários trancados dos círculos acadêmicos: é parte da iluminação e prazer do leitor, e Hemingway sabia magnificamente dar-lhe forma. Há também, acredito, uma interpretação errônea a respeito de seu diálogo — não é realista, mas aforístico, e nesse aspecto Beckett e Pinter são seus seguidores e uma presença nos festejos do centenário.

Outra coisa que aprendi com Hemingway a considerar — judiciosamente — na minha escrita foi o uso da repetição: precisamos cunhar outro termo para honrá-lo, que fale da repetição transformada pela sua mão num termo especial para ênfase; bem empregada, a repetição se torna a nota de Beethoven, um dobre de sino carregado de significado ressonante. Claro, como a maioria de nós, escritores falíveis, até mesmo Hemingway, que usava a repetição com um senso perfeito de oportunidade, exagerou às vezes, parodiando um de seus próprios pontos fortes.

Depois há o poder do *non sequitur* deliberado. "E subimos para a cidade até a Plaza e aquelas pessoas foram as últimas a serem fuziladas na vila." Essa é uma citação de um romance, *Por quem os sinos dobram*, mas diria que foi aprendida com o *modo de contar* que Hemingway ensinou a si mesmo nos contos (evito a palavra "técnica" porque escrever é uma atividade orgânica, não pode ser aprendida como técnica).

Um conto produz efeito, se bem realizado, como uma série ou jogo de ecos. Sua disciplina maravilhosamente rigorosa não permite explicação, quer autoral, quer disfarçada por meio de um protagonista. Começando com a conjunção, os ecos naquela sequência *non sequitur* do texto de Hemingway ressoam de um lado e de outro através de tudo o que aconteceu no romance: a abençoada continuidade banal — e seu horror — de que a vida segue com violência como algo que pode ser medido pela aceitação — eles eram o resumo de tudo, as "últimas pessoas" a serem fuziladas — da rotina diária, lá em cima na Plaza. A reflexão devastadora sobre como são as pessoas, sobre o que as circunstâncias fazem delas, sobre o que elas consentem em se tornar: tudo isso está ali. Reticente? Ao contrário, um oráculo reverberando de um lado a outro.

Nos romances, Hemingway se comprazia luxuriantemente nos solilóquios, sobretudo em *Por quem os sinos dobram*, reciclados das intervenções autorais dos romancistas do século XIX. Ouvir por acaso o que está se passando na cabeça de Robert Jordan como um subtexto ao que estamos experimentando com ele e por meio dele — e ele é um personagem que agarra o leitor assim como o Ancient Mariner[61] e de quem ninguém quer se ver livre — não é artifício. Mas as muitas páginas do relato de Pilar, com o diálogo formal entre aspas etc., a malhação dos fascistas numa vila, é uma cena arquitetada que uma jovem aspirante a escritora como eu faria melhor em não tomar como modelo. *Hemingway* a realiza de forma deslumbrante; mas é *Hemingway*, e não Pilar, quem fala. E ele sabe disso; ele contorna a situação, fazendo Robert Jordan refletir: "Se essa mulher pudesse ao menos escrever... Ele tentaria escrever a história, e, se tivesse sorte e conseguisse lembrar, talvez pudesse escrevê-la assim como ela contou". Hemingway tentou e não conseguiu, porque Pilar não poderia ter lembrado e reconstruído a experiência da maneira imaginativamente ordenada em que ele se permitiu apresentá-la.

[61] Ancient Mariner (Velho Marinheiro), personagem do poema de Coleridge, *A balada do velho marinheiro*. (N.T.)

Que Hemingway, realmente, não tenha deixado Pilar contar a história no seu idioma — naquele que ele criou para ela durante o resto do romance — é um aparte pertinente a uma questão geral. Em certa época, na atenção volátil da crítica socioliterária, houve muita discussão sobre as decisões de Ernest Hemingway quanto a escrever discurso direto como tradução de outra língua. Não estamos falando da tarefa de um intérprete sentado na cabine de uma conferência. Estamos falando das liberdades que um escritor pode ou não tomar ao inventar — nada menos — uma língua que não é nem a original, nem uma equivalente em inglês, uma vez que essa última é impossível. A intenção é transmitir o modo de expressão, a batida musical, a harmonia e a dissonância, os *estados de espírito* que são o tegumento da antiga formação da língua.

A primeira consideração deve ser: até que ponto o escritor conhece a língua original? E minha premissa deve ser que o Hemingway linguista conhecia muito bem o espanhol. Era a língua de um de seus dois casos amorosos com o mundo fora de seu país — volto mais tarde ao outro caso.

Assim, o emprego de expressões idiomáticas, que ele usa frequentemente da melhor maneira, apresentando-as no original, em contextos a partir dos quais seu significado logo se torna claro, não pode ser criticado. Mas, quanto ao fluxo do falante, tudo deve ser invenção de Hemingway, baseada em seu ouvido que capta o original, decerto influenciado seletivamente pelo que acha mais atraente, sutil, áspero, não apenas na língua, mas na sua versão de forasteiro da inteligência e do espírito por trás das palavras.

Uma peça de teatro. Quando decide transmiti-la em inglês, ele deve tomar decisões quanto ao elenco, subconsciente e *subjetivamente*: se é um camponês, um fascista ou um toureiro falando em espanhol. O que se podia aprender com ele, nesse ponto, era cautela; ter menos segurança quanto à possibilidade de realizar esse ato duplamente criativo; aceitar as limitações muito reais da situação. Por mais que tenha admirado o que é para mim sua obra-prima no gênero do romance, sempre percebi que o desempenho de virtuose a que sou tão intensamente sensível é de Ernest Hemingway com os trajes camponeses alugados de Pilar ou Anselmo. Se a liberdade que ele tomou é parte de sua influência sobre a literatura em língua inglesa, há dúvidas quanto à legitimidade desse seu procedimento que ainda não foram resolvidas...

"Ele renovou a língua inglesa. Mudou os ritmos da maneira como ele próprio e as próximas gerações escreveriam e falariam... um certo modo de olhar para o mundo."[62]

Essa é a afirmação de Joan Didion num importante ensaio recente sobre Hemingway. Concordo que ele seja um daqueles, no mundo de fala e escrita inglesa, que abriram novos espaços para o modo como era possível escrever — quanto a falar, acho que isso se aplicaria apenas a seus conterrâneos americanos.

Foi James Joyce quem renovou a língua inglesa, com certas contribuições vindas de Ernest Hemingway e, alguns diriam, Virginia Woolf.

Quanto a mudar o modo de olhar para o mundo — acho que nós, dos países de fala e escrita inglesa, precisamos nos perguntar o que estava acontecendo *nesse sentido* em outras culturas, outros usos de linguagem e literatura. Outro escritor e crítico anglófono, ninguém menos que V. S. Pritchett, escreveu sobre Hemingway: "Ele definiu para nós a personalidade de nosso tempo".[63]

Tempo de quem? Onde?

A maneira como Hemingway pode ter definido "a personalidade de nosso tempo", "mudado o modo de olhar o mundo" não pode ser reivindicada como *do mundo*: o mundo dos japoneses, dos russos, o povo da Índia, o povo do islã... cite-se a lista global. Vamos manter um senso de proporção ao considerar nossos lugares culturais e linguísticos no mundo, sejam quais forem. O próprio Ernest Hemingway teria certamente reconhecido as perspectivas abertas pelas lentes recém-esmerilhadas de Marcel Proust, Thomas Mann, Robert Musil, Yukio Mishima, e um arco de poetas de Apollinaire a Rainer Maria Rilke. Sua personalidade de expatriado implicaria certo itinerário errante de leituras.

O que quero dizer com uma personalidade de expatriado?

Torna-se necessário explorar essa questão na tensão entre viver e escrever de que provém a obra de Ernest Hemingway, como a de todos nós. E, para fazê-lo, devo voltar à semelhança de nossos ambientes de formação, entre o Meio-Oeste dos Estados Unidos e a cidade mineradora de ouro no *veld* [64] da

[62] Joan Didion, "Last words", *The New Yorker*, 9 de novembro de 1988.
[63] Berthoff, *American trajectories*.
[64] Estepe sul-africana. (N. T.)

África do Sul. Em ambos, a Europa era a meca da cultura para os brancos; para ter a vida do pintor, *a vida do escritor*, o distante devoto das artes desejava ardentemente ir à Europa e *vir a ser* ali; beijar a Pedra Negra, receber o círculo branco ao redor do olho. Hemingway escreveu suas histórias de Nick Adams, sua primeira verdade numa beleza maravilhosamente realizada, e recebeu algum reconhecimento. Mas era a Europa que acenava, era a Europa que contava; não acredito a respeito dele, como não acredito a respeito de nós, na África do Sul, que o desejo de ampliar nossa experiência importava tanto quanto a ideia de ser reconhecido como escritor, onde *ser* escritor, artista, constituía a vocação mais elevada, muito acima de qualquer uma das atividades profissionais ou comerciais reconhecidas nos lugares que eram, há não muito tempo, cidades de fronteira. Nas histórias de Nick, a vida vibra; mas para o escritor — tomando emprestado de Milan Kundera num contexto muito diferente — a vida estava em outra parte.

Hemingway saiu para buscá-la, e nunca realmente retornou para casa, não?

A diferença entre ele e outros expatriados muito ilustres, Joyce, Mann, Brecht, e seguidores ulteriores como Kundera, Achebe, Soyinka, Soljenitsyn é que esses se tornaram expatriados por perseguição política ou repulsa contra os regimes específicos de seus países, e Hemingway não tinha nenhuma dessas motivações. O que ele *tinha*, ou antes desenvolveu, eram os primórdios de uma consciência humana mais ampla, que ia além das ações nacionalistas, boas ou más: e ele escolheu uma das causas da justiça que estava ameaçada na meca cultural da Europa.

Por que e como?

Não estou interessada pelo que Ernest Hemingway fez ou não, investindo seu corpo, sua pessoa, sua coragem, na Guerra Civil Espanhola. O que sigo com fascinação na sua obra, nessa área geográfica de seu escopo como em outras, é a *persona* expatriada fictícia que ele criou tão profundamente nesse cenário. Warner Berthoff diz sobre o Hemingway escritor numa etapa posterior de sua vida: "Ele começou escrevendo livros a partir de atividades e lugares que tinha escolhido pelo prazer que lhe ofereceriam — a África e o Caribe, a pesca e a caça de animais de grande porte". E observa que nesses livros há uma "perda palpável de controle".[65] Esse é um aspecto da exposição da *persona* — em declínio, por assim dizer. Mas nos períodos em que havia pleno controle, enorme talento de escrita, o protagonista expatriado criado por Hemingway torna-se o que é por diferentes razões.

Citei uma preocupação com a justiça humana, pela qual Robert Jordan, em *Por quem os sinos dobram* (um livro *cult* para minha geração, publicado quando eu tinha dezenove anos), adota uma causa correndo grande risco de sofrimentos e perda da vida. Entretanto, torna-se claro com a leitura, Jordan está travando essa guerra mais por razões pessoais emocionais que por uma dedicação à justiça como a base ética da própria humanidade. Jordan luta nessa guerra porque tem um caso de amor exógamo com o povo espanhol; porque *o povo espanhol* acredita na república como algo pelo qual vale a pena morrer. Há um tom apologista quando ele passa a definir — sempre de um modo que parece constrangido — as motivações ideológicas. Cito: "Ele estava sob a disciplina comunista *durante a guerra* [o itálico é meu], eles eram o único partido cujo programa e disciplina ele podia respeitar. Qual era sua política então? Ele não tinha nenhuma agora, disse a si mesmo".

E ele não revela qual era sua política *antes*.

Sempre que confronta conceitos revolucionários, ele o faz em termos literários, pensa neles meramente como clichês, e não proposições que, por mais banais que soem, representam convicções assumidas. Um tipo de individualismo conservador (há outro tipo!) entra em colisão com a autossatisfação proporcionada pelo interesse mais amplo pela humanidade, por mais cheio de falhas que esse credo possa ser. Cito Jordan: "Quando você se embebedava ou quando praticava fornicação ou adultério, você reconhecia em si próprio a falibilidade daquele substituto mutável para o credo dos apóstolos, a linha do partido".

O expatriado luta por uma causa — nessa circunstância, a esquerda —, enquanto mantém dentro dele os valores não examinados, os medos enterrados de escolhas ideológicas — ele *não tem política*, diz a si mesmo: nem a comunista a que ele serve, nem a democrática, aceita como a igreja no domingo, a que ele virou as costas em casa.

[65] Berthoff, *American trajectories.*

"Preferia ter nascido aqui."

Distante; afastado de todos os meios-oestes, urbanos ou rurais, do mundo, que representam o que deve ser enfrentado em casa.

"Preferia ter nascido aqui."

Assim Robert Jordan, na Espanha, formula perfeitamente o credo do expatriado autonomeado. É também o credo daqueles outros, homens e mulheres, que são criados dentro do segundo caso amoroso de Ernest Hemingway — os dois sendo o único tipo de caso pelo qual me cabe estar interessada —, o caso de amor com a África.

Ernest Hemingway estava apaixonado pela África. E como acontece com outros nesse estado de emoção, apaixonados por uma mulher ou um homem, ele construiu para si mesmo, segundo suas próprias necessidades e desejos, algo que tinha pouca relação com a realidade do objeto de sua paixão. Espero não ofender com heresia quando digo que Hemingway nunca teve os dois pés sobre o solo da África. Nunca esteve realmente na África. Pois um país é o seu povo, a África é o seu povo. Ele nunca esteve ali, se lermos os romances e as histórias para os quais escolheu a África como um desses cartões-postais tridimensionais e panorâmicos em que ao amanhecer os animais parecem saltar dos espinheiros. Estou interessada em como isso ilumina a *persona* expatriada na *ficção como um modo de olhar o mundo* — algo além da vida e satisfações pessoais de um escritor individual.

A história assombrosa e cruelmente irônica "A curta e feliz vida de Francis Macomber" não se passa na África, mas no inferno conjugal; a *persona* expatriada, homem ou mulher, carrega esse inferno consigo para onde quer que o casal se dirija, o cenário só o secreta como suor. É para isso que a "África" ali se acha.

Eu não iria tão longe a ponto de citar um texto de Hemingway, como alguns fizeram, que a África é um lugar para "enxugar as gorduras", uma academia de ginástica para a alma, pois nesse processo pode-se sugerir algum tipo de compromisso com o que esses espectadores, o povo, os africanos — na maioria das vezes sem nome, atendendo apenas pela denominação genérica de crioulo ou nativo —, estão empenhados em alcançar: sua libertação do status de espectadores do mundo do poder estrangeiro que determina suas vidas; um tipo de compromisso com a liberdade do povo semelhante ao compromisso de Robert Jordan com o povo espanhol contra o fascismo.

Mas os expatriados nas narrativas da África não têm consciência do senso crescente de contraidentidade na face impassível do carregador do fuzil quando esse criado entrega a arma do caçador branco, a subserviência mascarando a certeza de que não vai demorar para que o poder da arma esteja em mãos negras.

"As neves do Kilimanjaro", um dos maiores contos já escritos, não tem paradoxalmente nada a ver com a África; versa sobre a morte. É o apogeu criativo da exploração dolorosa e temível do significado da morte que é o lado avesso dos dois casos de amor de Hemingway, a preocupação com a morte — um de seus principais temas — que na sua ficção é projetada com tanta frequência no Outro: a agonia do touro, o matador chifrado na barriga, o enorme peixe lutando no anzol, o guerrilheiro espanhol ferido fuzilado por misericórdia, o camponês Anselmo deixado para trás a seu próprio pedido, o esplêndido leão — como o touro, o adversário inocente do homem — com metade da cabeça rebentada. O expatriado experimenta a morte por meio dessas projeções: agora, por fim, *ela vem ao seu encontro* — e é uma morte escolhida porque é expatriada, acontece *em outra parte*. "Preferia ter nascido aqui." Prefiro morrer aqui.

Acho de mau gosto, para dizer o mínimo, que se possa pensar em abordar o romance inacabado *Verdade ao amanhecer*, como alguns parecem ansiosos por fazer, com a motivação de "descobrir", decidir se a experiência do herói expatriado nesse romance que Ernest Hemingway tanto queria escrever não é intimamente a do próprio Hemingway. Não importa nem um pouco para as realizações de Hemingway como um daqueles que *escreveu o nosso século* se ele dormiu ou não com uma moça *wakamba*. É um insulto a sua integridade de vida inteira, em relação à arte, considerar sua obra desse modo desprezível, lascivo.

Além disso, o que importa para a literatura é descobrir se, na *persona* do personagem expatriado, dormir com a moça não representava apenas outro serviço, parte do pacote que o cliente branco compra, outro butim junto com tantas cabeças desse animal, tantas peles daquele, ou se é o começo de algo novo para ele, uma percepção tardia de que todos os carregadores de arma e criados de quarto, cozinheiros de acampamentos, e todas aquelas mulheres e crianças vistas como uma frisa entre as cabanas, não são, como essa moça específica, parte de si mesmo, da família humana, na qual não há ninguém que possa cair fora pela expatriação e deixar para trás homens, mulheres e crianças negros da casa — a América —, enquanto enlaça nos braços apenas uma daquelas cujos ancestrais foram embarcados na Passagem do Meio.[66]

Toni Morrison escreveu com um comedimento funesto: "Meu interesse em Ernest Hemingway torna-se mais intenso quando considero quanto sua obra está afastada dos afro-americanos".[67]

O meu se torna mais intenso quando considero como sua obra está longe dos africanos, e quando considero a revelação da *persona* expatriada que só pode surgir no longo alcance da ficção. Como nesse caso as intuições do poder imaginativo superam as inibições e justificações autoprotetoras; como essa *persona* assume num abraço simbólico de aceitação aquilo de que fugiu em seu próprio país, em sua própria sociedade — aquela porção do mundo essencial para seu ser. O escritor-caçador branco não precisava ir até a África para reconhecer a existência dos negros como parte integrante de sua existência; eles estavam no lugar de onde ele veio, na América. Ele não precisava esperar para *tornar-se consciente* — e apenas como uma interrupção possivelmente aborrecida, causada por um ataque disperso dos *mau-mau*, da rotina agradável de caçar, beber e ler Simenon — da revolta dos negros contra a dominação racista manejada com as luvas do patronato. A revolta estava crescendo lá na sua terra natal, os Estados Unidos da América. Os títulos de Hemingway sempre foram brilhantes, e, nesse caso, o que pertencia a um romance é estranhamente relevante à situação em outro. *Ter e não ter*: isso expressa perfeitamente o abraço na moça negra dado pela *persona* expatriada.

"O autor não responde pessoalmente pelos atos de suas criaturas fictícias, embora seja responsável por *elas*."[68] (O itálico é meu.) Toni Morrison de

[66] Middle Passage — travessia do comércio atlântico de escravos. (N. T.)

[67] Toni Morrison, "The kindness of sharks", *Playing in the dark — whiteness and the literary imagination*, Vintage, Nova York, 1992.

[68] *Ibid*.

novo: suponho que ela queira dizer que o autor *optou por* criar essas criaturas em vez de outras, ou que sua experiência de vida *o escolheu* para fazer essas escolhas. Em cada escritor, a realização diz respeito a quão longe chegaram suas descobertas imaginativas dos mistérios de nossa existência. É assim que vejo a criação da *persona* expatriada por Hemingway em toda a sua complexidade, como parte não só da literatura essencial do século XX, mas também como um modelo produzido por esse século, a linha de montagem violenta e sangrenta de nosso tempo, durante o qual inventamos tanto, aprendemos tanto, sem aprender a como viver juntos e a encontrar aquele lugar em nós mesmos que tornaria tal coisa possível. No centenário de Ernest Hemingway, muito se especulará sobre ele, muito se falará sobre ele, muito se escreverá sobre ele; darei inclusive minha própria contribuição. Quando nos retirarmos, vamos deixar sua vida em paz, ela lhe pertence, assim como ele a viveu. Vamos ler seus livros.

1999

Os Anos 2000

Proust Pessoal

São duas as maneiras pelas quais a grande literatura causa impacto sobre a sociedade. Uma é cultural, na definição estreita de cultura como prática das artes: o escritor quebra os selos tradicionais da palavra, sai a explorar novas formas de expressão, desafia e muda o que é ficção. Depois de Proust, depois de Joyce, sim, o romance jamais poderia ser o mesmo.

O outro impacto da grande literatura é seu poder de mudar a consciência do leitor — ainda que esse leitor leigo não saiba como tal efeito é gerado, as técnicas e os expedientes literários que o escritor adotou, reinventou ou inventou. Como escritora de ficção, estou alertamente a par das inovações literárias de Marcel Proust e, sem dúvida, aprendi com elas. Mas, ou um escritor encontra sua própria voz, ou não é escritor. O que permaneceu comigo por toda a vida é a influência das percepções emocionais e estéticas de Proust. Por isso, quero falar desse outro impacto. O Proust que influencia a *persona*. O Proust depois de cuja leitura o leitor jamais pode ser o mesmo.

Essa é uma questão séria, maravilhosa. Talvez perigosa. Pois há entre nós aqueles cuja epifania não vem dos credos da religião, filosofia ou política, mas da iluminação das passagens subterrâneas da vida pelo escritor imaginativo.

Eu tinha uma idade bem avançada — final da adolescência — para quem tinha vivido nos livros desde a primeira infância quando, muito tempo depois de Tolstói, Dostoiévski, Balzac, Flaubert, encontrei por acaso essa obra de título equivocado *Remembrance of things past*[1] na edição da Modern Library com tradução de Scott Moncrieff. Eu tinha sobrevivido a uma infância solitária "dominada pelo amor da mãe", e assim minha primeira reação foi de reconhecimento; ali estava um escritor que compreendia aquela infância melhor que eu própria: uma identificação. Porém, mais tarde, ao ler e reler esse livro, seu efeito foi um tanto diferente, exegético, profético para a série de tempos presentes, estágios existenciais que eu estava encontrando, experimentando.

Enfurnada numa poltrona na casa de telhado de zinco de uma cidade mineradora no *veld* sul-africano, longe, longe sob todos os aspectos do Caminho de Méséglise, do Caminho de Swann, de Combray, de Balbec e do Boulevard Haussmann, descobri que a intensa reação que eu tinha à beleza natural, às flores, às árvores e ao mar visitado uma vez por ano não era algo altivamente apartado dos impulsos da existência com que eu estava lutando, mas parte de uma sensualidade que molda, inerente ao despertar da sexualidade, a fusão da formação emocional e estética. Todas as vezes, qualquer uma das vezes, em que se volta a O Romance, encontra-se o prazer de algo relevante a uma percepção passada que não se havia observado antes... Por exemplo, na minha recente releitura de *À la recherche du temps perdu* (minha terceira em francês) percebi como o pólen surge de tempos em tempos, o produto natural se torna uma metáfora — a fecundidade distribuída pelo vento é parte do próprio ar que respiramos — vindo primeiro do olhar da jovem que o narrador segue com os olhos no passeio com Madame de Villeparisis em *A l'ombre des jeunes filles en fleurs*. E há também o abelhão que entra no pátio com o pólen, significando a atração lançada no ar entre o nobre Baron de Charlus e o humilde fabricante de coletes, Jupien. O próprio Proust poliniza, por vários meios, conexões inefáveis entre as necessidades e as emoções despertadas em nós.

No contexto da existência projetada, cheguei a Proust a partir de D. H. Lawrence e Blake; a sexualidade era a satisfação garantida para o audacioso, qualquer um que escarnecesse das interdições e liberasse o desejo: "Abstinence

[1] *Em busca do tempo perdido* — o título equivocado é, para a autora, o da tradução inglesa. (N. T.)

sows sand all over/ The ruddy limbs and flaming hair,/ But Desire Gratified/ Plants fruits of life and beauty there".[2, 3] E essa satisfação entre os homens e as mulheres era a imagem de Fred Astaire e Ginger Rogers dançando sobre nuvens simuladas — como Italo Calvino, eu tinha formado minha noção da futura vida emocional pela maneira como ela era inocente e mentirosamente retratada nos filmes da época. Os processos do amor, exemplificados na peregrinação desesperada de Swann — e que Caminho era esse de Swann, extático, frustrante, impossível de abandonar, vendo o amado desejado a partir dos terríveis ângulos da suspeita, perdendo a vontade de continuar, arrebatado pela vontade de seguir adiante; acompanhando os passos de Swann, sempre surgem momentos em que queremos sacudi-lo: pare! E percebemos que ele não pode, não quer. Talvez seja um dos princípios do amor... E, no final, a conclusão devastadora: esta mulher, por quem ele arruinou anos de sua vida, não era realmente o seu tipo.

Proust reformou, moldou minha compreensão juvenil das expectativas do amor sexual, revelou-me sua imensa complexidade, sua suprema dependência da impossibilidade de conhecer o amado — a própria derrota da posse — e o processo concomitante de autoconhecimento, frequentemente consternador.

O acasalamento nas nuvens de Fred e Ginger dispersado para sempre. Na vida das emoções em que ingressei, minhas expectativas foram instruídas pelo maior escrutínio já realizado sobre o mistério divino da vida sexual em seu mundo ambiente de sensualidade. Não tenho tempo de discutir a continuação do tema com Albertine; apenas observar que não tem a menor importância se Albertine era realmente um Albert transformado pela alquimia da imaginação, e não por uma operação de troca de sexo — ele próprio homossexual, ninguém escreveu melhor que Marcel Proust sobre as relações heterossexuais. Talvez o gênio literário possa ser definido ainda outra vez: como uma criatividade que é todas as coisas, conhece tudo, em todo ser humano.

Depois das primeiras leituras de O Livro, li, é claro, *Les plaisirs et les jours*, *Jean Sauteuil*, *Contre Sainte-Beuve*, mas a esses livros não voltei.

[2] William Blake, *The notebook of William Blake*.
[3] A abstinência semeia areia por todos/ Os membros ruborizados e o cabelo flamejante,/ Mas o Desejo Satisfeito/ Planta frutos de vida e beleza por tudo. (N. T.)

Como todos nós, tenho mais ou menos o que se escreveu sobre Proust em inglês e francês. Mas tudo foi ultrapassado, para mim, pela publicação neste ano de *Proust's way*, de Roger Shattuck, uma proeza surpreendente de originalidade quando tínhamos pensado que todo o minério contendo ouro já fora trazido para a superfície havia muito tempo. Minha presente leitura de O Livro foi renovada, cheia de nova compreensão, possibilidades e novas alegrias, por meio da variedade de lentes proporcionadas pela visão brilhante de Roger Shattuck.

Marcel Proust é um escritor com quem andamos juntos pela vida toda; lendo e relendo sem jamais exaurir as fontes que ele somente revela quando estamos, ou nos tornamos, preparados para compreendê-las. Na grandiosa e pungente última reunião social de todas as reuniões sociais, o narrador-Marcel encontra amigos e conhecidos do passado irreconhecivelmente mudados pelo tempo, enquanto ainda tem de si mesmo a imagem de como fora aos olhos de sua mãe. Responde ao convite de uma jovem para jantar: "Com prazer, se não se importar de jantar sozinha com um jovem", e só quando escuta as pessoas darem risadinhas, acrescenta apressadamente "ou melhor, com um velho". Mais tarde percebe que não só vivera todo o período representado pelo aspecto da reunião, mas que esse tempo era a sua vida, apresentada a ele próprio.

Ao envelhecer, me descubro pronta para a revelação, o Tempo Recuperado, dessa fonte proustiana, quando, no meio de velhos amigos entre os quais sempre fui a mais jovem do círculo, percebo que estamos agora todos parecidos, disfarçados com a roupagem da velhice. Eu, como todos os demais, tenho de ser apresentada — a mim mesma. Proust transforma essa apresentação em outra epifania.

2000

A Praga da África e de Todo Mundo

Sessenta e nove por cento das vítimas de HIV e Aids no mundo estão na África subsaariana. Esse número não é fácil de digerir. A Aids parece ter acometido todo mundo, enquanto estávamos olhando para o outro lado: acontecia a sexo ou cor diferente dos nossos; era endêmica em algum outro país.

Na África do Sul, levamos algum tempo para perceber que a doença não era o infeliz problema de nossos países vizinhos mais pobres, mas nosso. Agora, dos 43 milhões de habitantes da África do Sul, cerca de 4 milhões estão infectados pelo HIV, e mais 1.700 são infectados por dia. Recentemente, numa creche em Johannesburgo para bebês órfãos ou abandonados nascidos com Aids, houve um culto em memória de quarenta que tinham morrido ali havia pouco tempo. Embora a África do Sul seja o país mais altamente desenvolvido do continente africano, estamos diante desse tipo de futuro para as gerações vindouras.

Mas toda comunidade, todo país afetado, tem de decidir como abordar o que já não é um problema, mas uma catástrofe. Há prevenção e há cura. O ideal é procurar ambas ao mesmo tempo, mas isso está além da capacidade da maioria dos países onde a doença está desenfreada. A cura e a prevenção por meio de vacinação não estão ao alcance da capacidade das pessoas leigas; estão nas mãos da ciência médica, o que implica dinheiro a ser providenciado para a pesquisa avançada. A prevenção imediata está nas mãos e na iniciativa de cada população. Acredito que não podemos enfatizar de forma suficientemente incisiva que a cura e o desenvolvimento da vacina dependem de dinheiro. E, até há pouco tempo, o país que tem o dinheiro, os Estados Unidos, veio se concentrando talvez inevitavelmente numa vacina para um subtipo de Aids predominante no hemisfério norte. Foi somente no encontro do Fórum Econômico Mundial deste ano que o presidente Clinton anunciou que os Estados Unidos estariam prestes a fornecer ajuda em grande escala para o desenvolvimento da vacina. Só agora é que a Iniciativa Internacional para a Vacina da Aids anunciou um terceiro projeto internacional de desenvolvimento, baseado naqueles subtipos do vírus predominantes nas regiões terrivelmente afetadas do sul e oeste da África, os subtipos C e A. É encorajador que o projeto esteja sendo desenvolvido em ampla colaboração entre pesquisadores dos Estados Unidos, da África do Sul, do Quênia e da Universidade de Oxford, e que a filosofia da iniciativa seja a de "capital social de risco", significando que, em troca do financiamento, estão assegurados direitos que garantem a distribuição de uma vacina bem-sucedida, quando realizada, nos países em desenvolvimento "a um preço razoável". A formação de uma Parceria Internacional Contra HIV/Aids na África deve ser saudada como extremamente importante no mesmo contexto.

A questão do dinheiro — preço — é vital em termos dos paliativos existentes para deter a marcha da doença e aliviar os sintomas. É outro exemplo pungente do abismo entre os ricos e os pobres do mundo que o sofrimento da Aids possa ser aliviado, e até vidas prolongadas, para aquelas vítimas que podem pagar um tratamento caro. O mesmo princípio se aplica à prevenção. Em toda parte, na África, as decisões morais e humanitárias são um dilema comum, com o dinheiro sendo o fator decisivo.

No nível da responsabilidade internacional — global —, a quantia total necessária anualmente para a prevenção da Aids na África está na ordem de 2,3 bilhões de dólares. A África recebe atualmente apenas 165 milhões de dólares por ano como assistência oficial da comunidade mundial.

Outras questões que dependem da comunidade mundial tornam-se relevantes: a redução da dívida para países em desenvolvimento, por exemplo. O diretor-geral da Organização Mundial da Saúde disse no ano passado que a redução da dívida deveria ser revista à luz dos recursos que os governos bastante endividados necessitam para enfrentar o HIV. O papel dos governos no financiamento é outro exemplo. Onde o orçamento da defesa não excede em muito o orçamento da saúde pública para combater a Aids? Ainda assim, o que o HIV e a Aids significam, em última análise, para a capacidade do governo foi revelado na África do Sul pelo ministro da Administração e Serviço Público em fevereiro. O serviço público é o maior empregador do país e a estrutura fundamental do governo. Em 1999, um em cada oito sul-africanos era soropositivo. Estima-se que 270 mil entre 1,1 milhão de funcionários públicos possam estar infectados em 2004. Essa crise iminente na governança existe em quase toda parte do continente africano. Se nos países em desenvolvimento os orçamentos de defesa continuarem a deixar os orçamentos do HIV relegados a uma nota de pé de página, o que nos restará defender ao final será somente um cemitério.

A Aids não é apenas uma catástrofe da saúde, um desafio à ciência médica. Está socialmente enredada nas condições de vida que prevalecem à medida que se espalha, assim como acontecia com a praga medieval na sua época. Embora a Aids não respeite classe ou casta, as condições nas favelas, a ignorância e a superstição (é uma doença dos brancos, é uma doença dos negros) tornam a pobreza a maior fonte de vítimas. Ao trabalhar para prevenir a difusão do vírus, devemos aceitar a ideia de que é difícil condenar a promiscuidade quando o sexo é a satisfação mais barata ou a única disponível para pessoas que, abandonadas pela sociedade, moram nas ruas. Em outro nível socioeconômico, o sexo casual prospera entre jovens que são materialmente privilegiados, mas a quem a sociedade fracassou em passar os reais valores da sexualidade humana, o conhecimento de que a satisfação implica contato com a personalidade do outro, de que o ato sexual não é mera função corporal, como a evacuação — ao que alguns agentes das campanhas de prevenção parecem reduzi-lo. Há sutilezas, importantes, ligadas a qualquer campanha contra o HIV e a Aids, que devem ser observadas para conseguir mudar atitudes em relação aos costumes sexuais. Pois será descoberta a cura, uma vacina — e depois disso? Como restauraremos a qualidade das relações humanas que foram aviltadas, humilhadas, reduzidas à fonte de uma doença fatal?

Distribuir preservativos grátis não é uma panaceia. Tampouco, sozinha, a educação sexual restrita a diagramas anatômicos e alertas calamitosos nas escolas. Todo o sentido das relações sexuais pessoais precisará ser restaurado. É isso o que significa saúde social, junto com a vacina e a sobrevivência. Não se pode deixar de levar em consideração o interesse próprio. Assim, para o mundo desenvolvido, uma palavra pragmática do continente africano devastado: não venham perguntar por quem o sino da Bolsa de Valores dobra e os números no computador soam o alarme — o dobre do sino é pela Europa, pelos Estados Unidos, até por aqueles países onde as vítimas do HIV e da Aids são poucas. Pois se os mercados e os imensos mercados potenciais para as mercadorias do mundo desenvolvido malogram — se populações dizimadas significam que não sobrou ninguém economicamente ativo com dinheiro para gastar —, esse sino dobra por você, globalmente.

O HIV/Aids é um desastre de todo mundo. Por fim, tem algo a ver com toda a nossa maneira de existir. Confronta-nos com perguntas que devem ser respondidas historicamente: o que fizemos com o mundo, em termos políticos? O que estamos fazendo com o mundo? Que significado atribuímos a desenvolvimento? Perguntaram a alguns ugandeses, que estavam na plateia de uma peça teatral com informações sobre a Aids, a mensagem que o espetáculo lhes passara. Um disse: "Não saia com garotas de bar". Outro disse: "Tenha só um parceiro". Por fim, uma mulher mais velha disse: "A Aids veio assombrar um mundo que se achava incompleto. Alguns queriam filhos, outros dinheiro, alguns queriam propriedades, e o que acabamos conseguindo foi somente a Aids".

Talvez ela tenha falado pela África.

2000

O Que Há de Novo em Rialto?

A republicação de um livro de Natalia Ginzburg não só me trouxe de volta uma obra que achei singularmente bela na sua honestidade tranquila, quando a li traduzida do italiano nos anos 1960, mas também abriu caminho num matagal, que eu achava ser um beco sem saída, na minha própria vida.

Léxico familiar, de Natalia Ginzburg — é o quê? Uma história familiar ficcionalizada? O que foi realmente dito e o que foi inventado por Natalia que persistiu, sem que ela soubesse, na sua família italiana dos anos 1930 até os 1950: novas conversas entre seus membros, criadas imaginativamente pela familiaridade e pelas emoções, amor, ressentimento, compreensão, de que ela participava?

Mas ela escreve: "Os lugares, eventos e pessoas neste livro são todos reais. Não inventei nada. Sempre que me peguei inventando algo de acordo com meus antigos hábitos de romancista, eu me sentia imediatamente impelida a destruir tudo o que fora assim inventado". Não é para ela a negação habitual, todos os personagens são fictícios, não há pessoas vivas etc. "Os nomes são todos reais... Talvez alguns não gostem de se encontrar descritos num livro com seus nomes verdadeiros. A esses nada tenho a dizer." Entretanto, mais uma vez, vem dessa tradutora de Proust (*À la recherche du temps perdu*, nada menos)[4] a

[4] *In search of lost time* [*Em busca do tempo perdido*]: agora aceito como uma tradução mais acurada do título de Proust que antes era em inglês *Remembrance of things past* [*Lembrança de coisas passadas*].

outra admoestação a si própria: "Não devo cair na ilusão de escrever uma autobiografia real". Sua trilha às cegas passado adentro não é sinalizada por uma calçada irregular ou pelos bocados de uma *madeleine*, mas por escutas ao acaso, ecoando no seu presente, a língua franca íntima da vida familiar desaparecida.

> O passado é expulsado pela multidão do presente durante o dia. De manhã cedo, fico deitada na cama ouvindo os pássaros às escondidas, e as rubricas escutadas na infância ascendem daquele passado à superfície.

As frases familiares de Natalia dizem respeito a relações de família cada vez mais afetadas por visões, e por fim ações, conflitantes a respeito dos fascistas e antifascistas — sua família pertencia ao último grupo. Quando escuto por acaso frases da minha própria família, elas estão na atmosfera de um contexto diferente, mas relacionado: o racismo, primeiro o do tipo colonial, depois o de seu apogeu, o *apartheid*. Mas embora Natalia Ginzburg tivesse se casado com um estrangeiro, um revolucionário judeu russo, a sua própria família meio judaica era italiana, profundamente arraigada na sua terra natal. Não havia nenhum Velho País, não muito distante por trás deles.

Agora que as frases da família me chegam da casa na pequena cidade mineradora sul-africana onde nasci e me criei, começo a ver que, envolvida como estava no clamor do racismo e antirracismo, não escutei aquela outra voz cujo significado nunca persegui. É um dado: não se conhecem os pais, nunca, não importa quão estável tenha sido o ambiente social. Mas são os pais imigrantes aqueles que os filhos particularmente não conhecem, se eles os introduziram, como aconteceu comigo, de forma abrangente e inquestionável, na vida que assimilaram no país em que *os filhos* nasceram, mas eles não. Minha mãe e meus avós maternos (os únicos que cheguei a conhecer) vieram da Inglaterra para a África do Sul; meu pai, de Latvia. Havia revoluções e guerras na Europa, ninguém retornou. Como Natalia, não pretendo cair na ilusão de escrever uma autobiografia. Só posso confirmar para mim mesma que vivíamos inteiramente no presente, no povoado minerador e na cidade onde meus avós moravam. Para mim, a vida dos meus pais e avós começaram com a minha. Meu tempo, meu lugar. Somente agora sou levada a decodificar o que essas frases familiares significavam como pistas para a vida, a Atlântida afundada do passado onde eles tinham vivido sem mim, muito antes de meu tempo. As frases familiares tornaram-se meu pequeno glossário de onde eles vieram, não marcadas num mapa do mundo, mas em atitudes e percepções formadas para lidar com a vida — em outra parte; ou para se opor à alienação do imigrante no país que adotara sem ter a segurança de ser adotado pelo país.

Meu avô Mark Myers era apaixonado por sua velha esposa Phoebe, isso se podia ver, mas cético quanto à inteligência da mulher para fazer compras. Ele era um conhecedor de frutas, tão perfeccionista quanto qualquer aficionado de vinhos. Quando chegava da mercearia ao apartamento em Johannesburgo, sua esposa tinha de abrir a bolsa de corda diante dos olhos do marido. Ele pegava e cheirava o melão; depois passava o dedo sobre a penugem de um pêssego, alerta a qualquer machucado. Talvez fosse o abacate que a apanhasse em erro, duro demais, maduro demais, ele o sacudia suavemente para escutar se havia uma resposta do caroço desprendido da polpa. Depois um julgamento escarnecedor, suavizado pelo uso de um apelido amoroso da antiga vida: "Bob, eles viram que era você que vinha fazer as compras".

O gracejo de repreensão não existia no idioma sul-africano. Mark Myers era *cockney*, com a cultura das ruas de Covent Garden. Nenhum de nós sabia qual tinha sido seu ofício antes de "sair para a África" com o objetivo de procurar sem sucesso diamantes em Kimberley. Mas a frase tornou-se nossa; se alguém da família era enganado, a zombaria afetuosa estava à mão, direto de Londres. Bob, eles viram que era você que vinha fazer as compras.

Se o passado de meu avô ainda existia, privadamente, nos números de *News of the World*, o jornal londrino sensacionalista que ele subscrevia pelo correio marítimo, o passado de meu pai jazia nas profundezas. O inevitável *shtetl*[5] na região de Riga havia desaparecido ou fora renomeado no lado das novas fronteiras, e os habitantes que restaram acabaram mortos em *pogroms* ou mais tarde na guerra. Ele abandonara a escola talvez com onze anos, fora aprendiz de relojoeiro e, depois de emigrar para a África do Sul aos treze,

[5] Denominação iídiche para cidadezinha. Chamavam-se *shtetl* os povoados ou bairros de cidades com uma população predominantemente judaica, em especial na Europa Oriental. (N. T.)

trabalhou com afinco em seu ofício ao longo das minas de ouro por alguns anos; conseguiu tornar-se dono de uma joalheria na qual prosperou a ponto de empregar outra pessoa para consertar os relógios. Esse tanto, sabíamos. E era tudo: suas origens eram claramente humildes em comparação com as de classe média da minha mãe, cujo pai ganhava a vida modestamente pelos meios sofisticados de investir com risco na Bolsa de Valores — um respeitável jogador. Minha mãe era o produto de uma boa escola para meninas e tocava piano. Não dava trégua ao marido a respeito de suas origens; quando brigavam, ela tinha a última palavra com sua frase familiar: ele provinha de gente que "dormia sobre o fogão". Ele nunca falava de seu velho país, e eu, sem dúvida influenciada pela rejeição de minha mãe ao passado estrangeiro humilde do marido, nunca lhe perguntei sobre sua terra.

O senso de inferioridade de meu pai tinha, por outro lado, um senso de superioridade: ele havia se casado "acima de sua posição", como minha mãe fazia questão de lhe lembrar. Ele talvez não conhecesse a expressão, mas tinha consciência de seu significado. Não mandara buscar no velho país, como fizeram alguns imigrantes antes que aquela terra desaparecesse, uma esposa de sua própria origem entre aqueles, pobres e que passavam frio, que dormiam sobre o fogão.

Mas claro que a fonte principal e duradoura de sua inferioridade superior era o fato de minha mãe ser uma falante inglesa nativa com pais anglófonos genuínos. A vantagem de viver com ela, escutá-la e ter no mínimo a boa sorte de possuir um ouvido apurado para línguas é que o impelia a falar essa língua quase totalmente sem o sotaque dos judeus da Europa Oriental, que fornece tanto material para espetáculos teatrais de humoristas. O iídiche deve ter sido a língua de sua mãe — não havia ninguém na nossa família, de nenhuma geração, com quem ele pudesse conversar em iídiche, uma língua morta para ele. Quando algum falante alemão, resultado de nova imigração, dessa vez fugindo dos *pogroms* nazistas, tornava-se cliente da loja, constatava que meu pai sabia um pouco de alemão, aprendido no seu curto período escolar. Durante a Segunda Guerra Mundial, quando surgiam notícias do *front* russo, ele dava a impressão de que também sabia um pouco de russo; conseguia pronunciar todos os nomes impronunciáveis das cidades e generais.

Aprendera o suficiente do africâner para lidar com os clientes, brancos africâneres, na pequena cidade — era preciso. Ao revelar ainda mais as exigências da sobrevivência do imigrante, aprendera sozinho algo inventado pelas companhias mineradoras coloniais para que os patrões brancos fossem capazes de se comunicar com os negros contratados que vinham do sul, centro e leste da África para trabalhar nas minas — um lacônico *pidgin* de verbos e substantivos que se acreditava ser mais ou menos compreensível a todos, uma mistura de zulu, africâner e inglês, chamado *fanagalo*. *Ser assim* — *fazer* — *dessa maneira*; mais ou menos o significado aceito, com certeza desejado. Consistia principalmente em comandos. Ele deve tê-lo adquirido — era preciso — nos primeiros tempos de sua imigração, quando andava de mina em mina consertando os relógios dos operários.

Tudo isso era mímica — certamente o primeiro artigo essencial para sobreviver como imigrante em qualquer país, em qualquer época, não?

Ele sabia inglês. Era bastante fluente para todos os fins de nossa comunicação cotidiana. Havia refinado sua pronúncia por meio da escolha de uma "esposa inglesa". Tinha filhas "inglesas" que liam a seu lado, à noite, *A história do doutor Dolittle* e *Mulherzinhas*, livros dos quais ele nunca ouvira falar, de uma cultura que sua esposa lhe assegurava que não lhe pertencia.

Escuto novamente. Quando voltava da loja ao fim do dia e todos os amigos de minha mãe estavam reunidos bebericando seu gim e vermute, ele cumprimentava todo mundo com "O que há de novo em Rialto?".

Como essa citação lhe chegou às mãos? Ele não lia nada, exceto jornais; certamente nunca lera *O mercador de Veneza*. Que laboriosa primeira luta com um livro de expressões, que lições de inglês deve ter economizado a duras penas para pagar, essa frase familiar não representa? O que havia *de novo* é que ele fazia parte do ambiente cultural aceito do grupo, se não por nada mais, ao menos por uma citação conhecida.

As frases *cockney* de meu avô afirmavam seu passado; as frases de meu pai, sua necessidade de manter um lugar no seu presente. Quando as pessoas se queixavam de uma desgraça, das deficiências do conselho da cidade ou dos problemas de ganhar a vida, ele tinha outra frase, essa mais expressiva no seu africâner adotado que o equivalente poderia ser em inglês: "So gaan dit in die wêreld" — assim são os modos do mundo. Sempre tinha na ponta da língua "Môre is nog 'n dag" — amanhã é outro dia —, se alguém se desesperava numa circunstância perturbadora ou perdia a primeira rodada de um torneio de golfe. Essas frases escutadas repetidas vezes eu não reconhecia como a tática do imigrante procurando aceitação. O estranho — algo que meu pai certamente era — gritando por ajuda. Estava reinventando alguma coisa: a si mesmo.

Quanto da autoestima provém de o indivíduo definir alguém como abaixo de si próprio na escada dos valores humanos?

Onde, a quem, a partir de sua base precária, um imigrante pode olhar de cima para baixo? Um elemento de racismo é identificar essa pessoa, ainda que sendo ao mesmo tempo identificado por outros como abaixo deles. Pelo acaso e pela história, meu pai tinha vindo para um país em que a satisfação da autoestima pela via do racismo era estimulada por aqueles que estavam no poder político e no controle social absoluto, longe de se sentirem inseguros. (A virada da história para eles aconteceria mais tarde, com o fim do governo branco...) Essa comunidade branca da África do Sul — a que ele podia "pertencer" ao menos pela palidez de sua pele — desprezava os negros cujo país tinham colonizado e governado pela força. Assim, até um imigrante de um povo que dormia sobre o fogão se via provido de alguém, de um tipo humano, que podia considerar seu inferior. Meu pai aceitava os julgamentos sociais racistas dos cidadãos brancos, nossos amigos da família, seus colegas negociantes, usando uma frase empregada por essa família extensa de brancos. A condenação mais forte do comportamento grosseiro de um homem branco, bêbado ou sóbrio, era chamá-lo de "cafre branco".

Essa era uma expressão jamais pronunciada pela minha mãe; de fato, havia no seu rosto mais uma confirmação de tudo o que ela achava grosseiro em meu pai; que ele, de todas as pessoas, achasse um insulto que um branco fosse chamado de negro.

Havia sutilezas de racismo nas expressões que me eram familiares em nossa pequena cidade. Nesse ponto, até minha mãe, que não era racista quando se tratava de branco e negro, fazia uso delas. Entre os judeus, havia outra expressão de repulsa, "ele é um verdadeiro peruano". "Ele" seria um judeu cujo comportamento espalhafatoso, bombástico e vulgar era considerado ofensivo.

O "verdadeiro peruano" não vinha do Peru, e a implicação insultuosa recaía sobre os peruanos tanto quanto sobre o homem assim escarnecido. Por que esse comportamento deveria ser associado ao Peru, onde ninguém na comunidade jamais estivera, e sem que houvesse sequer um indivíduo daquele país entre nossa população branca de origem inglesa, escocesa, irlandesa, galesa, holandesa, judaica, alemã, só posso explicar sugerindo que, aos olhos do falante, o Peru se achava no fim da terra, além da civilização, o último lugar criado por Deus; tão remoto quanto a África pareceria aos peruanos. Talvez o epíteto exótico também servisse para distanciar os judeus locais de uma conduta que poderia dar um pouco de crédito ao antissemitismo, que estrondeava entre os africâneres — eles próprios discriminados pelos brancos anglófonos.

Cerca de cinquenta anos mais tarde, decodifico essas frases da família como os ecos da casa perdida — a do vovô Myers — numa cultura de imigrantes, ou a tentativa inocentemente matreira — a de meu pai — de sobreviver escapando dessa cultura. Um dia destes, passei a pé por elegantes centros comerciais nos subúrbios de Johannesburgo em meio a mercados nas calçadas onde, saltando diante de mim, bamboleando na minha frente, viam-se máscaras e joias, entalhes e esculturas, chocalhos feitos com cauris e sementes. Sou importunada por uma imitação estrangeira do inglês sul-africano falado pelos vendedores. Os camelôs vêm de toda a África, falam entre si as línguas maternas de seus velhos países, Mali, Nigéria, Congo, Zimbábue, Zâmbia, Quênia, Senegal, Etiópia — em todo e qualquer lugar há guerra, desastres naturais de enchentes e secas, e uma pobreza em comparação com a qual somos um país rico, apesar de nossa cota de pobres e desempregados.

Suas lisonjas e engambelações, reprodução de expressões das quais só compreendem a intenção, são suas frases de família. São os últimos recém-chegados da interminável não nação de imigrantes, formando e reformando o mundo, uma globalização que havia muito, muito tempo já prenunciava qualquer conceito do presente. É o que há de novo em Rialto: nada de novo. Apenas sobrevivência.

2001

A Morada das Palavras

As pessoas sempre querem saber quando e onde escrevemos. Como se houvesse uma metodologia secreta a ser seguida. Nunca me pareceu ter importância para a *obra* — que é o "gesto essencial" do escritor (cito Roland Barthes), a mão estendida para o aperto de mão da sociedade — se o criador escreve ao meio-dia ou à meia-noite, num quarto forrado com cortiça como Proust ou numa cabana como Amós Oz em seus primeiros tempos de *kibutz*. Talvez quem pergunta seja mais que curioso, desejando descobrir uma prescrição, guardada ciumentamente em segredo, de como *ser* escritor. Não há nenhuma. Escrever é a única "profissão" para a qual não há treinamento profissional. Os cursos de escrita "criativa" só podem ensinar o aspirante a escritor a considerar seus escritos criticamente, não *o modo de* criar. A única escola para um escritor é a biblioteca — ler, ler. Uma viagem por reinos remotos, vastos e profundos, até onde o ato de escrever pode se aventurar nas perspectivas infindáveis da vida humana. Aprender com as percepções de outros escritores que é preciso encontrar o seu próprio caminho para a sua própria percepção, sob a pressão do mais poderoso senso de identidade — a criatividade. À parte isso, o escritor está sozinho, só conta consigo mesmo.

A nossa é a mais solitária das ocupações. A única comparação que me ocorre é a de um zelador de farol. Mas a analogia não deve ir demasiado longe; não lançamos o raio de luz que salvará o indivíduo ou o mundo de se destroçar sobre as pedras.

Outra pergunta-padrão feita a escritores de ficção: qual é a sua mensagem? Milan Kundera deu a resposta. A mensagem é: "Um romance procura e formula perguntas... A sabedoria do romance provém de ter uma pergunta para tudo. Não prescreve, nem proscreve respostas". Temos o direito e a obrigação de honestidade de sugerir julgamentos morais que sabemos que as pessoas possuem, como exemplificado em nossos personagens fictícios, porque — parafraseio Goethe —, em toda parte onde o escritor mergulha a mão a fundo na sociedade, no mundo, ela sempre subirá à superfície com um pouco da verdade. O próprio escritor está diante do que foi dragado para a luz, assim como estará o leitor; o sentido que um e outro emprestarão ao que veem será um julgamento moral individual: a mensagem pessoal de cada um, do escritor e do leitor.

Esse é o raio de luz de baixa voltagem que eu reclamaria para meus escritos lançados de meu próprio farol e para os dos grandes escritores que têm iluminado minha vida. Para mim, escrever tem sido e é uma investigação da vida, o safári que continuará nesse assombroso descampado até eu morrer. É por isso que meus romances e histórias são o que chamo de abertos; apanho uma invenção de seres humanos em algum ponto de suas vidas e torno a soltá-los vivendo em algum outro ponto. Meu romance escrito nos anos 1980, *O pessoal de July*, termina com uma personagem central, uma mulher, vadeando um rio raso, fugindo de uma situação. Para onde vai? Sou frequentemente indagada. A resposta é: não sei. As únicas pistas que tenho, e passo para o leitor no texto do romance que veio antes, são o contexto social e histórico, as ameaças e pressões conflitantes, pessoais e aleatórias, de um tempo e lugar que formariam as opções da mulher — o que ela teria a capacidade ou a possibilidade de tentar fazer a seguir. A única conclusão — em termos de interpretar uma placa de sinalização — é a que eu própria poderia deduzir depois de reler o romance (pois um escritor se torna leitor quando chegam as provas do editor), que a travessia pela água constituía uma espécie de batismo numa nova situação, numa nova vida, ainda que incerta, arriscada, até inimaginável à luz de *como ela tinha vivido até aquele ponto*.

Não se pode nem dizer que a morte individual seja o fim de uma história. E as consequências que a ausência vai ter para os outros?

E que dizer dos efeitos de um conflito político e social, aparentemente resolvido, num romance cuja página final deixa nesse ponto os homens e as mulheres, o país, as cidades, as crianças então nascidas? Mais uma vez, o leitor tem a narrativa e o texto do que veio antes, para despertar sua consciência, seu questionamento do eu e da sociedade.

Se o escritor não fornece respostas, essa é uma absolvição válida da responsabilidade humana comum de um compromisso com a sociedade que não seja o "gesto essencial", a mão estendida pela literatura?

O escritor serve à *raison d'être* de que todo ser humano deve decidir pelo que é, afirmando a *exploração da palavra* como fim, e não como meio, do ser do escritor? "As palavras se tornaram minha morada." O grande poeta e escritor mexicano, Octavio Paz, escreveu essa frase, mas na magnífica obra de sua vida inteira, na sua viagem intelectual, ele invadiu esse lugar. Ele também escreveu: "Aprendi que a política não é apenas ação, mas participação, não é uma questão de mudar os homens, mas de acompanhá-los, ser um deles". A razão de ser era unir a morada do artista e o mundo clamoroso que a rodeava.

O grande Günter Grass me disse: "Minha vida profissional, meus escritos, todas as coisas que me interessam, tudo isso me ensinou que não posso escolher livremente meus temas. Na sua maior parte, os meus temas me foram dados pela história alemã, pela guerra que foi criminosamente iniciada e conduzida, e pelas consequências intermináveis daquela era. Assim, os meus livros estão fatalmente ligados a esses temas, e não sou o único a ter essa experiência".

Ele certamente não é o único.

Na Europa, nos Estados Unidos, na América Latina, no Japão, na África — em que lugar do mundo não seria assim? Nenhum de nós pode "escolher seus temas" independentemente dos contextos que contêm sua vida, modelam seu pensamento, influenciam todo aspecto de sua existência. (Até a fantasia da ficção científica é uma alternativa para o conhecido, a *reação* imaginativa do escritor ao que ele conhece.) Philip Roth poderia apagar a tatuagem dos campos de concentração nazistas da pele de seus personagens? Os escritores israelenses, os escritores palestinos podem "optar" por não sentir o conflito trágico entre seus povos incendiando a morada das palavras?

Kenzaburo Oe poderia criar personagens que não trouxessem em si mesmos o gene da consciência implantado por Hiroshima e Nagasaki? Czeslaw Milosz, sobrevivendo à revolução e ao exílio, poderia não se perguntar em seu poema "Dedication" "What is poetry which does not save/ Nations or people?".[6] Os personagens de Chinua Achebe poderiam não ter na sua corrente sanguínea a mancha de uma guerra civil na Nigéria? Na África, as experiências do colonialismo, o seu apogeu, o *apartheid*, o pós-colonialismo e os conflitos das novas nações têm sido uma consciência coletiva poderosa nos escritores africanos, negros e brancos. E na crescente *interconsciência*, a percepção de que tudo o que ocorre em alguma parte do mundo é apenas manifestação do que está acontecendo subliminarmente ou vai acontecer de um modo ou de outro, influenciar de um modo ou de outro, *em todos os lugares* — a epopeia da emigração, da imigração, o errar mundial de novos refugiados e exilados, políticos e econômicos, por exemplo — é um elo fatal, não "fatal" no sentido de mortal, mas no da inescapável consciência em todo escritor. Acabei de escrever um romance, *O engate*, dentro dessa consciência, apanhando em determinado ponto e abandonando em outro de suas vidas personagens em nossa fase milenar desse êxodo e chegada externos.

Entretanto, quando um país passou por um longo conflito e sua resolução, supõe-se que seus escritores perderam o seu "tema". Nós, na África do Sul, somos desafiados — primeira pergunta na lista das entrevistas dos jornalistas: "Então, sobre o que vocês vão escrever agora que o *apartheid* terminou?".

O *apartheid* era um plano de engenharia social com suas leis; romances, histórias, poesia e peças teatrais eram uma exploração de como as pessoas pensavam e viviam, sua última humanidade fora do alcance da extinção. A vida não terminou com o *apartheid*. "A nova situação deve trazer novos temas" — foi o que escreveu o escritor tcheco Ivan Klíma no exílio, por causa da desintegração de seu país. Na África do Sul, não há desintegração com suas consequências violentas, mas uma união difícil e extraordinária daquilo que estava dividido. Os novos temas, alguns maravilhosos, outros desanimadores, mal tiveram tempo de nos escolher.

[6] O que é poesia que não salva/ Nações ou povos? (N. T.)

"What do we know/ But that we face/ One another in this place"[7] — William Butler Yeats. Esse é certamente o tema que na morada das palavras, em toda parte, escolhe o escritor.

2001

[7] O que sabemos/ A não ser que nos confrontamos / Uns aos outros neste lugar. (N. T.)

A Abordagem do Exercício do Direito

"Governança": "a ação ou a maneira de governar", "o estado de ser governado". No passado, tomava-se essa definição no dicionário como uma referência específica a governos nacionais e seus povos. Mas, em nossa era da globalização, de recursos globais e, certamente, de problemas globais, o conceito de governança no que diz respeito a atacar a pobreza mundial começa num nível muito mais elevado, o Everest das finanças internacionais. A governança em países individuais é influenciada por essas finanças e, em muitos casos, prescrita por elas. Assim, temos de começar enfrentando concepções opostas geralmente mantidas sobre essa transferência de poder, das alturas até a terra.

Os países que recebem os fundos de empréstimo do FMI e do Banco Mundial ressentem-se das condições impostas pelas agências do Everest financeiro quanto ao modo como o dinheiro deve ser usado. Até afirmam que o desenvolvimento — o objetivo — sofre empecilhos com essas condições.

As agências citam a necessidade rigorosa de condições para fazer frente à sua experiência da corrupção como um duto do governo pelo qual os fundos desaparecem, sem que nenhum desenvolvimento chegue à população do país.

Assim, a governança começa acima das leis e da administração de um país. Se a dívida com o Everest deve ser cancelada, em vista dos pagamentos danosos dos juros reclamados até de nações que empregam *realmente* o dinheiro para o desenvolvimento sustentável, é outra questão — o Everest deve ser um usurário ou um verdadeiro agente de redistribuição da riqueza?

Há sinais encorajadores de uma mudança de concepção entre os que doam o dinheiro e os que o recebem. Mamphele Ramphele, falando como diretor administrativo da Unidade de Desenvolvimento Humano do Banco Mundial, diz que a abordagem agora necessária é que "os países se apropriem" do desenvolvimento em vez de "receber prescrições de programas de ação... para poderem alavancar seu próprio destino e criar capacidades para si mesmos".[8] O presidente senegalês Abdoulaye Wade diz sobre os africanos que vêm "financiando a dívida com empréstimos e ajuda por muitos anos": "Esses instrumentos não nos levam longe... devemos primeiro compreender como é que nos endividamos".[9] Esse enfrentamento da realidade da parte de doadores e devedores empresta credibilidade à afirmação de dez líderes africanos, em discussões com o FMI e o Banco Mundial neste ano, sobre um "importante passo à frente para definir uma nova abordagem do combate à pobreza na África".

Quais são as principais áreas da vida nacional que dependem de uma boa governança nacional, se o objetivo é atacar a pobreza *in loco* dentro de cada país? Antes de mais nada, certamente: o desemprego, a redistribuição de terras pós-colonial, o emprego e a exploração de recursos naturais, os serviços de saúde com ênfase na epidemia de Aids, a educação e, não em último lugar, a corrupção. Há uma condição determinante para que essas áreas recebam atenção: liberdade de imprensa e mídia. Não há uma boa governança sem uma população livre para participar em debates públicos sobre políticas e práticas do governo, para realizar com seus próprios esforços algum progresso na condição de suas vidas.

"Relações formadas pelo exercício do direito"[10] — a expressão de Amartya Sen define para mim as relações que a governança global, por meio

[8] Mamphele Ramphele, "World Bank will reward good governance", *Sunday Independent*, África do Sul, 11 de março de 2001.

[9] Presidente Abdoulaye Wade, "African leaders, IMF and World Bank forge new strategy on poverty", *The Star*, Johannesburgo, 21 de fevereiro de 2001.

[10] Amartya Sen, *Poverty and famines: an essay on entitlement and deprivation*, Clarendon Press, Oxford, 1981.

das finanças internacionais e da governança nacional *in loco*, precisa ter com a população, partindo-se da premissa de que vão atacar a pobreza na única maneira eficaz — em conjunto. E nesse ponto o PNUD,[11] tendo a parceria enfatizada como seu modo de operação no século XXI, fornece um modelo com seu empenho comprovado em ser, ele próprio, um parceiro de empresas de e para uma boa governança. A experiência em inovação de projetos tem ensinado a lição de que o sucesso depende de assegurar que a governança de um país tenha os meios mínimos e a vontade de cooperar — a *capacidade*. Isso implica que o treinamento da capacidade seja, em si mesmo, um projeto na parceria da governança com a eliminação da pobreza. Um projeto não pode ter sucesso se a capacidade para implementá-lo — por falta de pessoal treinado, equipamento de comunicações — não apresenta, no mínimo, um estado paralelo de desenvolvimento. Para atingir a meta, deve haver os meios mínimos. Só então a energia e a determinação da população podem arrancar, e realmente arrancam, para o sucesso.

O mundo em desenvolvimento, os povos desse mundo, têm direitos: direito à redistribuição da riqueza do mundo em vez da "ajuda" eufemística, direito a uma governança justa e incorruptível. O direito ao reconhecimento — e à ação dentro — da interdependência da governança e do problema global milenar, a pobreza.

2001

[11] Programa das Nações Unidas para o Desenvolvimento. (N. T.)

A Balada do Hotel na Quinta Avenida

Hotel da Quinta Avenida. Páscoa de 1954. Há uma turva luz púrpura sobre coelhinhos de brinquedo empoleirados acima de nossas cabeças ao redor de uma saliência abaixo do teto do restaurante. Tenho trinta anos, publiquei dois livros de contos e um primeiro romance; estou nos Estados Unidos pela primeira vez e sentada a uma mesa com uma famosa escritora americana — uma sulista, como eu própria, embora o meu Sul seja a África — cuja obra admiro muito. Ela é Carson McCullers. Fomos reunidas, em minha privilegiada expectativa de neófita, pela bondade de sua irmã, Margaret Smith, e de Cyrilly Abels, editoras de *Mademoiselle*, então uma revista feminina literariamente inovadora que, como a *The New Yorker*, havia publicado algumas de minhas histórias. Diante de mim está essa imagem questionadora da vida, o maravilhoso rosto de uma criança sábia que nasceu sabendo devastadoramente demais — o rosto do ser que escreveu *A balada do café triste*.

O que *eu* não sabia era que Carson acabara de sair de longas semanas de desintoxicação, isolada em algum lugar. O que também não sabia era o que essa experiência podia causar à vítima, quão atordoado podia ser o retorno ao mundo. O que se seguiu foi certamente uma cena escrita pelo seu amigo Tennessee Williams. Carson não parava de falar para Margaret: "Mana, acho que precisamos de um novo namorado". Não era irônico, nem um chiste de mesa de almoço; era uma conclusão grave e determinada. Comigo estava meu novo marido (há um mês). Durante toda a refeição, Carson inclinava um garfo delicado com uma das mãos, catando migalhas no prato dele. As perguntas que eu já tinha prontas para fazer à escritora que tanto significara para mim fugiram da minha mente. Consegui de algum modo lhe falar da minha admiração pelo seu trabalho; não me lembro de ter recebido alguma resposta.

Coelhinhos, mana, precisamos de um novo namorado.

Assim, a América era uma fantasia iluminada por uma luz púrpura com uma mensagem de mau agouro. Se isso era o que a fama significava para um escritor, acho que eu não queria que jamais me acontecesse. Meu marido (meu novo namorado) teve uma reação mais compassiva, menos crítica; menos assustada, embora ele próprio tivesse acabado de aceitar esse cônjuge arriscado, uma escritora.

Encontrar esses emissários da cultura americana, os escritores, tem sido em geral uma experiência boa e tranquilizadora desde aquela triste balada do Hotel na Quinta Avenida. Logo apareceu Eudora Welty, a Tchekhov americana, cujas histórias tinham me influenciado desde cedo: Eudora em Jackson, Mississippi, tão maravilhosa em pessoa quanto é como escritora. Uma original americana de um tipo especial.

Nem sempre encontrei escritores americanos na sua terra natal. John Updike e eu nos conhecemos alegremente na Austrália, e no Festival Adelaide parecíamos um duo de comédia, ele tão desengonçadamente alto, eu tão pequena. Kurt Vonnegut encarnou literalmente um amargo tipo de humor americano numa reunião de escritores na Suécia. Encontrei James Baldwin na França e conversamos como se nos conhecêssemos desde sempre. Talvez tivéssemos nos conhecido, pela nossa experiência do racismo, ele no seu país, eu no meu — o que isso significa para as transformações da imaginação do escritor.

Alguns encontros resultaram em preciosa amizade. Numa conferência literária, havia uma mulher com um rosto danado de belo e cabelos pretos em redemoinho, sentada num degrau fora do local do evento: reconheci Susan Sontag. Fugimos das deliberações e exploramos a cidade estrangeira; a primeira das muitas divertidas vezes em que estivemos juntas. Elisabeth

Hardwick me emprestou o apartamento-refúgio de Robert Lowell com biblioteca, em Nova York; concedeu-me a liberdade de sua rica inteligência, bem como o lugar onde ainda mora.

Claro que eu conhecera a América pelos seus escritos — todos eles — junto com a América de Melville, Hawthorne, Faulkner, Fitzgerald, Miller, Hemingway *et al.* (ele mais definitivamente americano no exterior que em casa); fora confrontada com o país dessa maneira mais profunda, antes de conhecê-lo cara a cara.

2001

Chinua Achebe e *O Mundo se Despedaça*

O MUNDO SE DESPEDAÇA.

O título[12] do livro de Chinua Achebe, citação de um poema de William Butler Yeats, parece uma declaração desafiadora: com que caos o leitor será confrontado quando começar a ler as páginas iniciais desse livro, publicado pela primeira vez em 1958?

Mas o título é um pressentimento: Achebe vai criar *o que estava íntegro* antes de a situação no título vir a acontecer. Só então a revelação da desintegração poderá ser plenamente compreendida. Achebe não começou seu primeiro romance, nem começa os seguintes, com a descrição do cenário da história. Em que país seus personagens vivem, que tipo de vida, em que tipo de paisagem, cidade, vila — não, ele nos mergulha imediatamente entre as próprias pessoas em plena atividade, e o entorno físico de uma região da Nigéria, na África Ocidental, aparece como parte da identidade desse povo conforme a leitura avança. Okonkwo, o personagem central, é apresentado no primeiro parágrafo como um jovem que trouxe honra para a vila por sua fama de lutador, nunca derrubado pelos adversários em nenhum dos assaltos do esporte tradicional popular na região. "Os tambores batem, as flautas soam e

[12] *Things fall apart,* em inglês. (N. T.)

os espectadores prendem a respiração... Amazile era o grande lutador que por sete anos nunca fora vencido... era chamado o Gato porque suas costas nunca tocavam a terra. Foi esse homem que Okonkwo derrubou numa luta que os anciãos concordaram ter sido uma das mais ferozes desde que o fundador de seu povoado lutara com um espírito da floresta por sete dias e sete noites."

Achebe sabe, como mestre em contar histórias, que o presente — o que está acontecendo para seus personagens agora — só pode ser totalmente significativo se (assim como acontece em nossas vidas) o passado que formou essas pessoas é mostrado ainda vivo dentro deles, guiando a vida deles. A história de Okonkwo é iniciada num período real, não muito antes de a Nigéria ter se libertado do domínio britânico. "Isso aconteceu... há vinte anos ou mais, e durante esse tempo a fama de Okonkwo crescera como um fogo na mata alimentado pelo harmatão." O pai de Okonkwo era um fracasso pelos padrões dessa vila nigeriana do clã *ibo*, com o qual fomos rapidamente familiarizados por meio da troca de pequenas histórias animadas. Vagabundo, devendo milhares de cauris (a moeda local), ele nunca se capacitara para conquistar a série de títulos tradicionais que reconhecem honra e sucesso em Umuofia, e que não são marcados pelas medalhas que são conferidas a dignitários no mundo europeu, mas por tornozeleiras especiais usadas por aqueles assim honrados. Mesmo depois da morte de seu pai dez anos atrás, o motivo instigador na vida de Okonkwo é ser tudo o que seu pai não era. Okonkwo triunfou em batalhas tribais, é um rico fazendeiro com três esposas e conquistou dois títulos ainda jovem. Mas essa distinção e sucesso geram uma obrigação que Achebe apresenta como natural, sem nada de excepcional numa sociedade coesa, mas cujas consequências vai nos levar a descobrir com a narrativa, sem avisar de antemão — tal é o seu poder de envolver o leitor em vez de contar uma história.

Ora, uma introdução não deve revelar muito do que está no próprio livro, apenas despertar a expectativa; assim não vou recontar a disputa guerreira dramática entre Umuofia e uma vila vizinha, Mbaino, que resulta em Okonkwo receber a responsabilidade de acolher no seu lar Ikemefuna, um menino de Mbaino, dado como indenização. A criança está primeiro aterrorizada, não compreende o que está lhe acontecendo, mas é um menino esperto, torna-se popular na casa de Okonkwo e um amigo especial do filho de Okonkwo, Nwoye. Okonkwo, que considera a demonstração de qualquer emoção como fraqueza (a fraqueza de seu pai), gosta do menino em seu íntimo e assim o trata familiarmente como a todos os demais — "com mão pesada". Ikemefuna o chama de pai e às vezes tem a honra de poder carregar o banquinho e a bolsa de pele de cabra de Okonkwo para as festas ancestrais da vila.

Ikemefuna participa com toda a família no plantio do inhame. O inhame é apresentado aqui como "o rei das colheitas", o belo e azafamado detalhe de seu cultivo pontuando o ciclo das estações e, como alimento de subsistência, o ciclo da existência humana; desse primeiro romance pode-se traçar mais além o surgimento empolgante do inhame, na obra posterior de Achebe, como um símbolo filosófico e político: a vida e a morte na oposição do inhame e da faca.

A Festa do Novo Inhame na vila é uma celebração de dois dias com festejos, vinho de palma e o costumeiro grande torneio de luta corpo a corpo entre a vila de Okonkwo e suas vizinhas. É um interlúdio alegre em que Achebe generosamente, para o prazer do leitor, usa seus dons de criar toda uma comunidade de homens, mulheres e crianças como pessoas que logo passamos a conhecer intimamente, reconhecendo seus modos individuais de se expressar. A comédia de diálogos argutos e risos soa contra os tambores batendo o ritmo da dança guerreira; é quase possível sentir os aromas do que está sendo cozido. Há conversas deliciosas a ser escutadas por acaso entre as mulheres, num meio inglês *pidgin*, ou meio acompanhadas pelas traduções que Achebe fornece das ricas imagens da língua *ibo*. A corrente oculta da ordem da vida para os habitantes de Umuofia é revelada no que parecem conversas comuns, fofocas e perguntas polidas convencionais. Ezinma, a filha favorita de Okonkwo, chama a nossa atenção. Uma mulher que conhece a mãe da menina e viu vários de seus filhos morrerem cedo pergunta sobre Ezinma. A mãe diz: "Ela está bem já há algum tempo. Veio talvez para ficar". "Acho que ela vai ficar", diz a outra mulher. "Eles em geral ficam, se não morrem antes dos seis anos."

Agora Ikemefuna já vive na casa de Okonkwo há três anos, e Okonkwo está satisfeito porque sua influência sobre Nwoye é excelente. Ele estimula os dois meninos a se sentar com ele, virilmente, em seu *obi* — seus aposentos. Conta-lhes histórias de guerras tribais e suas próprias proezas audaciosas. Nwoye prefere as histórias folclóricas e as lendas que sua mãe lhe contava, e que enriquecem esse romance com um elenco de personagens astutos — inclusive a terra e o céu cósmicos — que, em comparação, tornam os de Disney desbotados. O tempo da harmonia, da paz e da abundância continua com a chegada da grande horda de gafanhotos que escurece o céu — aqui, não são a maldição dos gafanhotos bíblicos, mas uma iguaria que todo mundo acaba apanhando e comendo.

A investigação da vida — que constitui o cerne de toda a literatura, toda a arte —, realizada por Achebe por meio dos poderes maravilhosos de sua imaginação, revela em todos os seus escritos a vulnerabilidade particular dos seres humanos quando estão muito felizes. É então que algum conflito quase esquecido no passado ergue de repente a faca contra o inhame. Okonkwo está em seu *obi* com Ikemefuna e Nwoye, mastigando ruidosamente gafanhotos e bebendo vinho de palma, quando o ancião da vila, Ezeudu, chega e pede para falar com Okonkwo lá fora. Ali, ele conta algo incompreensível para Okonkwo, apresentando Ikemefuna como um pária que não pode continuar sendo aceito pelos habitantes de Umuofia. O Oráculo dos Morros e das Cavernas declarou que ele deve ser morto. O velho diz: "Esse menino chama você de pai. Não participe de sua morte... Eles o levarão para fora de Umuofia, como é o costume, e ali o matarão. Mas que você não tenha nada a ver com isso. Ele chama você de pai".

A maneira como Okonkwo é fatalmente envolvido nesse assassinato inevitável é relatada sobretudo por meio dos pensamentos do menino, que, acreditando estar sendo conduzido de volta à vila natal, está sendo escoltado pelos habitantes de Umuofia para sua morte. Quando é atingido pelo facão de um dos homens, ele corre na direção de Okonkwo, gritando: "'Meu pai, eles me mataram!' Atordoado pelo medo, Okonkwo desembainha seu facão e derruba-o com um só golpe. Tinha medo de que os outros o considerassem fraco".

Por algum tempo, Okonkwo não consegue comer nem dormir. Bebe vinho "de manhã até a noite, e seus olhos estão vermelhos e ferozes como os de um rato que foi apanhado pelo rabo e atirado contra o chão". O filho Nwoye nunca o perdoará pelo sacrifício de Ikemefuna, e isso terá consequências fatais que se desdobrarão na sua própria vida e na de seu pai.

Mas Okonkwo se recupera: "Ele não é um homem de pensamento, mas de ação, é a estação de sangrar suas palmeiras para obter vinho, e a família de um pretendente à mão de sua filha Akueke, de dezesseis anos, está prestes a chegar". As negociações entre as duas famílias a respeito do preço da noiva em cauris e a quantidade de vinho de palma que se espera providenciada pela família do noivo são encantadoramente cômicas e revelam os personagens de forma zombeteira, sem malícia — uma feição do humor de Achebe, particularmente em seus primeiros livros, antes que os tempos medonhos e terríveis da guerra civil e da corrupção pós-independência afiassem seu humor, transformando-o numa sátira de dentes rilhados.

É na tagarelice das negociações do casamento que o homem branco entra pela primeira vez em Umuofia e no romance. Há discussões sobre diferentes costumes entre vilas diferentes. Alguém observa:

> "Mas o que é bom num lugar é ruim em outro..."
> "O mundo é grande", disse Okonkwo, "até escutei que em algumas tribos os filhos de um homem pertencem à sua esposa e à família dela."
> "Não pode ser", disse Machi. "É o mesmo que dizer que a mulher fica por cima do homem quando estão fazendo filhos."
> "É como a história dos homens brancos que, dizem, são brancos como este pedaço de giz", disse Obierika. "... E esses homens brancos, dizem, não têm dedos nos pés."
> "Você já os viu?", perguntou Machi.
> "E você?", perguntou Obierika.
> "Um deles passa por aqui frequentemente" [diz Machi.] "Seu nome é Amadi."
> Aqueles que conheciam Amadi riram. Era um leproso, e o nome polido para lepra era "pele branca".

O povo de Umuofia é mestre em conversar. Tornam-se companheiros animados do leitor, que está escutando suas lembranças, rivalidades, opiniões, implicâncias, visões originais, tudo expresso com humor e imagens íntimas que provêm de seu modo de vida, seu *continuum* de história, lenda, garantia de lugar. A referência jocosa ao fato de que ninguém viu um homem branco é apenas um fragmento das conversas que se entrecruzam de um indivíduo para outro. O homem branco é alvo de uma anedota risível; ele ainda não está ali, com sua Bíblia e sua arma de fogo. Mas Achebe faz soar a batida solitária de um tambor distante, assim como subconscientemente em nossas conversas cotidianas pode ocorrer uma referência despercebida a algo iminente que um dia vai mudar nossas vidas.

Okonkwo está apenas começando a conciliar dentro de si mesmo — pondo de lado — sua participação na morte de Ikemefuna, quando sua filha favorita, Ezinma, a quem ele orgulhosamente acha ter feito o mais alto elogio ao desejar que fosse um menino, cai doente. *Iba* — a malária — não reage ao tratamento que Okonkwo e a mãe Ekwefi, uma de suas esposas, lhe dispensam. Com esse acontecimento, Ekwefi sai das alas onde até então permaneciam as mulheres da vila enquanto os homens ocupam o palco central na história. Ela será a primeira de uma série de personagens femininas, cada uma crescendo conforme o autor vai intuindo as mulheres e reconhecendo suas qualidades, acompanhando sua peregrinação para a autorrealização que é a igualdade com os homens nas decisões e atividades da vida, o que vem a culminar na personagem de Beatrice no romance de 1987, *Anthills of the savannah*. Gerar e criar filhos é a finalidade e a dignidade que cabe às mulheres na sociedade de Umuofia. Achebe, o mais honesto dos escritores, deixa simplesmente que nós próprios julguemos os fatos: o destino das mulheres locais. Ekwefi deu à luz dez filhos, e todos, exceto Ezinma, morreram na primeira infância; foram as outras esposas que deram filhos a Okonkwo. O sofrimento de Ekwefi fala por si mesmo em seu lamento natural, dramático, poético:

> Seu desespero profundo encontrava expressão nos nomes que ela dava a seus filhos. Um deles era um grito patético, Onwumbiko — "Morte, eu te imploro". Mas a Morte não deu ouvidos, Onwumbiko morreu. A próxima criança foi uma menina, Ozoemena — "Que não aconteça de novo". Ela morreu, e mais dois outros depois dela. Ekwefi tornou-se, então, desafiadora e chamou o próximo filho de Onwuma — "Que a Morte faça sua vontade". E ela fez.

Assim Ezinma com dez anos é a única sobrevivente, muito amada por ambos os pais. É geralmente aceito na vila que ela é um *ogbanje*. O conceito é semelhante ao do carma: alguém que morre numa vida e retorna para viver de novo. Mas aqui o renascimento representa uma maldição.

> Alguns deles [dos filhos] cansaram-se de suas más rotinas de nascimento e morte, ou apiedaram-se de suas mães e ficaram. Ekwefi acreditava bem lá no fundo de si mesma que Ezinma tinha vindo para ficar... um curandeiro havia desenterrado o *iya-uwa* de Ezinma. O *iya-uwa* era o laço com o mundo de *ogbanje*, e a descoberta significava que o laço havia sido rompido.

Mas a última doença grave de Ezinma sugere que o *iya-uwa* talvez não fosse o genuíno. Em desespero, os pais chamam o curandeiro, Okagbue, para obter da criança a informação do lugar onde se acreditava que ela própria enterrara seu verdadeiro *iya-uwa*. Ezinma conduz Okagbue, seus pais e uma multidão em procissão por um percurso absurdo (talvez por travessura!) além da vila e depois voltando até uma laranjeira ao lado do *obi* de seu pai. O curandeiro cava ali um buraco tão fundo que sua figura desaparece, já não podendo ser vista pela multidão tensa. Finalmente, ele joga para fora um trapo preso na sua enxada; algumas mulheres saem correndo de medo. Cerimoniosamente, ele desata o trapo e o fetiche, uma pequena pedra lisa e brilhante, cai no chão. "'É sua?', perguntou a Ezinma. 'Sim', ela responde. Todas as mulheres gritaram de alegria, porque os sofrimentos de Ekwefi estavam então terminados." Mas Achebe, tecendo em zigue-zague a criativa textura de vida de seu adivinho, anuncia de repente que tudo isso aconteceu um ano antes do ponto a que sua narrativa chegou, e Ezinma está novamente tremendo com *iba*. Dessa vez, Okonkwo cura o ataque com uma inalação preparada com gramíneas, raízes e cascas de árvores medicinais. A ciência natural, a racionalidade, venceu a superstição.

Entretanto, a presença do sobrenatural, em suas formas particulares, está entre os habitantes de Umuofia e encarnada na sua vida cotidiana, assim como o sobrenatural, em suas formas particulares de crença, está encarnado no cristianismo, no judaísmo, no hinduísmo, no budismo e em outros credos.

Uma das formas que o sobrenatural adota em Umuofia são os ancestrais à guisa de — habitando, acredita-se — uma mascarada de homens que, entre outros propósitos, administra justiça nas disputas. A lei: não com a peruca e a toga do juiz, mas com a aparência temível dos *egwugwu*, espíritos ancestrais que saem de uma cabana sagrada ao som de tambores e flautas. A mascarada se voltava "para longe da multidão que só via suas costas com os muitos padrões e desenhos coloridos" de suas fantasias de mascarada. Ainda podemos ver algumas dessas fantasias em muitos dos museus do mundo, e elas nos são lembradas em livros sobre a arte africana, pois são reconhecidas como uma forma de arte espetacular e profunda. Simbólicas, como toda arte religiosa, elas representam, como diz um participante da multidão reunida, "o que está além de nosso conhecimento".

O caso a ser considerado pelos representantes dos ancestrais dessa vez é bastante comum: uma esposa e filhos foram tirados do marido pela família dela. Ele exige que lhe devolvam o preço de noiva que pagou pela mulher.

Um membro da família dela, Odukwe, declara ser verdadeiro o que o homem falou; mas também é verdadeiro que "Meu cunhado, Uzowulu, é um animal... não se passou nem um único dia no céu sem que ele batesse na mulher... quando ela estava grávida, ele bateu tanto que ela abortou".

Uzowulu grita: "É mentira. Ela abortou depois de ir dormir com seu amante".

Ao som das gargalhadas da multidão, Odukwe, sem papas na língua, continua: a esposa pode retornar para seu marido "sob a condição de que, se ele tornar a bater nela, nós lhe cortaremos a genitália".

E um ancião na multidão diz para outro: "Não sei por que um caso tão banal deva ser apresentado perante os *egwugwu*". Eis Achebe deliciando-se em destruir a solenidade com um aparte zombeteiro.

A interação entre a vida cotidiana animada e feliz da vila, centrada por Achebe na família de Okonkwo, e a escuridão sempre presente das crenças sobrenaturais por baixo continua nesse estágio pré-colonial da história da comunidade. O leitor escuta uma noitada maravilhosa e aconchegante de relatos de histórias entre Ezinma e sua mãe, quando a lenda gráfica da Tartaruga, autonomeada "Todos vocês", que trava combate com os pássaros, chamados "Povo do céu", é estraçalhada pela chegada de Chielo, sacerdotisa do deus Agbala. Ela alega que Ezinma é "sua filha" e declara que Agbala exige que a criança venha ao seu encontro "na casa dele nos morros e nas cavernas". Okonkwo protesta, a sacerdotisa grita: "Cuidado, Okonkwo! Tome cuidado para não trocar palavras com Agbala. Por acaso um homem fala quando um deus está falando?".

Segue-se uma emocionante noite inteira de sofrimento, tensão e terror, quando a sacerdotisa, carregando Ezinma nas costas, parte pela trilha, com uma Ekwefi aterrorizada no seu encalço. A sacerdotisa e Ezinma desaparecem numa boca estreita de caverna. Ekwefi promete que, se escutar gritos de Ezinma, vai "correr para dentro da caverna e defendê-la contra todos os deuses do mundo. Vai morrer com ela". Okonkwo decidiu acompanhá-la: ele aparece de repente e eles esperam juntos até o amanhecer. Achebe compreende muito bem o curioso processo pelo qual a memória se desvia, constantemente, dos acontecimentos mais temíveis. Ao lado de Okonkwo, Ekwefi se surpreende pensando na juventude deles. Outro amanhecer: ela está indo buscar água. A casa dele fica no caminho para o riacho. Ela bateu na sua porta. "Mesmo naqueles tempos, ele era um homem de poucas palavras. Apenas a carregou para sua cama e na escuridão começou a tatear ao redor da cintura de Ekwefi em busca da ponta solta de sua roupa."

Achebe nos deixa em suspense, nessa pausa íntima. A história é retomada surpreendentemente no dia seguinte: o amigo de Okonkwo, Obierika, está comemorando uma ocasião de grande alegria, o casamento de sua filha: a vida continua. Seja quais forem os medos e desastres que ameaçam os indivíduos, o inhame e a faca lutam eternamente. Para Okonkwo, a tragédia foi evitada: ficamos sabendo, quando começam os preparativos para a festa, que Ezinma está dormindo sã e salva na sua cama — a sacerdotisa a trouxe de volta e deixou-a ali, ilesa. Na roda a girar da vida humana, a cena festiva do casamento é seguida por outra cerimônia no ciclo, o funeral de um homem com a distinção de ter recebido três títulos de tornozeleiras dentre os quatro criados pelo clã. Okonkwo está entre os homens que, ao som de tambores e danças, disparam uma última saudação ao dignitário morto. Então, eleva-se "um grito de agonia e berros de horror. Era como se um feitiço tivesse sido lançado". E é como se um feitiço tivesse sido lançado sobre Okonkwo: sua arma explodiu e matou o filho de dezesseis anos do morto. Achebe não nos lembra, nem precisa, o eco daquele outro crime que Okonkwo foi levado a cometer pelas circunstâncias — o golpe mortal derradeiro que deu em Ikemefuna. Nós o escutamos.

"O único caminho aberto a Okonkwo era fugir do clã. Constituía um crime contra a deusa da terra matar um homem do clã... o crime tinha dois tipos, macho e fêmea. Okonkwo havia cometido o tipo fêmea, porque matara sem querer. Ele podia retornar para o clã depois de sete anos."

SETE ANOS.

Okonkwo tornou-se um exilado, um tipo de exilado. Pois ele leva suas esposas e filhos para a vila de Mbanta, de onde veio sua mãe e para onde a levaram de volta a fim de ser enterrada. Ele é bem acolhido pelos parentes da mãe, recebe terra, auxílio para construir um *obi* e cabanas para sua família, sementes de inhame para plantar. "... mas era como começar a vida de novo... como aprender a tornar-se canhoto... sua vida tinha sido regida por uma grande paixão — tornar-se um dos senhores" do seu clã em Umuofia. "Isso fora sua fonte de vida. E ele havia quase realizado seu intento. Então, tudo fora quebrado." Para Okonkwo, pessoalmente, cumpriu-se a profecia do título de Achebe, *O mundo se despedaça*.

A segunda parte do romance é iniciada no segundo ano do exílio de Okonkwo. Dessa vez, o homem branco faz sua entrada real e ameaçadora. Uma visita de um velho amigo de Umuofia traz a notícia da destruição da vila vizinha, Abame.

> Durante a última estação de plantio, um homem branco aparecera no clã.
> "Um albino", sugeriu Okonkwo.
> "Ele não era albino. Era totalmente diferente. Montava um cavalo de ferro. As primeiras pessoas que o viram saíram correndo, mas ele continuou acenando para elas... Os anciãos consultaram seu Oráculo, e ele lhes disse que o estranho quebraria o clã e espalharia destruição entre eles... E assim eles mataram o homem branco e amarraram seu cavalo de ferro à árvore sagrada, porque ele dava a impressão de que ia sair correndo para chamar os amigos do homem. Dizia-se que outros homens brancos estavam a caminho."

Estavam certamente a caminho, vieram no dia do mercado e mataram todo mundo. Obierika, o amigo de Okonkwo, diz:

> "Escutamos histórias sobre homens brancos que criaram armas poderosas e bebidas fortes, e levaram escravos para o outro lado dos mares, mas ninguém achava que as histórias fossem verdadeiras."
> "Não há história que não seja verdade", disse outro. "O mundo não tem fim, e o que é bom entre um povo é uma abominação para outros."

Dois anos se passam mais uma vez. O homem branco, no papel de missionários, chegou tanto a Umuofia como a Mbanta. O filho de Okonkwo apareceu em Umuofia como um convertido. Obierika vem a Mbanta para contar a Okonkwo sobre isso. Ao perguntar a Nwoye "'Como está teu pai?', Nwoye diz: 'Não sei. Ele não é meu pai'". Mas Okonkwo não quer falar do filho que rejeitou sua origem por causa de Deus Pai.

Ao deixar cair essa bomba, Achebe volta atrás na história para criar a cena da chegada dos missionários, que já ocorreu. O acontecimento é sarcasticamente hilário. Quando todos se reuniram, o homem branco começou a lhes falar. Falou por meio de um intérprete que era um homem *ibo*. Muitas pessoas riam do modo como o homem branco parecia "evidentemente" usar as palavras de forma estranha. Segundo a interpretação, em vez de dizer "eu próprio", ele sempre dizia "meu traseiro". Mas era um homem de presença dominadora, e os homens do clã escutavam com atenção.

> Ele disse que era um deles... O homem branco era também irmão deles, porque eles eram todos filhos de Deus. E ele lhes contou sobre esse novo Deus, o criador de todo o mundo e de todos os homens e mulheres. Ele lhes disse que eles adoravam deuses falsos, deuses de madeira e pedra... o verdadeiro Deus vivia nas alturas, e todos os homens quando morriam passavam perante ele para ser julgados.
> "Fomos enviados por esse grande Deus para lhes pedir que abandonem suas maneiras más e seus deuses falsos, e que se voltem para Ele a fim de poder ser salvos quando morrerem."
> "Seu traseiro compreende a nossa língua", disse alguém alegremente, e a multidão riu.

Quando o missionário branco fala do Filho de Deus,

> Okonkwo, que só ficou [na reunião] pela esperança de que ela pudesse resultar em expulsar os homens ou açoitá-los, disse: "Você contou com sua própria boca que havia apenas um deus. Agora está falando sobre seu filho. Ele deve ter uma mulher".
> A multidão concordou... "Seu traseiro disse que ele tinha um filho", disse o zombador. "Assim ele deve ter uma mulher, e todos devem ter traseiros."

Mas Nwoye, naquele dia, ficara impressionado e comovido. "Era a poesia da nova religião, algo sentido no tutano dos ossos. O hino sobre irmãos que estavam na escuridão e medo parecia responder a uma questão vaga e persistente... a questão de Ikemefuna que foi morto. Ele sentia um alívio por dentro, enquanto o hino se derramava em sua alma ressecada."

Os missionários pediram terra para construir uma igreja, e os anciãos lhes deram terra — na Floresta do Mal, onde estavam enterradas as vítimas de doenças ruins, o terreno de despejo dos fetiches potentes dos grandes curandeiros quando morriam. "Eles se gabam de vencer a morte. Vamos lhes dar um verdadeiro campo de batalha em que possam mostrar sua vitória."

Os missionários começam a construir sua igreja; "os habitantes de Mbanta esperavam que todos acabassem mortos em quatro dias." Nenhum deles morreu. "E, então, se soube que o fetiche do homem branco tinha um poder inacreditável. Dizia-se que ele usava vidro sobre os olhos para poder ver e falar com os maus espíritos." Ainda assim, os missionários começam a converter as pessoas.

Nwoye mantinha em segredo sua atração pelo novo credo, por medo do pai. Mas alguém vê Nwoye entre os cristãos e espalha a notícia. Quando o menino chega em casa, Okonkwo está tomado de fúria e o agarra pelo pescoço.

> "Onde é que você estava?" [Nwoye luta para se ver livre.] "Responde!", rugiu Okonkwo, "Antes que eu o mate!" [Ele pega um pedaço de pau e dá golpes selvagens no menino.]
> "Larga este menino já!", disse uma voz no complexo externo. Era o tio de Okonkwo, Uchendu. "Você está louco?"
> Okonkwo não respondeu. Mas largou Nwoye, que se afastou e nunca retornou.

O conflito entre a religião do homem branco e a religião do povo *ibo* de Umuofia e Mbanta é personificado por Okonkwo em Nwoye, agora um cristão convertido numa escola missionária em Umuofia, de onde Okonkwo saiu para o exílio. "... o crime de seu filho avultava como dura enormidade. Abandonar os deuses do pai e andar por aí com um bando de homens efeminados a cacarejar como galinhas velhas era o fundo do poço da abominação. E se, quando ele morresse, todos os seus filhos decidissem seguir os passos de Nwoye e abandonar seus ancestrais?"

Mas sua desgraça logo vai ultrapassar a deserção de seu filho. A animosidade e os atos hostis entre os missionários cristãos e os convertidos, de um lado, e o povo de Mbanta, de outro, ameaçavam despedaçar todo o modo de vida. E "... estavam ganhando terreno histórias de que o homem branco não trouxera apenas uma religião, mas também um governo. Dizia-se que haviam construído um lugar de julgamento em Umuofia para proteger os seguidores de sua religião. Dizia-se até que haviam enforcado um homem que matou um missionário". Nessas observações e rumores dos *ibos*, Achebe apresenta de forma bem viva ao leitor como era visto, percebido, vivenciado o que acontece sob o rótulo ocidental de "colonialismo" — a maneira de conquistar por outros meios que não a própria guerra: como as pessoas visualizavam a Igreja e o Tribunal com suas próprias palavras, suas próprias ideias de ordem social. Okonkwo torna-se ativo entre os anciãos que reagem à Igreja e ao Tribunal. Por fim, toma-se a decisão de relegar ao ostracismo os cristãos convertidos: a unidade que existira em cada vila ao longo de inúmeras gerações está fraturada.

A essa altura, os sete anos de exílio de Okonkwo estão prestes a terminar. Depois da colheita da mandioca, ele anuncia sua despedida.

> "Estou oferecendo um banquete porque tenho os recursos. Não posso viver na margem de um rio e lavar as mãos com saliva. O povo de minha mãe tem sido bom para mim e devo mostrar minha gratidão." E assim três bodes foram abatidos e várias aves... Parecia uma festa de casamento. Havia bolinhos de mandioca e ensopado de inhame, sopa *egusi* (feita com sementes trituradas e folhas de vegetais) e sopa de vernônia, e caldeirões e caldeirões de vinho de palma.
> Um ancião profere um discurso. "Um homem que chama seus parentes para um banquete não o faz para salvá-los da fome. Todos têm comida em suas casas... Nós nos reunimos porque é bom que os parentes se reúnam. Vocês podem me perguntar por que estou falando assim. Digo isso porque receio pela geração mais nova, por vocês, jovens, que não compreendem como é forte o laço do parentesco. Vocês não sabem o que é falar com uma só voz. E qual é o resultado? Uma religião abominável se estabeleceu entre todos vocês. Agora um homem pode abandonar seu pai e irmãos. Pode amaldiçoar os deuses de seus pais e ancestrais, como um cão de caça que de repente enlouquece e ataca seu dono. Temo por vocês, temo pelo clã."

Okonkwo retornou do exílio.

> ... sete anos era um longo tempo para estar afastado de seu clã. O lugar de um homem nem sempre estava ali, esperando seu retorno. Assim que ele partiu, outro se levantou e preencheu o lugar vago. O clã era como um lagarto: se perdia a cauda, logo crescia outra... Ele sabia que havia perdido a chance de liderar seu clã guerreiro contra a nova religião, que lhe diziam ter ganhado terreno. Ele perdera os anos em que poderia ter conquistado os títulos mais elevados no clã.

> Mas algumas dessas perdas não eram irreparáveis. Ele retornaria com um floreio e reconquistaria os sete anos perdidos... a primeira coisa que faria seria reconstruir seu complexo numa escala mais magnífica.

Se Nwoye é um traidor cuja existência já não é reconhecida pelo seu pai, esse pai mostraria sua riqueza iniciando seus cinco outros filhos na sociedade *ozo*. "Somente os homens verdadeiramente grandes do clã eram capazes de tal façanha. Okonkwo percebia com clareza a alta estima em que seria considerado, e via-se conquistando o título mais elevado da terra." Entre seus filhos e filhas, Ezinma ainda é a favorita, e ele continua a desejar que ela fosse um menino; como compensação pelo que o forte caráter de Ezinma poderia ter realizado como seu filho, ele conjetura que a beleza e a personalidade da menina vão atrair um genro que haveria de ser um "homem de autoridade dentro do clã".

Retornando a seu clã e sua vila, Okonkwo parece ter deixado para trás, junto com os anos do exílio, o aviso temível do ancião. A visão de Okonkwo é a de restabelecer-se dentro da sociedade tradicional que, na realidade, mudou irreparavelmente — a cauda que o lagarto desenvolveu não é a mesma do velho corpo que tornou a se recompor. Muitos homens e mulheres em Umuofia percebem que "o homem branco trouxe realmente uma religião lunática, mas ele também construiu um armazém comercial, e pela primeira vez o vinho de palma e as sementes se tornaram artigos de grande valor, e muito dinheiro fluiu em Umuofia". Eles entraram no mundo da produção não só para seu próprio consumo, mas para a venda e o lucro. "... E até na questão da religião crescia o sentimento de que havia nela alguma coisa afinal, algo vagamente semelhante a um método na loucura esmagadora."

O missionário branco do momento, o sr. Brown, não era excessivamente zeloso na sua tarefa de conversão ao cristianismo; era um pacificador "que passou a ser respeitado até pelo clã, porque pisava suave no credo da região. Tornou-se amigo de alguns dos grandes homens do clã, e numa de suas frequentes visitas às vilas vizinhas recebera de presente uma presa de elefante esculpida, que era um sinal de dignidade e prestígio". E o número de convertidos à Igreja crescia constantemente. Um dos grandes homens mandara um filho "aprender o conhecimento do homem branco na escola do sr. Brown".

Aprender a ler e escrever era uma realização, ainda que não estivesse no mesmo alto nível da tornozeleira dos títulos do clã. "... não se passou muito tempo para as pessoas começarem a dizer que o remédio do homem branco era rápido para funcionar."

A escola do sr. Brown produzia resultados. Alguns meses de estudo bastavam para formar um mensageiro jurídico letrado ou até um escrivão. Alguns habitantes de Umuofia tornaram-se professores ou pastores, quando novas escolas e igrejas foram construídas pelos britânicos. O estabelecimento da ocupação colonial providenciou essas oportunidades. Mas... "Desde seus primórdios a religião e a educação andavam de mãos dadas." Se você queria uma, tinha de estar nas garras da outra. A integridade de Achebe como escritor em busca da verdade e sua honestidade como homem reconhecem que o progresso era real — nas formas do conhecimento essencial para o mundo moderno ao qual a África logo passaria inevitavelmente a pertencer, acarretando ganhos ou perdas dolorosas para suas próprias formas de conhecimento e sabedoria.

Achebe tem o dom do dramaturgo para transformar uma conversação entre pessoas de credos e ideias diferentes num emocionante bate-bola. No capítulo 21, o missionário, o sr. Brown, e o ancião, Akunna, têm um brilhante diálogo sobre suas diferentes crenças religiosas. Nenhum dos dois consegue converter o outro, claro, mas aprendem mais sobre suas crenças diversas; nós também, e sobre a necessidade humana aparentemente comum de ter uma explicação e orientação divinas para a existência sobre a terra.

Akunna diz:

> "Você diz que existe um Deus supremo que criou o céu e a terra. Nós também acreditamos Nele e O chamamos Chukwu. Ele criou todo o mundo e os outros deuses."
> "Não há outros deuses", disse o sr. Brown. "Chukwu é o único Deus e todos os outros são falsos. Você entalha um pedaço de madeira... e o chama deus. Mas ainda é um pedaço de madeira."
> "A árvore da qual ele veio foi criada por Chukwu, assim como todos os outros deuses menores. Mas Ele os criou como Seus mensageiros para que pudéssemos nos aproximar Dele por seu intermédio. É como você. Você é o chefe da sua igreja."
> [Sr. Brown:] "Não. O chefe da minha Igreja é o próprio Deus."
> [Akunna:] "Sei, mas deve haver um chefe neste mundo entre os homens."
> [Sr. Brown:] "O chefe da minha Igreja nesse sentido está na Inglaterra."

> "É exatamente o que estou dizendo. O chefe da sua Igreja está no seu país. Ele o enviou aqui como seu mensageiro..."

E, então, a política entra na disputa verbal.

> "Ou deixe-me dar outro exemplo, o comissário do distrito... Sua rainha [a rainha Vitória] envia seu mensageiro, o comissário do distrito. Ele descobre que não pode fazer o trabalho sozinho e por isso nomeia *kotma* [assistentes] para ajudá-lo. Dá-se o mesmo com Deus ou Chukwu. Ele nomeia os deuses menores para ajudá-lo, porque seu trabalho é grande demais para uma pessoa."
> [Sr. Brown:] "Você não deveria pensar Nele como uma pessoa. Por pensar desse modo é que imagina que ele deve precisar de ajudantes. E o pior é que assim você presta todo o culto aos deuses falsos que criou."
> "Não é assim... quando seus servos não conseguem nos ajudar, procuramos a última fonte de esperança. Parecemos dar mais atenção aos deuses pequenos, mas não é assim. Nós os incomodamos porque temos medo de incomodar seu Senhor."
> ... "Você falou uma coisa interessante", disse o sr. Brown. "Você tem medo de Chukwu. Na minha religião, Chukwu é um Pai amoroso que não precisa ser temido por aqueles que cumprem Sua vontade."
> "Mas devemos temê-lo quando não estamos cumprindo sua vontade", disse Akunna. "E quem sabe dizer qual é a sua vontade? Ela é grande demais para ser conhecida."

O retorno de Okonkwo à sua terra veio a ser "menos memorável do que havia desejado... Umuofia não parecia ter prestado nenhuma atenção especial à volta do guerreiro. O clã passara por uma mudança tão profunda durante seu exílio que mal se podia reconhecê-lo. A nova religião, o governo e os armazéns comerciais estavam muito presentes nos olhos e nas mentes do povo...". Agora ele também "chorava pelo clã que via ser quebrado e despedaçado".

A sensação de pressentimento que Achebe cria para o leitor assume a forma de uma nova sublevação na pessoa do sucessor do sr. Brown. O reverendo Smith "via as coisas como preto e branco. E preto era o mal. Ele via o mundo como um campo de batalha em que os filhos da luz estavam entrelaçados num conflito mortal com os filhos da escuridão".

Havia um ditado em Umuofia de que "assim como um homem dançava, assim se batiam os tambores para ele. O sr. Smith dançava num ritmo furioso, e dessa forma os tambores enlouqueciam. Os convertidos fanáticos... então floresceram em condições plenamente favoráveis". Isso culmina na colisão desastrosa entre a Igreja e o clã que vinha se reunindo desde a partida do sr. Brown. Um dos crimes mais hediondos contra o clã era o sacrilégio de desmascarar um *egwugwu* — lembram-se da mascarada dos espíritos encarnados dos ancestrais? Agora, durante as cerimônias da mascarada, foi exatamente esse sacrilégio que um converso cristão, Enoch, ousou cometer. Um espírito ancestral foi profanado pelo ato, e toda a vila de Umuofia é lançada numa violenta confusão. O reverendo Smith e os membros de seu rebanho decidem proteger seu colega cristão, o violador, escondendo-o da fúria do bando de *egwugwu* e do povo. Smith se coloca diante da turba e se recusa a entregar Enoch. Há uma terrível tensão, pois parece que Smith vai ser morto. Mas o chefe dos ancestrais, Ajofia, faz uma intervenção dramática.

> "Corpo do homem branco, eu te saúdo", disse usando a linguagem com que os imortais falavam com os homens... "Diga ao homem branco que não lhe faremos nenhum mal", disse ao intérprete. "Diga-lhe que volte para sua casa e nos deixe em paz... Mas este santuário deve ser destruído..."
> ... Ele retornou a seus camaradas, "Pais de Umuofia, eu vos saúdo", e eles responderam numa única voz gutural.
> Virou-se de novo para o missionário. "Você pode ficar conosco, se aprecia nossas maneiras. Pode cultuar seu próprio deus. É bom que um homem cultue os deuses e os espíritos de seus pais."

A igreja é incendiada.

Por alguns dias a fúria do povo é acalmada, embora todos andem armados com um facão ou um rifle em caso de ataque por cristãos fanáticos. Então, o comissário do distrito manda chamar os líderes de Umuofia a seu quartel-general, para ter com eles o que ele chama uma "conferência". Okonkwo é um dos seis, avisando aos outros que estejam bem armados. "'Um homem de Umuofia não recusa um chamado', disse ele. [Entretanto:] 'Ele pode recusar fazer o que lhe pedem...'."

O comissário do distrito quer escutar o relato dos anciãos sobre o que aconteceu na mascarada. Os seus modos e a atmosfera são calmamente oficiais, expressos no estilo terso e sereno que Achebe emprega nesse ponto. O líder dos seis está prestes a falar quando o comissário do distrito diz: "Espere um minuto, quero trazer para cá os meus homens, para que eles também possam escutar suas queixas e ficar de sobreaviso". Como Okonkwo e seus companheiros, o leitor não está preparado: "Aconteceu tão rapidamente que os seis homens nem perceberam. Houve apenas uma breve luta, breve demais até para desembainhar o facão. Os seis homens foram algemados e levados para a cela da delegacia".

O comissário do distrito:

> "Não lhes faremos nenhum mal, se concordarem em cooperar conosco. Trazemos uma administração pacífica a vocês e a seu povo, para que possam ser felizes. Se qualquer homem os maltratar, vamos socorrê-los. Mas não permitiremos que vocês maltratem os outros. Temos uma corte de justiça onde julgamos os casos e administramos a justiça, assim como é feito no meu país sob o governo de uma grande rainha. Eu os trouxe aqui porque vocês se juntaram para molestar outros, para queimar as casas das pessoas e seus lugares de culto... Decidi que vocês vão pagar uma multa de duzentos cauris."

Presos, depois de três dias de fome e intimidações por parte dos carcereiros, os seis começam a falar em aceitar a multa em troca de sua libertação.

> "Devíamos ter matado o homem branco, se tivessem me dado ouvidos", rosnou Okonkwo.
> "Estaríamos agora em Umuru esperando para ser enforcados" [alguém lhe disse.]
> "Quem quer matar o homem branco?", perguntou um mensageiro que acabara de entrar correndo. "Não satisfeitos com seu crime, ainda por cima querem matar o homem branco." Ele carregava uma vara forte e deu alguns golpes em cada homem sobre a cabeça e nas costas. Okonkwo estava engasgado de ódio.

Os habitantes da vila arrecadam 250 cauris, só para se assegurarem de que vão apaziguar o homem branco, sem saber que os mensageiros vão embolsar os cinquenta extras — um dos apartes irônicos de Achebe sobre os primórdios da corrupção. Okonkwo retorna a seu *obi,* onde Ezinma aparece com uma comida preparada para ele, mas ele não consegue comer. Ezinma e os amigos que ali se reuniram veem onde o chicote do carcereiro cortou a carne de Okonkwo.

Durante a noite, o gongo do pregoeiro da vila anuncia uma reunião a ser realizada no dia seguinte. "Todo mundo sabia que Umuofia ia finalmente dizer o que pensava sobre as coisas que estavam acontecendo."

Encontramos Okonkwo insone num estranho estado de espírito: "... ele havia baixado a sua vestimenta de guerra, em que não pusera as mãos desde seu retorno do exílio. Sacudira seu saiote de ráfia enegrecida e examinara seu alto cocar de penas. A amargura em seu coração estava agora misturada a uma espécie de excitação infantil".

Deita-se na sua cama de bambu e pensa sobre o tratamento que recebeu na corte de justiça do homem branco. "Se Umuofia decidisse pela guerra, tudo estaria bem. Mas, se optassem por ser covardes, ele se vingaria."

Quando Okonkwo e seu companheiro mais velho, Obierika, chegam ao lugar da reunião, já havia tantas pessoas ali que — uma das imagens singularmente originais de Achebe — "se alguém atirasse para o alto um grão de areia, ele não encontraria seu caminho de volta à terra". Okonkwo não confia no homem Eginwanne que deve se dirigir à multidão. Obierika pergunta:

> "Você tem medo de que ele nos convenceria a não lutar?"
> "Medo? Não me importo com o efeito que ele tem sobre *vocês*. Eu o desprezo e àqueles que o escutam. Vou lutar sozinho, se eu decidir."
> "Mas como você sabe que ele vai falar contra a guerra?"
> "Porque sei que é um covarde."

Mas antes que o homem possa começar a falar, Okika, "um grande homem e um grande orador", levanta-se de um salto e saúda os membros de seu clã.

> "Sempre que vemos um sapo pulando na clara luz do sol, sabemos que algo quer acabar com sua vida... Quando vi vocês todos chegando aos borbotões para a reunião, vindos de todos os cantos do clã, tão cedo de manhã, sabia que algo queria acabar com as vidas de vocês... Esta é uma grande reunião. Nenhum outro clã pode se vangloriar de ter mais homens de maior bravura. Mas estamos todos aqui? Eu lhes pergunto: todos os filhos de Umuofia estão conosco aqui?... Não estão. Saíram do clã e partiram pelos seus vários caminhos... nossos irmãos desertaram e juntaram-se a um estranho para macular nossa terra natal. Se combateremos o estranho, vamos atingir nossos irmãos. Nossos pais jamais sonharam com uma coisa dessas, nunca mataram seus irmãos. Mas o homem branco nunca se aproximou deles. Assim, devemos fazer o que nossos pais nunca teriam feito. Perguntaram ao pássaro Eneke por que estava sempre voando, e ele respondeu: 'Os homens aprenderam a atirar sem errar o alvo e eu aprendi a voar sem me empoleirar num galho'. Temos de extirpar este mal. E se nossos irmãos aderem ao lado do mal, também devemos extirpá-los. E devemos fazer isso *agora*."

O clímax trágico dessa criação incomparável de uma sociedade num tempo e lugar de inescapável, irrevogável sublevação e mudança fecha o círculo onde começou: com o homem cuja vida a encarna — Okonkwo. Mas não cabe a mim, cabe ao próprio Chinua Achebe lhes contar, e cabe a vocês ler as últimas páginas espantosamente inesperadas dessa história, as consequências imprevistas, decididas pelo próprio Okonkwo, dos meios violentos a que recorreu sob as pressões daquele tempo e lugar, a velha África e o impacto do domínio colonial, com sua própria personalidade tempestuosa plenamente revelada pelo romancista. E há um pós-escrito surpresa ao final dramático de sua história. De repente, uma reviravolta no ponto de vista a partir do qual essa história foi contada. Agora os eventos trágicos são vistos pelos olhos, e percebidos nas palavras, do comissário do distrito, e não pelos indivíduos de Umuofia com quem já nos familiarizamos. E não vou revelar a mudança final na última frase, desafiando o leitor a rir e, ao mesmo tempo, a fazer uma careta de aversão diante da mentalidade branca colonial.

O mundo se despedaça é uma obra que encanta e choca, despertando muitas perguntas. Chinua Achebe glorifica o passado? Nessa obra em que a imaginação transforma a história em poesia — imagens líricas, falas coloquiais, anedotas, sofrimento, celebrações, humor, o *caráter extraordinário* que um grande escritor descobre na vida comum —, ele não faz esses julgamentos de alcance geral. Ele não nega a inevitabilidade da mudança, apenas analisa seus processos cruéis com um olhar constante e profundamente humano.

No segundo romance de Chinua Achebe, aparece Nwoye, o filho de Okonkwo convertido ao cristianismo, *Não mais à vontade* (*No longer at ease* — o título do livro) e continua a epopeia de lidar com a mudança iniciada em *O mundo se despedaça*. Mais tarde, com a brilhante sátira *A man of the people*, Achebe retoma a história quando a mudança já está estabelecida, quatro anos após a independência da Nigéria, com sua inigualável coragem pessoal e intelectual desmascarando, nas palavras do narrador, Odili Samalu, "com profunda consternação o modo como nossa liberdade tão duramente conquistada estava sendo usada por políticos corruptos e medíocres". Uma consternação que chega ao fundo do poço numa das frases finais mais devastadoras de um livro já escrito: as palavras de Odili, "Digo, você teve uma boa morte se a sua vida inspirou alguém a se oferecer para matar seu assassino com um tiro no peito — sem pedir pagamento em troca".

2002

Joseph Conrad e *Almayer's Folly*

O que esperamos encontrar retornando ao primeiro romance de um escritor depois de anos de leitura que seus outros romances o encobriram? Deixaram-no muito para trás?

O mais amplamente lido dos romances de Joseph Conrad é *Coração das trevas*, cujo título tornou-se idiomaticamente uma metáfora para o mal da humanidade em oprimir uns aos outros. Quando o colonialismo na sua forma peculiarmente histórica — conquista militar, religiosa, comercial — começou a chegar perto de seu fim, a partir de meados do século XX, a recordação do narrador de Conrad sobre o que encontrou num posto mercantil no alto rio Congo no final do século XIX passou a resumir, para muitos leitores e críticos literários, *o* documento do fenômeno do colonialismo. Para alguns, é a melhor prova do gênio de Conrad, revelando com paixão e ironia que o coração das trevas está dentro dos exploradores brancos de outros povos, e não nos congoleses da selva cujas mãos eram amputadas pela companhia filantrópica do rei belga Leopoldo, se não produzissem a cota requerida de borracha extraída das árvores. Para outros, inclusive o grande escritor africano Chinua Achebe, o romance é colonialismo literário, apresentando os africanos como selvagens com os quais qualquer contato resulta em degradação para os brancos. A visão de Conrad em seus romances se fixa no mundo fora da Europa: "O crítico... parece pensar que nessas terras distantes toda a alegria é um grito e uma dança de guerra, todo o *páthos* é um uivo e um arreganhar medonho de dentes afiados, e que a solução de todos os problemas está no cano de um revólver ou na ponta de um *assegai*.[13] No entanto, não é assim... Há um laço entre nós e essa humanidade tão distante".[14]

Os outros grandes romances de Conrad são *Nostromo* (1904), *O agente secreto* (1907) e *Sob os olhos do Ocidente* (1911), a ser lidos não só pelo talento arrebatador de Conrad para narrar uma história e evocar paisagens terrestres e aquáticas, mas pela relevância espantosa de seus temas para nosso passado recente e nossas presentes preocupações internacionais. O agente secreto não será apenas encontrado na Londres de Conrad pouco antes da Revolução Russa; para nós, o modo como o agente opera corresponde à presença conhecida, mas invisível, de outros agentes secretos de causas contemporâneas. Sob os olhos ocidentais há atualmente a esteira deixada pelo comunismo soviético, cujos primórdios desesperadamente dramáticos e uma psicologia humana individual complexa entre as forças da crença e da traição são o tema de Conrad em São Petersburgo. Nostromo, imigrante italiano contratado de forma nebulosa pela imensa companhia mineradora de prata de propriedade europeia que controla todo aspecto da vida da população nativa de um país sul-americano, é utilizado como intermediário entre essa empresa e as revoluções frustradas em que um grupo de políticos nativos corruptos é derrubado e substituído por outro; um tema do ato de três pontas entre o capitalismo, a pobreza do subdesenvolvimento e a corrupção local, visto todo dia em nossa televisão do milênio.

Tanta presciência, tanto gênio para compreender o conceito de progresso e seus ganhos perigosos, o mercado moral da ação e sentimento humanos que agora postulamos como globalização.

Os temas que Conrad passaria a vida explorando em busca daquele significado fundamental que o escritor individual espera alcançar já estão presentes em seu primeiro emprego da imaginação sobre o que foi observado e/ou experimentado? Os seus três grandes temas foram o mar e seus rios

[13] Lança pequena usada no Sul da África. (N. T.)
[14] Nota do autor para *Almayer's Folly*.

afluentes, o colonialismo e a revolução. Em algumas de suas obras, todos os três estão combinados. Marinheiro desde os dezessete anos, Conrad conhecia bem a costa e os rios do Arquipélago Malaio, e seu primeiro romance, *Almayer's Folly*, é construído nesse local que recebe o nome de Sambir, às margens do rio Pantai. O colonialismo e o mar estão ali indissoluvelmente ligados, pois o mar soberba e cosmicamente indiferente é o meio pelo qual sucede a aventura comercial-colonialista, o "mundo como vontade de poder" de Nietzsche.[15] A ação revolucionária como tal não é o tema, mas na rivalidade dos rajás nativos cooptados por este ou aquele lado dos holandeses, ingleses e árabes que procuram obter o controle da região ela é — para o leitor pós-colonial — prenunciada.

Almayer's Folly é também uma história de racismo (que Conrad sondaria mais fundo em *Coração das trevas*, *Nostromo* e em outras obras) na expressão última, íntima de um colonialismo que afeta as relações individuais — um "também" que cresce numa narrativa complexa de outros interesses com uma habilidade tão insidiosa que o clímax de sua predominância explícita surpreende como um choque. Eis aí!, diz Conrad.

O capitão Lingard, conhecido na costa como "Rei do Mar", conduz navios de suprimentos para "O Patrão", o comerciante Hudig, cujos armazéns ficam abarrotados com "caixas de gim e fardos de mercadorias de Manchester", para as quais se criou uma demanda entre os malaios locais. Lingard é lendário por ter "descoberto" (os colonialistas estavam sempre "descobrindo" características que os povos indígenas conheciam desde tempos antigos) um rio, uma via de comércio lucrativo cuja localização ele guarda em segredo. Ele se agradou do jovem holandês de fala inglesa, Kaspar Almayer, que é um escriturário no armazém de Hudig. Almayer começa sua associação com Lingard trabalhando de escrevente para o capitão em viagens para cima e para baixo do arquipélago. Lingard tem uma filha adotiva, uma moça malaia arrancada de um barco numa de suas pilhagens contra piratas; ele exige que

[15] "O mundo é vontade de poder — e nada mais além disso." Nietzsche, *Will to power*, traduzido por Walter Kaufmann, Random House, Nova York, 1967, p. 550. Citado por Edward W. Said, "Conrad and Nietzsche", na sua coletânea *Reflections on exile and other essays*, Harvard University Press, Cambridge, 2000, p. 75.

Almayer se case com ela. "E não proteste porque você é branco. Nada disso comigo! Ninguém verá a cor da pele de sua esposa. Os dólares são abundantes demais para isso... E preste atenção, eles serão ainda mais abundantes quando eu morrer. Serão milhões, Kaspar! E tudo para ela — e para você, se fizer o que é mandado."

O aceno dos dólares se faz abundante demais para escrúpulos. Almayer se casa com a moça, recebe uma casa modesta e estabelece-se para dirigir o posto comercial de Lingard em Sambir.

É um casamento sem amor com uma mulher cuja cor e diferenças culturais nunca são superadas. A relação dela com Almayer é a de uma bruxa, avarenta e distante, sabendo-se desprezada. Mas ela lhe dá uma filha, Nina. O desejo de riqueza em Almayer (ele construiu uma casa pretensiosa, símbolo de uma riqueza ainda não alcançada, conhecida no arquipélago como a "Loucura de Almayer", em que ele não mora) se junta à paixão de seu amor por essa menina. Na primeira página do romance, os pensamentos de um Almayer envelhecido estão

> ... ocupados com o ouro; ouro que ele ainda não conseguira garantir... Concentrou-se em seu sonho de riqueza e poder longe desta costa... esquecendo a amargura do trabalho duro e da luta na antevisão de uma grande e esplêndida recompensa. Eles morariam na Europa, ele e sua filha. Seriam ricos e respeitados. Ninguém pensaria no sangue mestiço diante da grande beleza da menina e da imensa riqueza do pai.

Nina foi enviada a Cingapura para ser educada como uma dama inglesa e retornou como jovem mulher, tendo sido rejeitada pela senhora aos cuidados de quem se encontrava porque sua beleza desviava a atenção dos possíveis pretendentes das filhas da casa. Em Sambir, ela vive de uma forma estranhamente impassível, distante da mãe apesar de sua cota de sangue malaio, isolada na adoração que lhe dedica o pai. A realização do sonho de Almayer a respeito do futuro da filha depende da sua convicção de que há uma montanha de depósitos de ouro, Gunong Mas, para a qual ele planejou uma expedição exploratória secreta com Dain, um dos filhos do rajá de Bali. Lakamba, o rajá local em Sambir, está também envolvido na aventura por uma cota do ouro, enquanto Lingard, que a descobriu, partiu rumo à Europa para arrecadar capital para o empreendimento e não se tem notícia dele há anos. Sem que Almayer saiba, Dain e Nina se sentem atraídos um pelo outro.

Todas essas intensas preocupações pessoais estão acontecendo dentro de um cenário de mudanças históricas e políticas no arquipélago. O comércio de Almayer foi assumido pelos árabes, seu armazém está vazio, falido. Os holandeses, os britânicos, os árabes e o rajá, as tribos *dyak* do alto rio — todos estão enredados em rivalidades territoriais e comerciais, que inevitavelmente acabaram incluindo pólvora contrabandeada. Dain, em nome de seu pai, o rajá independente de Bali, em conflito com os holandeses, foi o primeiro a vir a Sambir para comprá-la; Almayer foi persuadido a obter a pólvora, com o conluio de Lakamba, sob a condição, imposta por Almayer, de que Dain o ajudaria no seu empreendimento em Gunong Mas. O amigo de Almayer, o capitão Ford, compraria a pólvora em Cingapura e passaria a mercadoria de seu navio para um brigue, no qual Dain a traria para seu pai. Mas um navio holandês avista o brigue, e, quando Dain o leva até a praia rodeada de recifes, os holandeses o seguem em seus barcos, matando a tripulação de Dain e perdendo dois de seus homens na luta resultante. Acredita-se em Sambir que Dain está entre os mortos.

A reação de Nina à notícia é misteriosa para o leitor; Conrad é mestre em criar tensão ao não revelar os motivos para as reações. Aturdida ou impassível, ao que parece, ela traz calmamente um copo de gim para seu pai. "Agora está tudo terminado, Nina." Almayer nunca terá o ouro de Gunong Mas para levá-la embora a "uma civilização... uma nova vida... tua grande fortuna... tua felicidade".

Mas Dain está vivo; Nina, pelo grande amor, e sua mãe, pela cobiça (ela recebeu de Dain o preço da noiva em dólares e cuida para que sejam realizadas suas ambições particulares em relação à filha que deverá se tornar esposa de um futuro rajá), reanimam Dain quando ele se arrasta até o complexo Almayer à noite. Elas o ajudam a puxar o corpo de um dos afogados para a margem do rio, e a mãe o desfigura a ponto de se tornar irreconhecível, e depois enfia à força um anel e uma tornozeleira de Dain num dedo e numa das pernas do morto. Dain é escondido num assentamento vizinho. Ali uma vendedora de bolos, Taminah, que é apaixonada por Dain, embora ele nunca tenha reconhecido sua existência, descobre que ele não é o homem morto e que sua vida está em perigo. Ela sabe que os homens brancos — os holandeses — sairão à sua procura; ela podia lhes contar tudo. "Eles queriam matá-lo?... não, ela não diria nada... ela iria procurá-lo e lhe venderia vida segura por um sorriso, até por um gesto... seria sua escrava em países distantes", longe do ódio ciumento que nutre por Nina.

Um grupo de oficiais holandeses chega ao complexo de Almayer. Eles acreditam que Almayer sabe onde está Dain.

> "E ele matou homens brancos!" [Nina diz.]
> "Sim, dois homens brancos perderam a vida pelo capricho desse patife."
> "... E quando pegarem esse patife, vocês vão embora...? Nesse caso, eu o pegaria para vocês, nem que tivesse de procurá-lo numa fogueira ardente... Odeio a visão de suas faces brancas... Eu esperava viver neste lugar sem ver nenhuma outra face branca a não ser esta aqui."

Ela passa a mão na bochecha do pai. Os holandeses são levados por um Almayer bêbado e amargurado até o cadáver que foi introduzido no pátio. "Este é Dain."

Com a conivência de Babalatchi, intermediário entre Lakamba, Nina e sua mãe, arquitetam-se planos para a fuga de Dain. E nesse ponto este primeiro romance, como um vendaval crescente armando uma tempestade, eleva os poderes de Conrad como escritor para prever — na minha opinião, ultrapassar — o que ele realizará em obras futuras. Pois há uma discrição quase pudica, um desviar de olhos de qualquer descrição de amor sexual na tendência de Conrad a escarnecer, quanto ao resto, das convenções na literatura do século XIX. O amor do pai pela filha, da mãe pelo filho, da irmã pelo irmão, é geralmente sua representação mais explícita da emoção humana. Mas esta obra constitui uma exceção. No encontro entre Nina e Dain no lugar em que ele estava escondido, as respostas loucas do corpo às tensões e ao perigo — a *insensatez*, em termos do outro tipo de amor, o sonho de Almayer sobre a realização da filha — são verdadeiramente eróticas. O poder dessas respostas se choca com o desespero gigantesco de Almayer transformado em Lear; todo súplicas e reprimendas violentas, não tendo conseguido que Nina ficasse com ele, Almayer lança seu sofrimento desesperado como uma maldição: "Nunca a perdoarei, Nina, e amanhã a esquecerei".

O amor de Nina por Dain é uma traição ao amor do pai; a traição é cada vez mais um tema das situações profundamente perscrutadas por Conrad entre os imperativos políticos e as vidas pessoais, bem como nas relações entre os homens e as mulheres. (É fascinante prever, nesse ponto, o futuro apogeu desse tema em *Sob os olhos do Ocidente*.)

Se escritores menores se contentam em ter atingido com relativo desempenho uma finalidade, Conrad, mesmo nesse primeiro romance, não se dá por satisfeito, embora a imagem do velho Almayer de joelhos, apagando as pegadas da filha na areia em que ela saiu caminhando para o barco com seu amor eleito, seja uma daquelas que deixam sua impressão na mente por muito tempo depois que se fecha o livro. Almayer queima o passado; incendeia e põe abaixo a bela casa conhecida como Loucura de Almayer, e morre fumando ópio apenas na companhia de um velho chinês. Pouco antes de sua morte, ele disse mais para si mesmo que para a visita rara do capitão Ford: "Não consigo esquecer".

A maldição foi lançada sobre si mesmo, bem como sobre sua filha. É agravada, no seu simbolismo da solidão abandonada de Almayer, pela própria situação de alienação do colonizador. Assim, para Conrad, não há finalidade no caminho que as vidas humanas *poderiam ter trilhado*, e ele passará o resto de sua vida de escritor numa busca inquietantemente brilhante das possibilidades dessas vidas, o *realizado* tornando-se o *não realizado*, a ser perseguido em outro e ainda mais outro trabalho da imaginação sobre a realidade elusiva. As estruturas que ele desenvolveu para esse fim começaram com seu primeiro romance, quando passou então e daí por diante a quebrar a narrativa linear. A história de Almayer não é contada sequencialmente, avança como se move nossa consciência humana, quando o que aconteceu no passado interrompe de forma inconsútil o presente, e o que vai acontecer ocorre de forma presciente entre esses dois tempos. Ele exige que o leitor o siga na interação fragmentária dessa consciência: um prazer revigorante que só os grandes escritores podem oferecer. Escritor do século XIX que morreu no início do século XX, a obra de Conrad pulou o obstáculo do modernismo e praticou a liberdade pós-moderna que entraria na teoria literária muito tempo depois de sua morte.

A escrita de Conrad é um questionamento de vida inteira: até o título desse livro propõe uma questão. Qual era a "Loucura de Almayer"? A casa pretensiosa em que nunca viveu, sua obsessão pelo ouro, seu amor obsessivo pela filha, cujos cogenitores, a raça da mulher malaia, ele desprezava? Todos os três? Como que para responder a algumas dessas perguntas, Conrad fez outra coisa altamente original, ainda que de sucesso dúbio como exemplo de sua obra. Um ano depois da publicação de *Almayer's Folly*, em 1895, ele produziu — como o chamarei? — um romance-prólogo para a obra, *An outcast of the islands*, em que Almayer e sua filha então pequena são também os personagens centrais. Mas não aconselho a ler Conrad da maneira como ele obviamente não queria ser lido; não comecem com *An outcast of the islands*; abram as primeiras páginas da magnífica criação literária de Conrad pela leitura de *Almayer's Folly*.

2002

Uma Coincidência de Vontades?

Chega um tempo numa vida de leitura em que percebemos que ali, nas estantes, estão livros que talvez nunca serão relidos. Livros que no passado mudaram nosso sentido de ser. Que abriram nossos olhos, nossa compreensão das emoções humanas, o contexto de nossa consciência no mundo.

Propondo a literatura da imaginação como uma verdade fora do alcance da história, tenho dito frequentemente: "Se quiserem saber sobre a famosa retirada de Moscou executada por Napoleão, vocês precisam ler *Guerra e paz*, não um livro de história".

Agora diante de mim está o exemplar arranhado de um só volume de *Guerra e paz*. Quando foi que o li pela última vez e quando vou relê-lo — algum dia?

Bem, agora o reli. E compreendo que assim como descobrimos novo significado em situações que voltam a surgir em nossa vida no contexto de costumes sociais e políticos em transformação, toda vez que relemos uma grande obra descobrimos algo que não tínhamos percebido, porque nós e um período anterior não estávamos preparados para tal: uma mensagem oculta para o presente em questão.

O conde Lev Nikoláievich Tolstói nasceu em 1828 e o romance foi publicado em 1864. O período que a obra abrange é o das guerras napoleônicas na Rússia de 1805 a 1812. Contém a crônica de eventos que aconteceram antes do nascimento do autor. Ele não estava escrevendo sobre seu próprio tempo, e eu não estou lendo sobre meu próprio tempo. O que o autor e eu temos em comum é que estamos iluminando, cada um, o seu próprio tempo, com sugestões para o presente que existiam no passado. Para ele, uma distância de aproximadamente 52 anos; para mim, em 2003, 191 anos.

A grandiosidade da história passa dos salões da sociedade ao redor do czar Alexander I, com as intrigas de amor, seu concomitante poder de barganha em dinheiro e damas nobres, para os campos de batalha onde nada disso conta no meio da neve, dor, fome e morte. Os temas avançam simultaneamente, com personagens fictícios misturados com históricos, fofocas inventadas com despachos militares reais. Tolstói era um pós-modernista havia quase dois séculos; sua ficção apropriava-se brilhantemente de qualquer coisa que lhe fosse necessária: a própria vida é incongruência.

Entre os personagens que emergem dos salões, Pierre Bezukhov é o mais extraordinariamente vivo para mim. Ele é rico, um conde ainda que somente pela relação amorosa de um nobre com uma amante; educado no exterior, não tem carreira específica. Ele próprio realiza uma união desigual, apaixonando-se e casando com a *femme fatale*, Helen. A escolha do nome é um toque do humor amargo de Tolstói. Ela é infiel, e começa ali o que estava latente no caráter de Pierre, a vida examinada como uma busca de significado existencial. Ele experimenta a maçonaria (nos anos 1960, ele estaria descalço cantando Hare Krishna na rua), tenta boas ações entre os camponeses escravos, sua desilusão com o materialismo prevê os descontentamentos dos endinheirados engolindo ecstasy em nosso milênio de grandes riquezas e maior pobreza. Para Pierre, a guerra contra a invasão da Rússia por Napoleão foi sua salvação. Primeiro prisioneiro de guerra de Napoleão, depois maltrapilho e faminto nas ruínas de Moscou, ele descobre entre seus colegas de desgraça que a vontade de viver é a própria alegria da vida.

Mas não é a compreensão ousada e sutil dos conflitos pessoais que torna contemporâneo esse romance de 139 anos. É sua espantosa presciência da natureza da violência sem fim, a confusão e a desesperança de seu uso persistente para resolver problemas humanos entre povos e nações, multiplicando-os com o passar dos séculos.

Tolstói questiona que a causa de eventos catastróficos seja atribuída a um único indivíduo simbólico. Um Napoleão, um Hitler — agora, para nós, um Bin Laden, um Saddam Hussein. "À pergunta sobre qual é a causa real dos eventos históricos... o curso deste mundo depende da coincidência das vontades de todos aqueles que estão envolvidos nas questões..." O mundo, em 1812, era aquele que seus povos produziram, e não Napoleão ou Alexander I, assim como o nosso é o que nós produzimos ou estamos produzindo. O caráter vazio das vitórias alcançadas pela violência está presente quando Napoleão se retira de Moscou e os camponeses russos chegam do campo para saquear na cidade seu próprio povo; está presente quando vemos o mesmo colapso moral desesperado no Congo, na Costa do Marfim, em Kosovo, no Burundi, todo mês em um novo lugar. No dia em que 80 mil homens, russos e franceses, foram mortos em Borodino, "Napoleão não deu nenhum tiro, nem matou ninguém". Não se trata do velho fato de que os líderes se mantêm em segurança, enquanto enviam todo mundo para matar ou ser morto. Tolstói sugere — além do tempo e das circunstâncias mutáveis, os tempos dos impérios transformados em nosso tempo da globalização — que, como indivíduos, somos responsáveis pelo nosso mundo, o qual cria políticos e líderes messiânicos e simbólicos, conduzindo-nos ao caos e vaticinando nossa própria corrupção.

Reler o livro de Tolstói é perceber que vivemos não como um admirável novo milênio e muito menos como um epílogo revelado nesse livro sobre o insensato, persistente sofrimento e desmoralização da violência como condição inumana.

2003

Testemunho — Passado ou Presente?

Como todos os testemunhos de atos humanos que nos chegam de segunda mão, as reações dos visitantes a museus dedicados aos horrores perpetrados no passado diferem.

O Museu do Holocausto em Washington, nos Estados Unidos, foi inaugurado em 1993. O Museu do Apartheid, em Johannesburgo, em 2001. O Museu Judaico, em Berlim, em 2001. Embora ninguém ponha em dúvida a necessidade dessas instituições para nos confrontar com um passado ainda presente na memória viva de muitos, surgem críticas que variam de uma aceitação aterrorizada a uma total rejeição da realização.

Acho que primeiro temos de considerar a maneira como a definição de "holocausto" passou a ter seu significado estendido muito além do que consta no dicionário: o intento de genocídio. Agora noticiamos qualquer massacre entre facções, nações, como holocausto, embora a intenção violenta seja ganhar poder sobre outros, e não varrê-los da face da terra. Isso questiona se a antiga definição limitada estava correta, e pode-se argumentar tomando por base as diferenças entre os três museus. O museu de Washington ilustra um holocausto, a intenção de matar todos os judeus na Alemanha e nos países que ela ocupou. O museu de Berlim e o museu de Johannesburgo têm em comum um propósito duplo, relacionado mas diferente: o museu judaico relata a história política e cultural dos judeus na Alemanha antes de o extermínio nazista ser posto em prática, bem como a experiência daquele período; o museu do *apartheid* cria o ambiente pré-colonial africano, o período dos primeiros assentamentos dos brancos, o efeito da exploração, da industrialização, da perda da posse da terra sobre os africanos, bem como sua sujeição política, e focaliza a luta da população negra para alcançar por fim a liberdade. Talvez o significado atual de "holocausto" abranja qualquer tentativa, mediante qualquer recurso, de aniquilar o direito de um povo a viver sem discriminação e opressão?

Os três museus são sujeitos a críticas em seus aspectos partilhados e específicos. Nós, visitantes, somos espectadores a certa distância de tempo e espaço. É o processo chamado perspectiva.

Uma crítica recorrente ao Museu do Holocausto é que um museu do holocausto nazista deveria abranger e homenagear a experiência de todos os que sofreram, 6 milhões de judeus, 5 milhões de ativistas antinazistas, homossexuais, ciganos e outros. O contra-argumento é que o holocausto confesso dos nazistas foi o ápice de uma história única de perseguição aos judeus ao longo de 2 mil anos. O cheiro remanescente dos sapatos das vítimas das câmaras de gás, relíquias no museu, talvez provoque uma compreensão funesta, *indefinida*, do significado de genocídio.

Durante dezoito meses após a inauguração, o Museu Judaico em Berlim permaneceu vazio. Eu o visitei quando as exposições já estavam arrumadas, mas havia algo novo para mim — o impacto da arquitetura é uma declaração do tipo soco no estômago. O prédio de Daniel Libeskind é uma afronta em si mesmo: a afronta do tormento, do fechamento, da perseguição de muros, materiais e ideológicos. Alguns acham que ele deveria ter sido deixado vazio, numa espécie de declaração. As exposições tentam recriar a vida, a cultura e as crenças dos judeus alemães desde os tempos medievais, até de períodos anteriores. O debate crítico tem sido duro: o museu cria "uma estética de mundo Disney",[16] é "uma gigantesca compreensão equivocada... um fracasso... simplificando os fatos". Mas é demonstravelmente honesto sobre fatos desconfortáveis das tentativas de assimilação dos judeus alemães no século

[16] Jorg Lau, *Die Zeit*, 2000 (não é fornecida a data precisa).

XIX e início do XX, bem como suas notáveis contribuições para a vida cultural alemã — que fugiram para longe sob a perseguição nazista, principalmente para o benefício dos Estados Unidos. Ali está exposta a árvore de Natal dos judeus alemães e a bacia e o jarro de prata doados por uma família proeminente que tentou de forma desesperada se esquivar da presciência de um destino vindouro mandando batizar alguns de seus filhos na igreja cristã, enquanto os outros continuavam judeus. Os documentos e as fotografias do Holocausto são de certo modo mais pessoais que as evidências no museu de Washington. A crítica é que esse testemunho dos mortos precisa ser completado por relatos das vidas dos judeus alemães na diáspora; aparentemente esse acréscimo está sendo planejado.

Um negócio de cassino foi a origem do Museu do Apartheid, em Johannesburgo. Alguns empresários interessados numa licença para jogos de azar obtiveram-na sob a condição de que incluíssem em seu complexo de diversão um projeto de "responsabilidade social". O fato de que o museu partilha o local com uma gigantesca montanha-russa ofende pessoas como eu, para quem tal coisa degrada a dignidade da luta sul-africana pela liberdade — mas o fato é que nós, o governo de maioria do nosso Congresso Nacional africano e os movimentos políticos a que pertencemos, discutimos a possibilidade, mas nunca realizamos um museu do *apartheid*. De costas para o complexo cassino-montanha-russa, o prédio do museu, obra de arquitetos sul-africanos, possui muito do impacto do edifício de Libeskind, lembra-o na verdade, unindo apropriadamente duas formas de racismo violento, o nazismo e o *apartheid*.

Na entrada, compra-se um cartão de plástico: se você é branco, o cartão declara que você é negro; se você é negro, o cartão o rotula de branco. Entra-se por espaços contíguos separados; assim o negro experimenta o privilégio de ser branco, e o branco experimenta a discriminação de ser negro. A visita dentro do museu tem esse admirável tema subjacente, com os documentos, o vocabulário da discriminação, sua grosseria e crueldade. Mas a ênfase, por fim, está na resistência — os movimentos de libertação e seus heróis. Há muita crítica sobre quem ou o que foi deixado de fora. Alguns veem o museu concentrado no papel desempenhado pelo Congresso Nacional Africano na libertação, embora houvesse uma aliança do CNA com o Congresso Indiano

Sul-Africano e o Partido Comunista Sul-Africano. Os liberais brancos dizem que foram ignorados; o Congresso Pan-Africano acha que seu papel na libertação foi minimizado; rostos e nomes, fatos, estão faltando ou foram omitidos num clipe de TV.

Qual é o objetivo desses museus? Aceita-se que pelo confronto com a desumanidade gritante do passado no Museu do Holocausto, em Washington, no Museu Judaico, em Berlim, no Museu do Apartheid, em Johannesburgo, nunca participaremos do que testemunhamos. Nunca acontecerá de novo.

Mas, enquanto encaramos o passado, tudo isso *está* acontecendo de novo em regiões de nosso mundo globalizado. Tem acontecido: da limpeza étnica na Bósnia, genocídio tribal em Ruanda, à devastação de vidas no conflito entre fiéis cristãos e fiéis muçulmanos na Costa do Marfim, a destruição de vidas palestinas por Israel e a eliminação de vidas israelenses pelos homens-bomba palestinos. Um visitante do Museu do Holocausto, em Washington, observou ao escritor Philip Gourevitch em 1995: "Sabemos das atrocidades que estão acontecendo no mundo neste momento. E o que estamos fazendo? Estamos visitando um museu".[17]

2003

[17] Philip Gourevitch, "What they saw at the Holocaust Museum", *New York Times Magazine*, 2 de dezembro de 1995.

O Medo Devora a Alma

Existe o fenômeno de um estado de espírito mundial?

Alguns desses estados de espírito com certeza existiram nas últimas semanas, exceto talvez naqueles enclaves isolados pela natureza — se é que a floresta impenetrável, o gelo intransitável não foram finalmente invadidos pela tecnologia da informação. Costumava haver pessoas que eram encontradas em seus refúgios remotos, depois de guerras, sem saber que tinha acontecido uma guerra. Temos um mundo consciente como nunca antes; a consciência de uma guerra iminente entre a potência dominante entre as nações e uma potência oposta de capacidade amorfa (quem sabe realmente quem juntará forças em solidariedade religiosa) é uma mudança disseminada de clima global que todos temos absorvido. Sobre a questão ostensiva de armas de destruição de massa, surgem muitas reações: raiva, beligerância, descrença, ultraje santo dos Fiéis da Democracia e dos Fiéis do Islã. Entre os inimigos, temendo o gás venenoso e a infecção invisível por doença (pois o gás não soprará para trás, a doença não infectará aqueles que a distribuem?), há um miasma desse clima contra o qual nenhuma roupa especial, nenhuma máscara e abrigo de plástico podem proteger. Medo. Não é admitido; partilhado, se nada mais os une, por amigos e inimigos.

Procura-se uma espécie de sabedoria no modo como outros consideraram o medo. Há o entusiasmo do discurso da posse de Franklin D. Roosevelt, em 1933. Seria a ascensão de Hitler ao poder, tão remotamente europeia, o que ele tinha em mente quando pronunciou: "Deixem-me asseverar minha firme crença de que a única coisa que temos de temer é o próprio medo"? Soa oco agora, depois das novas formas de extermínio que descobrimos por nós mesmos desde então.

O medo pode ser uma força para o bem?

É bom lembrar o antigo adágio: "A melhor segurança reside no medo". Mas isso, que será moralmente contestado, tolera a covardia; fugir ao dever de defender, correndo riscos, os valores que a sociedade mantém. Tucídides foi o primeiro filósofo com quem me eduquei ainda adolescente; é natural que eu volte a ele agora e descubra num velho caderno de notas outra interpretação sobre o fenômeno do medo. "Que a guerra seja um mal é algo que todos sabemos, e não teria sentido continuar a catalogar todas as desvantagens nela implicadas. Ninguém é forçado a entrar na guerra por ignorância, tampouco, *se ele acha que vai lucrar com o conflito, é barrado pelo medo*." (O itálico é meu.) Os protestos de massa contra a guerra dos Estados Unidos no Iraque são realizados com a convicção de que o ganho, pela guerra, do controle do segundo maior campo de petróleo do mundo não é "barrado" pelo medo de que milhares das pessoas classificadas como "lideradas pelo inimigo" serão mortas e de que os sacos com os corpos dos jovens vencedores virtuosos jamais voltarão a precisar do combustível de petróleo.

"O medo tem muitos olhos e enxerga embaixo da terra", observa Cervantes. O medo do que está acontecendo — o clamor está em nossos ouvidos — não começou dentro de nós, quando o 11 de setembro de 2001 enterrou o invencível? Se o tempo está num nível da existência que os grandes escritores às vezes penetram, T. S. Eliot não segue errante sobre o Marco Zero quando escreve, lá em 1922: "And I will show you something different from either/ Your shadow at morning striding behind you/ or your shadow at evening rising to meet you; I will show you fear in a handful of dust".[18] Sou uma entre aqueles que vivem longe da terrível ameaça de ataque e retaliação

[18] E vou lhe mostrar algo diferente da/ Sua sombra de manhã seguindo a passos largos atrás de você/ ou da sua sombra ao entardecer erguendo-se ao seu encontro; vou lhe mostrar o medo num punhado de poeira. (N. T.)

através dos oceanos e céus. Mas não estou nesse agora inexistente enclave de isolamento, fora deste mundo. E como muitos que estão distantes dos continentes da batalha, tenho ainda assim um interesse pessoal nessa guerra: alguém muito próximo a mim mora com sua jovem família no coração vulnerável de Nova York. Ele me conta que a escola das crianças notificou os pais de que o porão da escola foi equipado como um abrigo, com suprimentos de água e um sistema de ventilação adaptado para não deixar entrar os elementos nocivos. Algumas pessoas, diz ele, arrumaram as malas e deixaram a cidade, o alvo óbvio da violência, direta ou insidiosa. Isso é ceder terreno àqueles que ameaçam? Ou é uma opção sensata para as pessoas que possuem recursos para se ausentar de seus postos de trabalho e têm algum lugar para onde ir: algum lugar seguro? Seguro: quem pode dizer o que e qual lugar está fora do alcance dos ataques das armas não convencionais que nos dizem vir dos laboratórios, e não das fábricas de armas?

Pergunto: o que você vai fazer?

Então ele me lembra: o que você e seus companheiros fizeram durante as crises do *apartheid*, quando havia o perigo de ser preso pela polícia política, ou de algum fanático da direita colocar uma bomba em seu carro para que explodisse pelos ares?

Continue a levar sua vida.

Os perigos são relativos, ao longo do tempo e da distância; o medo é relativo, quer ameace uma multidão, quer uma única vida, mas ele sempre exige as mesmas respostas: um sim ou um não. Capitule dentro de si mesmo ou negue-se a se submeter ao atrito, o medo que devora a alma.

2003

Vivendo com um Escritor

Parece haver uma confusão neste ponto: eu *sou* a escritora. Assim só posso concluir que vou relatar como é viver comigo mesma. Não que não haja a situação citada: todo mundo se confronta com o problema básico do eu. Uma intimidade secreta que, diz-se, influencia todas as outras. Primeiro, Conhece a Ti Mesmo. Talvez a relação mais difícil de todas, não?

Tive de viver comigo mesma durante uma longa vida como escritora e como mulher. Não teria sido muito diferente existencialmente se essa vida tivesse sido entre o escritor e um homem. Qualquer que seja o gênero, nós, escritores, temos de fazer, sei lá como, uma clara distinção entre o espaço de vida reservado para o escritor e o que deve ser atribuído ao da — como direi? — vida sociobiológica. Parece pomposo esse termo, mas não consigo me decidir por "vida emocional" porque há fortes emoções envolvidas no produto da vida do escritor.

A distribuição proporcional do tempo e da atenção significa uma autodisciplina muito rigorosa. Um jornalista tem um prazo para cumprir. O poeta, o romancista são seu próprio patrão. O editor pode especificar, num contrato, quando o manuscrito deverá ser entregue, mas isso é estipulado com base na estimativa do escritor, como mestre da tarefa, de quando o trabalho estará realizado pelo desempenho de uma imaginação que não respeita relógio, nem calendário. Se o pagamento adiantado acaba antes que a obra seja terminada, essa é a natureza da defasagem entre a criatividade e o comércio.

Não é preciso dizer que nenhum escritor espera o que as pessoas que não são escritoras chamam de inspiração. Não que ela não venha; mas em geral não aparece nas horas determinadas para a escrivaninha, a máquina de escrever, o processador de palavras (ou qualquer que seja a ferramenta). Essas horas são para a transformação de algo que já ocorreu, temas que se instalam embaixo de alguma outra atividade ou situação. Acordar no meio da noite. Parar de escutar as conversas num bar ou numa reunião. Um deslocamento para outro nível de concentração intensa, irresistível em outra parte. Acho que comecei a escrever relatando histórias, conversas, impressões em silêncio para mim mesma, uma criança sentada no banco traseiro do carro de meus pais em trajetos longos ou curtos. Agora tenho frequentemente esse mesmo tipo de experiência em voos de longa distância; entre um *aqui* e um *lá*, as solicitações de conversas com outras pessoas, vivo comigo mesma: o eu da imaginação individual. (A imaginação coletiva é aquilo em que eu e vocês penetramos por meio de literatura, teatro, filmes.)

Acredito que os escritores, os artistas em geral, têm alguma coisa dos monstros na sua personalidade. Se o egoísmo for monstruoso. Como a maioria dos escritores — garanto —, tive de aceitar em mim mesma que teria de colocar, sem remorso, as exigências de escrever antes das obrigações humanas — exceto, talvez, ao me apaixonar. Com base no princípio de que todo negociante ou mulher executiva está protegido de visitantes e telefonemas aleatórios por um anteparo de recepcionista e secretária, há muito tempo deixei claro para todo mundo, mesmo para aqueles que me são mais próximos e queridos, que durante minhas horas de trabalho ninguém devia entrar no quarto, esperar falar comigo. Como a casa em que moro com outros é também o meu lugar de trabalho, abri exceção apenas para me avisarem que a casa está pegando fogo. Quando meus filhos eram pequenos demais para o internato, as minhas horas de escrever eram quando estavam ausentes na escola diurna, e durante as férias a escritora-monstro decretava que eles se mantivessem fora do alcance de meus olhos e ouvidos durante aquelas mesmas horas. Mas, certo dia, eu recebi o que sem dúvida merecia, quando meu filho pequeno transgrediu os limites, brincando lá fora perto da minha janela, e eu o escutei responder à pergunta de um amigo: "Qual é a profissão da sua mãe?". "Ela é datilógrafa." Sua reação a viver com uma escritora.

Eu me descobri sendo uma pessoa de convívio reservado. Não sei se isso é comum para os escritores. Tenho sido incapaz de partilhar com alguém as exigências, a euforia de ter alcançado o que queria na minha obra, ou a frustração de achá-la deficiente. Não compreendo como o grande Thomas Mann conseguia se resolver a ler a tarefa de escrita diária em voz alta para sua família reunida a cada noite. Sempre acreditei que ninguém poderia entender o que eu estava realmente dizendo num texto enquanto eu própria não estivesse *finalmente* convencida de que era o melhor que eu podia fazer com o tema.

Meu marido, Reinhold Cassirer, com quem vivi por 48 anos, partilhando tudo o mais em nossas vidas, nunca viu um conto ou um romance meu ainda em desenvolvimento, embora ele sempre fosse o primeiro a lê-lo quando estava terminado. Ele respeitava e protegia completamente essa minha privacidade.

Um romance podia requerer três ou mais anos. Ele é que deveria ter respondido a como deve ter sido viver com uma escritora.[19]

2003

[19] Reinhold Cassirer morreu em 2001.

Edward Said

Se os grandes intelectuais contemporâneos podem ser contados numa das mãos, Edward Said é o dedo indicador apontando para algumas das questões existenciais mais profundas de nosso tempo, e recuando, de forma inestimável, para realizar a investigação árdua de seus primórdios. O que nós, humanos, temos feito de nós mesmos no coletivo que é o mundo.

Os obituários focalizaram o aspecto da vida de Said mais notável hoje: a tragédia do conflito israelense-palestino. A grande convicção, dedicação, crença ativista da vida de Said foi, sem dúvida, a causa palestina. Ele a serviu com coragem e uma nobreza que excluía qualquer tipo de fundamentalismo.

Dizer que sua realização é bem mais que isso não é diminuir sua importância e a perda insubstituível do melhor porta-voz dessa causa. Ele defendeu justiça e paz tanto para os palestinos como para os israelenses.

Mas o brilho único de Said estava no fato de que ele foi o intelectual mais eclético de nosso tempo. Fundiu um talento literário extraordinário — o escritor, mestre da beleza da linguagem — com uma busca filosófica, política, cultural, psicológica da motivação humana, unindo a política do poder e o terceiro olho da intuição criativa numa síntese de revelação. Prova de que *nós* não podemos ser compreendidos em nossas motivações — o mundo não pode ser compreendido — sem considerar a relação mútua entre ambas.

Ele foi um acadêmico de celebrada originalidade intelectual; seus alunos não caíam no sono nos seminários do professor Said. Foi por diversão um pianista em nível de concertista, tocando às vezes sob a batuta de seu amigo, Daniel Barenboim.

Lendo suas obras, ficamos desalentados diante dos limites de nossa leitura supostamente ampla: ele tinha lido tudo em várias línguas e passava adiante o que aprendera com lucidez e graça. Acima de tudo, com uma enorme erudição, Edward Said tinha uma *inteligência feita de sensibilidade*. Ela brilhava em suas obras e na sua presença física.

Em sua maior obra, *Orientalismo*, e sua igualmente incomparável sequência resultante, *Cultura e imperialismo*, ele analisa o conceito de alteridade, definitivo no orientalismo. O orientalismo é a projeção, em outros diferentes de nós próprios, de nossa ideia do que eles são.

Em sua obra maravilhosa, Said revela as origens e o desenvolvimento do orientalismo desde os tempos antigos, nas representações textuais conceptualizadas a partir da experiência fragmentária de exploradores errantes, misticismo romântico e religioso (o Oriente apresentado como um artefato, pertencente ao passado), textos de poetas e romancistas, de Gérard de Nerval a Flaubert, Jane Austen a Conrad, pesquisas de filólogos e antropólogos que o transformaram num objeto científico.

"O Oriente" referia-se primeiro ao islã e mais tarde passou a abranger a África, a Índia, a Ásia. Qualquer lugar onde havia credos, cores e culturas que não fossem ocidentais e brancos. Said escreve:

> O orientalismo moderno deriva da secularização de elementos na cultura europeia do século XVIII... a expansão do Oriente para o leste geograficamente e para o passado temporalmente...
> Os pontos de referência já não eram o cristianismo e o judaísmo... a capacidade de lidar historicamente (e não de forma reducionista, como um tópico da política eclesiástica) com culturas não europeias e não judaico-cristãs foi reforçada quando a própria história foi concebida de forma mais radical que antes; compreender apropriadamente a Europa significava também compreender as relações objetivas entre a Europa e suas próprias fronteiras culturais e temporais antes inatingíveis.

O resultado foi que "desde então *falariam pelo* Oriente".

O preceito pelo qual o colonialismo é justificado, a partir do orientalismo, estava estabelecido. O Oriente-Outro está na mesma posição até os dias atuais, lutando para falar e ser escutado nas estruturas globais que estão tentando reformar um mundo dos com posses e dos sem posses. Escreve ainda Said: "O ocidental de classe média acredita ser sua prerrogativa humana não só administrar o mundo, mas também possuí-lo, apenas porque por definição 'esse mundo' não é tão humano quanto 'nós' somos. Não há exemplo mais puro do pensamento desumanizado".

O orientalismo do novo milênio é certamente a cruzada do governo do presidente dos Estados Unidos, George Bush, para decidir "por eles" o que o povo do Iraque é e o que sua Constituição e futuro devem ser.

Em seu prefácio de 2003 à 25ª edição comemorativa de *Orientalismo*, Said escreve sobre o presente "ameaçado por ortodoxias nacionalistas e religiosas disseminadas pela mídia de massa ao focalizar a-histórica e sensacionalmente distantes guerras eletrônicas que dão aos espectadores a impressão de precisão cirúrgica, mas de fato obscurecem o terrível sofrimento produzido pela guerra 'limpa'".

Said revela o conceito pleno de orientalismo em seu máximo avatar, desenvolvido por meio da justificação do colonialismo, imperialismo, até a hegemonia ocidental na nova ordem mundial: uma soma de forças inumanamente divisoras, dilaceradoras.

Sua vida estava sujeita a muitas delas. Ele nasceu em Jerusalém há 67 anos, foi desarraigado do país natal ainda criança como palestino e aculturado no Ocidente pela educação na Inglaterra e nos Estados Unidos. Mas em sua pessoa ele apresenta inquestionavelmente, com a magnífica realização de sua conduta de vida e sua erudição, a tese autoevidente em suas memórias encantadoramente comoventes, *Fora do lugar — memórias*.

O título propõe que ser assim, em certo sentido, pode abrir caminho para melhor compreensão entre indivíduos e nações em um estado aberto de ser, conquistado contra as jaulas monolíticas do nacionalismo, a religião e as culturas fechadas.

Ele *usava* essas múltiplas identidades, transformava-as na criação de uma personalidade completa; era um homem de gênio com uma perspectiva inestimável para oferecer ao mundo. Nele, as contradições tornam-se um modo de captar um pouco da verdade elusiva que existe em algum ponto na coexistência humana.

Espero que sem presunção, como sua amiga e discípula em tudo o que aprendi com ele até seus últimos dias, eu possa ver como o credo de Edward as palavras de Dimitri, no julgamento em *Os irmãos Karamazov*, de Dostoiévski. Prestamos contas à vida "porque somos todos responsáveis por tudo".

2003

Com Eles Nunca Se Sabe

Albert Memmi

Não é comum começar uma introdução com uma advertência sobre as limitações da obra a que serve de prefácio. No caso de *O retrato do colonizado precedido pelo retrato do colonizador*, de Albert Memmi, acredito que isso seja necessário para estabelecer a permanência da validade da obra clássica. Essa validade reside na sua inestimável apresentação e brilhante análise da condição do povo colonizado, resultados do *estabelecimento* prático da inesgotável capacidade humana de desumanidade para com os seres humanos; nesse aspecto clássico do poder, a obra é eterna. O que Equiano[20] escreveu sobre esse poder em 1789, o que Memmi escreveu a seu respeito no final dos anos 1950, é ainda verdadeiro em nosso novo milênio. A escravidão não foi abolida, evoluiu para a colonização. O retrospecto não tem alterado, em perspectiva, o significado do que foi feito aos povos submetidos em sua própria terra.

Dito isto, o estudo de Memmi foi publicado pela primeira vez em 1957, antes que Gana se tornasse o primeiro país africano colonialmente ocupado a conquistar a independência. O livro, portanto, prenuncia por meio de quais

[20] Olaudah Equiano, *Equiano's travels: the interesting narrative of the life of Olaudah Equiano or Gustavus Vassa the African.*

ideologias, especificamente em termos da participação dos colonizadores esquerdistas ao lado dos colonizados, o ato de libertar-se da colonização foi alcançado em muitos países, ao longo dos 46 anos desde então. As predições de Memmi sobre o papel da esquerda têm se revelado uma falácia.

Ele começa seu livro com "Um retrato do colonizador", mas em vista da minha homenagem à natureza da realização da obra, apesar de suas deficiências, vou inverter a ordem e começar com o Capítulo Dois, "Retrato do colonizado". A primeira sentença do capítulo me autoriza a tomar essa impertinência cronológica: "Assim como a burguesia propôs uma imagem do proletariado, a existência do colonizador requer que uma imagem do colonizado seja sugerida". Essa imagem é o ponto a partir do qual começa a colonização; sua premissa, seu ícone.

O subtítulo do capítulo tem o adendo "O retrato *mitológico* do colonizado" (itálico meu) — o comentário irônico de Memmi sobre a "dialética exaltando o colonizador e humilhando o colonizado". Na mitologia colonialista, o colonizado é uma ladainha de falhas e inadequações. É inacreditavelmente preguiçoso — o que, ao mesmo tempo, autoriza seus baixos salários. O trabalho qualificado é realizado pelos compatriotas do colonizador, importados; e se o estereótipo de seu físico e conduta apresentado por Memmi consiste numa caricatura, é esboçado com o lampejo rápido do humor. A ironia diz a que veio sob esse aspecto: "O colonizado... só é requerido pelos seus músculos; é tão pobremente avaliado que três ou quatro podem ser empregados pelo preço de um europeu". Memmi volta os olhos do leitor para a conclusão omitida na avaliação do colonizador: "... podemos nos perguntar, sendo a sua [dos colonizados] produção medíocre, se a subnutrição, os baixos salários, um futuro fechado, uma concepção ridícula de seu papel na sociedade não tornam o colonizado desinteressado em seu trabalho". Tendo o colonizador estabelecido que o colonizado é um "fraco irremediável", disso, mostra Memmi, provém o conceito de um "protetorado": é do interesse do próprio colonizado que ele seja excluído das funções gerenciais e que essas responsabilidades pesadas sejam reservadas para o colonizador. "Sempre que o colonizador acrescenta... que o colonizado é uma pessoa má, subdesenvolvida, ele justifica assim sua polícia e severidade legítimas... A humanidade do colonizado, rejeitada pelo colonizador, torna-se opaca... Inútil... tentar prever as ações dos colonizados: ('Eles são imprevisíveis!' 'Com eles nunca se sabe!')." Memmi acrescenta a esses comentários escutados com frequência: "O colonizado deve ser realmente muito estranho, se continua tão misterioso depois de anos de convívio com o colonizador".

"O colonizado significa pouco para o colonizador... O colonizado não é isto, não é aquilo." Esse retrato mitológico que Memmi traça é de uma assombrosa negação. Para o colonizador, o colonizado não é ninguém.

Não é apenas o colonizador rude e despachado que via o conquistado e colonizado como o último outro. Um intelectual começou seu trabalho na África baseado na mesma premissa. Em 1928, um psiquiatra da Europa clinicando num hospital mental para negros sul-africanos "fez uma descoberta surpreendente... as manifestações de insanidade... são idênticas nos nativos e nos europeus... Essa descoberta me deixou curioso para saber se os princípios fundamentais de funcionamento da mente em seu estado normal não seriam também os mesmos".[21] Mas foi Cecil Rhodes, o construtor do império, quem teve talvez a última palavra na avaliação do valor humano do colonizado: "Prefiro a terra aos negros".[22]

> Não devemos, entretanto, nos enganar... pensando que se os colonizadores tivessem sido mais generosos, mais caridosos, menos egoístas, menos ávidos de riquezas, tudo teria sido melhor do que é agora — pois, nesse caso, eles não teriam sido colonizadores.[23]

"O colonial existe?" O título da primeira parte da análise de Memmi sobre o colonizador suscita uma questão semântica que deve ser afastada do caminho. O emprego de Memmi — ou talvez o emprego de seu tradutor, nessa edição inglesa do livro — dos termos "colonial" e "colonizador" como intercam-

[21] Wulf Sachs, *Black Hamlet — The mind of an african negro revealed by psychoanalysis*, Geoffrey Bles, Londres, 1937, Johns Hopkins University Press, Baltimore, 1996; Witwatersrand University Press (com uma nova introdução de Saul Dubow e Jacqueline Rose), Johannesburgo, 1996.
[22] Cecil Rhodes, atribuído por Olive Schreiner, *Trooper Peter Halket of Mashonaland*, T. Fisher Unwin, Londres, 1897.
[23] O. Mannoni, *Prospero and Caliban: the psychology of colonization*, traduzido por Pamela Powesland, Praeger, Nova York, 1964.

biáveis. Ora, um *colonialista* é alguém que advoga a política da colonização; além disso, ele pode ser um delegado, dentro do Serviço Colonial, encarregado de administrar essa política, um funcionário colonial da governança da potência europeia no território tomado dos habitantes originais por meio de conquista. Ele não é um cidadão desse território, o seu país continua a ser aquele no outro lado do mundo. Um *colonizador* é um povoador no território conquistado, vindo de outro país, mas estabelecendo residência e cidadania (concedida em geral depois de um período especificado pela potência colonialista). Ele ocupa e possui, quer por uma distribuição de terrenos aos colonos para estender os domínios da terra natal, quer pela compra de um desses terrenos distribuídos, terra tomada do povo indígena por essa potência colonialista. O colonizador se considera um habitante permanente. A diferença é importante. Memmi tem realmente uma subcategoria para seu conceito colonial-colonizador. Esse, identificado como o "europeu vivendo numa colônia sem ter privilégios" — uma distinção de classe dentro da classe dominante que o coloca mal e mal acima do colonizado —, certamente não existia nos países coloniais que conheci. O mero fato da cor da pele garantia privilégios de parentesco decretados pela potência colonial. A categoria pode ter sido singular na Tunísia.

É com a indubitável existência do colonizador que o estudo de Memmi retrocede honrosamente para as prateleiras do passado clássico. Ele vê o colonizador como alguém que faz "simplesmente uma viagem marítima para encontrar uma vida mais fácil". Segue-se um relato fascinante dos componentes dessa vida fácil da época — criados, clima, qualificação automática para um status acima da multidão. O que Edward W. Said definiu como "o modo de suprir as forças da acumulação e domínio em todo o mundo com um motor ideológico que se autoconfirma".[24] O colonizador, continua Memmi, "ainda não se tornou consciente do papel histórico que será o seu. Falta-lhe uma etapa em seu novo status... a origem e o significado desse benefício... Isso não demora a surgir. Pois, como poderia deixar de ver a miséria do colonizado e a relação dessa miséria com seu próprio conforto?". Os colonizados mantidos descalços "já não são um simples componente do cenário geográfi-

[24] Edward W. Said, *Culture and imperialism*, Knopf, Nova York, 1993.

co ou histórico. Eles assumem um lugar na vida do colonizador... Ele não pode nem mesmo decidir evitá-los". Deve viver constantemente em relação com eles, pois é essa mesma aliança que o torna capaz de levar a vida que resolveu "procurar nas colônias; é essa relação que cria privilégio". Memmi postula que o colonizador logo "percebe que, aos seus olhos, bem como aos de sua vítima, ele é um usurpador... Ele deve se adaptar a ser considerado assim, bem como a essa situação".

O que está faltando nessa análise é o que qualquer colonizador sabe — sim, falo como descendente de um colonizador —, que o colonizador justificava sua situação afirmando que os colonizadores traziam esclarecimento, técnico e religioso, para o povo indígena que vivia no coração das trevas. (É quase obrigatório fazer uma reverência a Conrad, nesse ponto.) Na balança do colonizador havia um equilíbrio compensatório, uma transação franca que podia ignorar a moralidade. Memmi, por sua vez, parece ignorar essa transação forçada com seu impacto psicológico em ambos os lados. (Ele só trata disso em seu prefácio de 1965.)

Estudando o colonizador, Memmi dá muita atenção aos graus de privilégio que, diz ele, são concedidos na situação colonial, e nesse ponto é muito evidente que sua perspectiva parte do Magreb, sendo só problematicamente estendida ao restante do continente africano e aos países colonizados em toda parte. Isso leva a conclusões que não valem necessariamente para a colonização em geral. Ele traça distinções interessantes entre as posições sociais alcançadas pelos colonizadores que vêm de vários países para a Tunísia e a Argélia, por exemplo, italianos, malteses, corsos, espanhóis e judeus (que, mesmo provindo de Marrocos, são evidentemente daquele não lugar, a diáspora). Esses são candidatos à assimilação em vários níveis. Os diferentes níveis de sua aceitação pela população de colonizadores já estabelecida — o que os colonizados pensavam sobre a invasão contínua não contava — não se aplicavam a nenhum dos países africanos que conheço. Nesses, se fosse branco, você era bem acolhido pelo governo colonial e pelos colonizadores para servir de escora à população branca, embora, como as potências coloniais foram oficialmente cristãs desde as cruzadas, você fosse mais bem acolhido se pertencesse a esse credo. Na África do Sul, até o fim do regime do *apartheid*, em 1994, os brancos só eram aceitos como imigrantes. Uma vez legalmente estabelecidos, sua situação na África "negra" era a do privilégio indiscriminado de ser branco. Até os judeus não se viam "rejeitados pelos colonizados" e partilhavam "em parte as condições físicas dos colonizados, tendo uma comunhão de interesses com eles", como afirma Memmi em geral. Na África do Sul, que se tornaria o país mais próspero e altamente industrializado do continente africano, alguns colonizadores judeus[25] tornaram-se fundadores da indústria do ouro e diamante, e sua única participação na condição dos colonizados era empregá-los aos milhares para trabalhar nos subterrâneos como mão de obra migratória. Os colonizadores cristãos criaram as leis que asseguravam esse suprimento de mão de obra, impondo por meio de impostos uma economia monetária no lugar da tradicional suficiência agrícola baseada na terra.

Muitas das conclusões de Memmi, poderíamos chamá-las de prognósticos, não foram confirmadas pelos eventos. Ele considera as opções do colonizador, assim que esse se torna consciente, "pelo crescente hábito do privilégio e ilegitimidade", de que "está também sob o olhar do usurpado". Existe a "sua inevitável autocensura". Com o capítulo "O colonizador que recusa", supõe-se que ele está nessa crise pelos pecados dos pais e pelos seus próprios. E aqui devemos fazer uma pausa para afastar mais uma das confusões de terminologia na obra. Memmi visualizou o *colonizador* como alguém que "pensa imediatamente em ir para casa", mas que, "sendo forçado a esperar até o fim de seu contrato, está sujeito a se acostumar com a pobreza [do colonizado]". Esse homem mencionado é um *funcionário* do governo colonial, há um limite oficial para seu confronto com a culpa, ele a deixará para trás quando terminar seu período de trabalho. O *colonizador* não pode ser visto como idêntico a esse homem; o colonizador não tem contrato que vai terminar. A vida que ele leva não tem um período determinado; ele está amarrado nela. Muitos continua-

[25] Gerações mais tarde, entre os brancos sul-africanos que participaram da luta de libertação dos negros na África do Sul, os judeus eram proeminentes, incluindo Dennis Goldberg, condenado à prisão perpétua, Albie Sachs (juiz do Tribunal Constitucional pós-*apartheid* por quinze anos na África do Sul livre), que perdeu uma perna e a visão de um olho quando uma bomba foi escondida em seu carro, e Ruth First, que foi morta por uma bomba enviada num pacote pelo correio. Esses dois atos foram obra das forças do *apartheid*.

ram a viver como antes, contando com a terra natal para retardar a mudança, manter os colonizados à distância por tempo indefinido.

Outro colonizador "já não concorda em se tornar o que seus concidadãos se tornaram". É o genuíno "Colonizador que recusa". Ele permanece — mas promete não aceitar o papel de protagonista da colonização. Ele rejeitará essa posição desgraçada.

Mas como? Aqui a análise de Memmi dá um salto — como acontece impressionantemente quando ele usa sua visão de filósofo para relacionar uma situação humana específica a uma situação humana eterna. "Não é fácil escapar mentalmente de uma situação concreta, recusar sua ideologia continuando a viver com suas relações reais. A partir desse momento, ele leva sua vida sob o signo de uma contradição que avulta a cada passo, privando-o de toda a coerência e de toda a tranquilidade... Ao que ele está realmente renunciando é a uma parte de si mesmo... O que ele pode fazer para libertar-se do halo de prestígio que o coroa?" Se o colonizador persiste na recusa, "ele aprenderá que está se lançando num conflito não declarado com seu próprio povo". Certo; mas ele também descobrirá, entre os colonizadores, outros que estão dispostos a se opor, com um ou outro grau de coragem, ao regime que é definido em seu próprio nome — colonialismo — como uma indicação de injustiça.[26] A história provou que havia mais opções abertas aos opositores do que Memmi admitia. Havia o "romantismo humanitário" que o próprio Memmi reconhece e diz ser "considerado nas colônias uma doença grave... o pior de todos os perigos... nada menos que passar para o lado do inimigo". É extraordinário Memmi não reconhecer que o pior de todos os perigos não era considerado o liberalismo reformista, que o "romantismo humanitário" implica — na definição de um negro "o papel do liberal como o conciliador entre o opressor e o oprimido"[27] —, mas a teoria e a tática do comunismo chegando até o colonizado.

[26] Uma colônia: no emprego romano, "um assentamento de cidadãos romanos num país hostil ou recém-conquistado", *Oxford English dictionary.* Colonialismo: "a política pela qual uma nação mantém ou estende seu controle de possessões estrangeiras", *American heritage dictionary of the English language.*

[27] Nosipho Majeke, *The role of the missionaires in conquest*, editora desconhecida.

Indo além do liberalismo, a recusa do colonizador "fechou para ele as portas do colonialismo e isolou-o no meio do deserto colonial". Não — *ele próprio é que se* isolou dos falsos e condenados valores do deserto colonial, voluntariamente. Mas Memmi continua a seguir o declínio do rebelde, na sua interpretação: "Por que não bater à porta do colonizado a quem ele defende e que certamente abriria os braços de gratidão?". Memmi desdenha dessa batida na porta. "Recusar a colonização é uma coisa; adotar os colonizados e ser adotado por eles parece ser outra; e as duas estão longe de ter uma conexão... Para ter sucesso nessa segunda conversão, nosso homem teria de ser um herói moral." Ainda usando (por hábito?) o antigo vocabulário colonial condescendente — "adotar", "adotado" —, Memmi acredita evidentemente que tais homens não existiam. O herói "descobre que se os colonizados têm a justiça ao seu lado, se ele pode chegar a lhes dar sua aprovação e até sua assistência, sua solidariedade para nesse ponto... Ele vagamente prevê o dia da libertação dos colonizados e a reconquista de seus direitos, mas não planeja seriamente partilhar a existência deles, mesmo que sejam libertados...". Memmi dá um exemplo de uma situação semelhante que observou. Em que evidência — antes do evento histórico — estava baseada sua pressuposição?

Além disso, não peço desculpas pelo fato de que, assim como a perspectiva de Memmi examina o tema a partir do Magreb, a minha provém do continente africano central e sulino, com limitações consoantes, mas também com a experiência implicada. Sugerir que a rebelião dos colonizadores não teria propósito na libertação dos colonizados é negar a possibilidade — proscrita, evidentemente, pelo que Memmi considera as deficiências racialmente congênitas de todos os colonizadores — de uma série de ações tomadas pelos rebeldes entre eles, de Stewart Gore-Brown acompanhando Kenneth Kaunda do Unip[28] para negociar a devolução de um território, nomeado em referência ao arqui-imperialista Rhodes, das mãos dos britânicos para o renascimento como Zâmbia, a Ronnie Kasrils, sul-africano branco, correto chefe da Inteligência Militar, e Joe Slovo, sul-africano branco, estrategista-chefe no Exército de Libertação da África do Sul, Umkhonto we Sizwe, durante a guer-

[28] Partido Unido para a Independência Nacional. (N. T.)

rilha contra o *apartheid*. Os colonizadores, homens e mulheres, esquerdistas na África do Sul foram presos, assim como o foram Nelson Mandela e milhares de seus companheiros negros, torturados como foi Steve Biko, por atividades com os movimentos de libertação. Dois deles, os sul-africanos brancos Bram Fischer e Dennis Goldberg, foram condenados à prisão perpétua.

Isso nos traz a outra rejeição sumária de Memmi em relação à esquerda na luta dos africanos para se libertar dos regimes coloniais. Para os esquerdistas de sua geração, afirma ele, "a palavra 'nacionalismo' ainda evoca uma reação de suspeição, se não hostilidade". Por razões doutrinárias, sim, e em algumas experiências de seu tempo, os anos 1950, a esquerda sentia-se "pouco à vontade diante do nacionalismo". Mas a acomodação política não terminava ali. Nos movimentos de libertação que se seguiram, de Gana e Guiné-Bissau a Moçambique, Angola e mais além, os preceitos e métodos da esquerda eram adaptados audaciosamente para servir ao nacionalismo. Era irônico, se quiserem, que uma ideologia do mundo branco se revelasse uma ferramenta eficaz de participação para vencer as potências coloniais desse mundo. (Claro que era a única solução, segundo a teoria marxista.) Que a ideologia esquerdista na forma stalinista tenha infestado o nacionalismo em alguns países, com resultados desastrosos para os colonizados libertos, é algo que nos leva a perguntar como Memmi considera esse dado. Ele o julgou uma extensão de sua tese das inadequações da esquerda colonizada para tomar o verdadeiro caminho de esquerda e influenciar efetivamente o futuro dos colonizados? E o que ele pensa sobre o papel da esquerda hoje, no seu renascimento depois do colapso da mãe-pátria, a União Soviética, agora como uma força ao lado dos verdes e das feministas, dos gays e das lésbicas, dos múltiplos grupos não governamentais, todos juntos contra a globalização que torna os antigos colonizados ainda os mais pobres do mundo?

Uma das fontes tributárias do fracasso da visão de Memmi, *vis-à-vis* à contribuição dos colonizadores esquerdistas para o desenvolvimento dos movimentos de libertação, é o fato de ele não admitir que a descendência dos colonizadores pudesse *ganhar* um status cívico e nacional que não fosse o de colonizador, o eterno *outsider*. Demonstravelmente, não é válido fazer essa reivindicação por razões de nascimento; não basta. Mas ele não admitia que plantas estrangeiras pudessem sofrer mutação e deitar raízes. Como temos testemunhado, a história subsequente ao período em que Memmi escreveu esse livro mostra que ele estava em parte certo, em parte errado.

Ele está certo na medida em que, durante o período do surgimento dos movimentos de libertação e da era pós-colonial resultante, uma maioria de colonizadores em muitos países não reconhecia o direito do colonizado aos movimentos de libertação, nem estava preparada para viver sob a independência conquistada em relação ao governo colonial. Eles se transformaram num anacronismo, fossilizados no passado. Muitos deixaram o país; mas, desarraigados da Europa, fugiram para qualquer lugar em que o domínio dos brancos pudesse durar alguns anos mais — por exemplo, saíram de Angola, Moçambique e as duas Rodésias para a África do Sul.

Memmi estava errado na medida em que *havia* uma minoria de colonizadores, principalmente no espectro da esquerda, que se identificava com a posição de que o colonialismo era injusto, racista e anti-humano, estando disposta primeiro a agir contra esse estado de coisas junto com a força da grande massa dos colonizados, e depois a viver sob o governo de maioria dessa força. Essa é a lógica da liberdade; esses colonizadores viam que o colonialismo também os havia moldado de forma errônea, seus privilégios eram distorções, e a perda dessas vantagens na sociedade pós-colonial seria e é uma normalidade que eles nunca haviam tido a oportunidade de experimentar. Essa lógica reforça, sem tentar negar ou diminuir de qualquer maneira, com a húbris dos brancos, o fato de que os colonizados *libertaram-se a si mesmos* — ninguém mais poderia ter feito isso em seu nome, a partir dos princípios de qualquer ideologia. A sua foi "uma espécie de necessidade histórica pela qual a pressão colonial criou a resistência anticolonial".[29]

Ao EXAMINAR O ANACRONISMO "O colonizador que aceita", Memmi faz *en passant* uma afirmação extraordinária. "Comparado ao racismo colonial, o dos doutrinários europeus parece transparente, desprovido de ideias e, à primeira vista, quase sem paixão." Isso escrito por um judeu nos anos 1950,

[29] Said, *Culture and imperialism*.

depois que a doutrina nazista havia enviado milhões de judeus, ciganos e outros para a morte com sua teoria racista fanaticamente realizada. A doutrina racista colonial, examinada de modo extremamente interessante por Memmi, é assim resumida por ele: o colonizador e o colonizado, uma categoria definitiva formada pela mentalidade colonial para justificar essa doutrina, "é o que é porque eles são o que são, e nem um nem outro jamais mudarão". Como essa estase racial seria mantida?

Memmi refuta a conversão religiosa como um dos meios para manter os colonizados subservientes, a autoridade do colonizador substituindo a Vontade Divina sobre a terra. "Ao contrário da crença geral, o colonialista [colonizador] nunca promoveu seriamente a conversão religiosa do colonizado." Ele certamente o fez. Na verdade, os missionários precederam os colonizadores na maioria dos territórios, a conquista avançou, fuzil numa das mãos e a Bíblia na outra. "Quando o colonialismo se revelou um projeto lesivo, mortífero, a Igreja lavou as mãos." O "caráter mortífero" era que "a conversão do colonizado à religião do colonizador teria sido um passo para a assimilação". Os fatos invalidam tal coisa. Embora forçasse muitos a se resignar com uma liberdade que só estaria ao seu alcance no céu, reforçando o credo colonialista de que não havia essa liberdade sobre a terra, a Igreja produzia outros inspirados pelo exemplo rebelde de Jesus, eles próprios rebeldes contra o sistema colonial, não conformados com a situação. A própria instituição da Igreja era altamente ambígua em suas funções de representar a Justiça Divina, abençoando os escravos para salvar suas almas antes de eles serem embarcados.

Se ainda fosse necessária qualquer declaração desse tipo, Memmi estabelece eloquentemente que o racismo não era "um detalhe acidental, mas... uma parte consubstancial do colonialismo... a mais elevada expressão desse sistema colonial". Ele se despede do "colonizador que aceita" com uma saudação sardônica: "Guardião dos valores da civilização e da história, ele realiza uma missão; tem o imenso mérito de levar luz à escuridão ignominiosa dos colonizados. O fato de que esse papel lhe garante privilégios e respeito é apenas justiça; a colonização é legítima... com todas as suas consequências... A colonização é eterna, e ele pode considerar seu futuro sem preocupações de qualquer tipo".

Se esse colonizador aceita continuar no país após a libertação, vivendo como sempre viveu, tolerado pelo governo independente dos antigos colonizados e retendo em privado seus antigos privilégios — subornando um ou dois para poder continuar a cultivar as vastas terras que foram tomadas dos colonizados —, ele pode vir a descobrir que tem realmente uma preocupação de tipo final. A terra volta a ser tomada de suas mãos por aqueles a quem ela pertencia antes de a colonização roubá-la.

"A COLONIZAÇÃO é eterna."

Talvez em sua avaliação devastadora da arrogância colonialista Memmi tenha falado mais profeticamente do que pensava.

Seria possível esperar que ele, na década de 1950, tivesse contemplado um futuro muito distante prevendo o neocolonialismo? Talvez seja injusto; devemos nos contentar em ter seu exame profundo e terrível da condição dos povos que viviam sob uma combinação única de racismo e ganância: a vontade colonial de reivindicar o direito de tomar como butim as vidas de outros povos, as terras de outros povos, o que constituía o colonialismo fundamental. Mas ele poderia ter previsto que, se as colônias se libertassem do governo colonial, o colonialismo não desistiria tão facilmente. Mannoni previu em 1947: "Não devemos subestimar, é claro, a importância das relações econômicas, que é preeminente; é muito provável que as condições econômicas determinarão todo o futuro dos povos coloniais". Em seu prefácio de 1965, Memmi afirma que na sua opinião "o aspecto econômico da colonização é fundamental", mas em seu livro ele não trata desses aspectos da economia da colonização que já eram prenunciados quando o escreveu. Observa apenas que a autonomeada matriz colonial se queixava de que a manutenção da colônia estava custando mais do que seu valor real. É significativo o valor em tempos pós-coloniais do que foi estabelecido no comércio pelas garantias originais do colonialismo. Há antigas colônias cujos recursos naturais, do cacau ao ouro, ainda são comprados por preço baixo e vendidos por preço alto. Uma das imensas tarefas da globalização é servir como um meio de atacar essa forma final de colonialismo. E isso não pode ser feito *para* os países em desenvolvimento que foram outrora colônias (supondo-se que haja a vontade de assim proceder...), mas *com* eles, reconhecendo plenamente seu papel essencial em decisões políticas.

A doença do mundo, tecnologicamente vaidoso, humanamente inadequado, não pode ser curada apenas pelos senhores tradicionais do mundo. Os acontecimentos estão mostrando que eles próprios não estão imunes a nada, de ataques terroristas ao vírus HIV/Aids. Fanon viu esse estado de coisas lá do passado e foi além: "O Terceiro Mundo... enfrenta a Europa como uma massa colossal que deve mirar a meta de tentar resolver os problemas para os quais a Europa não foi capaz de encontrar respostas".[30] A única atualização necessária é a emenda: para os quais a Europa, os Estados Unidos e outros países ricos não foram capazes de encontrar respostas.

2003

[30] Frantz Fanon, *The wretched of the earth*, Grove Press, Nova York, 1967.

William Plomer e *Turbott Wolfe*

"Acho que Turbott Wolfe talvez tenha sido um homem genial."

A primeira sentença garante audaciosamente o poder de William Plomer como escritor. Ele o pega, leitor, pelo cangote, para ganhar sua atenção. E cabe a ele nunca deixar que ela esmoreça. Pois essa é uma pretensão extraordinária a ser perseguida pelo romancista na criação de seu personagem central: cumprir o prometido. Como um gênio? Um artista? Um escritor? Um pensador? Há a ressalva "talvez tenha sido", com o cálculo matreiro de que caberá ao leitor encontrar, decidir sozinho, o veredicto. O grande talento de Plomer em envolver o leitor controversamente na sua história está presente desde o início.

Plomer escolheu para seu primeiro romance o expediente conradiano de tornar o escritor um narrador em segunda mão. Turbott Wolfe é apresentado como uma espécie de Marlow, contando sua história não como um lobo do mar — Marlow em *Coração das trevas* —, mas como um homem doente com pouco tempo à sua frente e muito a contar.

Revela-se que Turbott Wolfe é apenas um escritor nas horas livres, um artista amador; se for um gênio, não é do tipo visionário. Sua visão é a que ousa se aventurar, por meio da densidade ofuscante de aceitações morais, políticas e sociais da era colonial, até uma realidade que podia ser obscurecida, mas não banida.

Ele está contando sua história tarde, num exílio às avessas, de volta aos confortos banais do *chintz* estampado com rosas na Inglaterra, de onde partiu ainda jovem, "enviado para a África" nos anos 1920, por motivo de saúde e para fazer sua fortuna colonial. Foi designado a dirigir uma casa de comércio em Lembuland, "uma região nem demasiado civilizada, nem demasiado remota", e ao fazer seus preparativos gastou a anuidade recebida dos pais estocando livros, tintas, canetas, tinta para escrever, papel e — provisão improvável, mas indicativa de sua ideia a respeito da vida que esperava levar — um piano. A bagagem de uma elegante vida europeia "civilizada" transportada para Ovuzane, na distante África do Sul. Ali começou a organizar seu tempo entre "comércio, folclore [pesquisa no local], pintura, escrita e música". O anacronismo de tal vida torna-se logo evidente quando três realidades invadem sua superficialidade: o vasto esplendor não domesticado da paisagem, a mesquinhez, a rudeza, a hipocrisia da população branca local de funcionários coloniais, fazendeiros e missionários, e a dignidade natural e a beleza física dos negros a quem atendia em sua casa de comércio.

Wolfe (ou seu criador, Plomer) tem uma língua afiada, mas se algumas de suas descrições dos habitantes brancos do local são caricaturas impiedosas, elas representam a caricatura total das relações humanas, que é a organização do colonialismo. Sua primeira experiência na sociedade de Ovuzane acontece quando ele encontra por acaso Melhores Espetáculos de Schönstein, uma feira de diversões itinerante em que as poucas observações que dispara, como clipes de filme que desenvolverão coerência mais tarde, revelam a natureza do lugar e as pessoas, no qual e entre as quais ele se encontra. Ao clamor dos realejos, "um europeu vulgar num dos barcos de balanço" beija uma garota de cor e ela se desvencilha rindo e zombando; o dono da feira tem uma esposa "descarada de dia e desnuda à noite". Numa turba, "ingleses, holandeses, portugueses e indefinidos eram os brancos; bantus, lembus, negros cristianizados e aborígenes e negros muçulmanos eram os pretos; os mestiços eram de todas as cores e de todas as raças misturadas. Ocorreu-me, de repente, nessa estridente alegria poliglota que eu estava vivendo na África, que existe uma questão de cor".

Depois há os encontros com vizinhos brancos de nomes cruelmente dickensianos — Bloodfield, Flesher, rotulam maliciosamente sua natureza grosseira —, que sentem inveja do que consideram seu esnobismo cultural por ele possuir um "ateliê" e também repulsa quando se descobre que ele chama negros para posarem como modelos de suas pinturas, faz música ali com eles nos instrumentos populares tradicionais e no seu piano. "Você certamente não deixa esses malditos negros entrar aqui, não?"

É ao mesmo tempo excepcional que um jovem da formação convencional de Wolfe tenha perdido tão rapidamente toda e qualquer ilusão que devia alimentar sobre sua presença. Plomer torna essa constatação não só acreditável, mas inescapável para o personagem: "Haveria conflito entre mim mesmo e os brancos; haveria conflito entre mim mesmo e os negros".

Wolfe descreve esses brancos com uma indisfarçada aversão e ridiculariza de forma gentil, mas degradante, os velhos missionários, como o bispo Klodquist, que veio para salvar almas entre os africanos com "uma Bíblia e uma garrafa de *vin ordinaire*... sem pijama, e nenhuma palavra de lembu".

Wolfe deixa escapar zangado: "Deem-me um velho e bom criminoso lunático a qualquer hora, mas não me peçam para respirar o mesmo ar que Flesher e Bloodfield".

E exatamente quando você, leitor, acha que Turbott Wolfe está se revelando tão intolerante quanto as pessoas que ele despreza, Plomer flagra você tirando uma conclusão demasiado apressada. O julgamento não é tão simples assim. Há o exame de consciência da *própria* conclusão de Wolfe: "E vendo continuamente linhas incessantes de nativos entrando e saindo do armazém, o meu modo de sentir se voltou, escapando da ideia impura de Flesher e Bloodfield, a uma simpatia excessiva pelos aborígenes".

Assim, a princípio ele tende a idolatrar os negros por sentir aversão pelos brancos. Com uma lente de compensação excessiva para a imagem desumanizadora dos africanos alimentada pelos europeus locais, "Meu olhar era treinado para admirar em demasia a maravilhosa graça animal superdesenvolvida de cada indivíduo lembu. Eu caía em êxtase... diante da graça patriarcal de cada velho... diante das mulheres idosas... das filhas ternas de mãos calorosas". Mas, de novo, não há soluções fáceis no ritmo desse romance inquietamente, implacavelmente, questionador. Ao mesmo tempo, Wolfe percebe que "estava perdendo o equilíbrio... suspeitava perigo. Eu me vi de imediato dominado por uma sensação sufocante de escuridão negra universal. Negritude. Estava sendo sacrificado, um cordeiro branco, à África negra".

A imagem ressuscita, do subconsciente do jovem branco, a autojustificação do colonialismo no conceito do cristianismo em luta com o paganismo. Como escreveu Mongane Wally Serote, romancista e poeta sul-africano: "Ninguém pode lutar consigo mesmo e estar no exército do povo. O espírito deve se desvencilhar dos fantasmas, deve sentir e conhecer seu destino. Deve cuidar e tomar conta de si mesmo".[31] Não é como um cordeiro branco, mas como um homem apaixonado que Turbott Wolfe ganha, por meio da dor, seu equilíbrio de visão humana. Como ele não tem mulher, o nome local que os africanos lhe deram é "Castidade Wolfe". Ora, determinada jovem está entre as pessoas negras que compram no seu armazém. "Eu me sentia fortemente atraído... por uma moça nativa... Ela tirou o fôlego de Castidade Wolfe." A descrição da moça é pura exaltação: "Uma aborígene, perfeitamente limpa" em contraste com o espírito imundo dos Bloodfields e Fleshers, "perfeitamente bela... Ela era uma embaixadora de toda essa beleza... fora da história, fora do tempo, fora da ciência". E a canção em louvor à moça é interrompida por uma tirada contra o cristianismo missioneiro. "Ela era... de um tipo que não se encontrará em nenhum lugar agora: foi destruído pelas missões, pelos brancos pobres e pelas cidades. Havia uma chance... de construir um novo cristianismo... Mas agora é tarde demais. Os missionários trouxeram-lhes [aos africanos] o sacramento, mas eu poderia citar mais de um caso em que eles também lhes trouxeram a sífilis. Eles tiraram tudo dos nativos... e que diabos lhes deram em troca?... O cristianismo está morto. É uma causa perdida." A moça "era a imagem viva do que foi destruído... por nossa civilização obscena que conquista tudo". Entretanto: "Assim que me apaixonei por Nhliziyombi, *tive medo de me apaixonar por ela*". Esse era certamente o último puxão dos grilhões da consciência racial, retardando a liberdade de visão que lutava para ser alcançada junto com a crescente consciência política.

O surgimento do novo homem pós-colonial não aconteceria por meio do amor sexual realizado, embora o amor em seu sentido total, livre de religiosos

[31] Mongane Wally Serote, *Scatter the ashes and go*, Ravan Press, Johannesburgo, 2002, p. 55.

loquazes e decretos políticos, seja a única abordagem humana em que o iconoclasta Wolfe acredita. Ele perde Nhliziyombi depois de uma paixão não resolvida, meio enfeitiçada, meio angustiada, maravilhosamente expressada. Sai dessa experiência para enfrentar o vexame zangado de Bloodfield, Flesher e companhia por ter se rebaixado a se apaixonar por uma negra (apesar de eles terem amantes negras que lhes dão filhos — mas no quintal, não na casa do homem branco) e o momento de verdade jogado diante dele por uma mulher branca. Mabel van der Horst tem a resposta à questão da cor com que Wolfe se viu confrontado em Melhores Espetáculos de Schönstein: "Não existe questão nativa. Não é uma questão. É uma resposta".

Para expressar a resposta, Wolfe, Mabel, um missionário recém-chegado de jeito diferente, Friston — que é secretamente comunista —, Zachary Msombi, um jovem negro meio educado no Ocidente, e seu primo Caleb, o ajudante de Wolfe no armazém, fundam uma associação, chamada grandiloquentemente Jovem África, um Importante Novo Movimento para a Regeneração de Nosso País.

> HORROR estava escrito no sol.

Um momento — de *insight* de gênio? — faz brilhar a imagem num poema que Plomer opta por atribuir a Friston, e não a Wolfe; é o que o colonialismo rabiscou na face de Ovuzane, da África.

A "Jovem África" se torna confusa e deslumbrada; Friston se droga e delira de ciúme, quando Mabel se deita com Zachary num quarto contíguo. Ela queria fundar um movimento revolucionário só para justificar sua escolha de um marido negro? Friston recupera sobriedade suficiente — ou ganha mudança suficiente de coração e mente — para oficiar no casamento, antes de desaparecer para ser preso como comunista em algum outro território colonialmente ocupado. Quanto a Wolfe — acossado pelo comissário colonial, insultado pela coorte de Bloodfield que demanda sua deportação, ele se adianta tomando sua própria decisão de partir. Coloca o armazém à venda, e não vou antecipar a estocada final do autor, lacônica e devastadora, revelando quem agarra a oportunidade de adquiri-lo. Turbott Wolfe se resume: "Sou um egoísta", diz ao negro Caleb. "Só tenho dinheiro para ir viver quieto na Inglaterra... Na Inglaterra serei apontado como um excêntrico, porque tento usar minha inteligência... Você vai se casar e se estabelecer no seu próprio país, com seu povo... Você vai encontrar a felicidade e eu vou encontrar o vazio."

Tantalizante para qualquer um que vive no mundo pós-colonial, cabe ao leitor decidir: Turbott Wolfe foi um fracasso como homem de seu tempo? Talvez ele tenha estado na África cedo demais? O dia da resposta ainda não chegou.

William Plomer tinha dezenove anos quando começou a escrever *Turbott Wolfe*. Trabalhava — sim — num armazém em Zululândia, África do Sul, na década de 1920. Apenas uma vez é identificado como o autor a quem Turbott Wolfe conta sua história. Quando Wolfe se encontra deitado "... sei que estou morrendo nesta cama fria e infestada de traças", ele se dirige pelo nome a "Meu bom William Plomer". Um estratagema óbvio da parte de William Plomer para alertar o leitor a não supor (de fato, o leitor sabe...) que Turbott Wolfe é a criação de um eu alternativo de William Plomer. Pois todos os personagens que um escritor de ficção cria são eus alternativos: as pessoas que poderíamos ter sido pelo misterioso acaso do nascimento.

William Plomer nasceu de pais ingleses na África do Sul em 1903, mas sempre insistiu que não podia se considerar sul-africano "porque, se uma gata tem por acaso uma ninhada de gatinhos num forno, ninguém os considera biscoitos". Sua infância e educação foram divididas de um lado para o outro entre a Inglaterra, seu lar ancestral, e a África do Sul, onde seu pai tinha vários cargos na administração colonial e explorava um pouco a agricultura. Sem muito sucesso; o armazém veio a ser o único sustento do empreendimento agrícola na Zululândia.

Turbott Wolfe, escrito a lápis em cadernos escolares do tipo vendido num armazém, foi enviado para Leonard e Virginia Woolf na sua Hogarth Press em Londres. Não sabendo nada sobre editoras e a improbabilidade de quererem editar obras estrangeiras de escritores desconhecidos, o jovem Plomer não poderia ter sido mais afortunado na sua tentativa de encontrar um editor. Os Woolf reconheceram a originalidade extraordinária do romance, no tema e no estilo, em referência ao que Edward Said, falando de várias literaturas, chama "modos históricos de ser".[32] Nesse caso, o modo histórico-mundial de ser colonial, tanto para o colonizador como para o colonizado. É um lapso inexplicável da parte de estudiosos e críticos literários que *Turbott Wolfe* não seja reconhecido como uma presença pirotécnica no cânone da literatura colonialista renegada junto com Joseph Conrad. Embora seja só intermitentemente satírica — e não poupe o narrador anti-herói, o próprio Turbott Wolfe, muitas vezes atacado pela sua própria boca, por assim dizer —, a obra revela William Plomer como essa raridade, um escritor suficientemente brilhante para apresentar um tema sério profundo e apaixonado com uma graça mordaz.

Turbott Wolfe foi um sucesso na Inglaterra, ao ser publicado, em 1926; perturbador, aclamado pela crítica. Em Nova York, um crítico escreveu: "Procure em outro lugar sua história para dormir". Na África do Sul, o livro lançou tantos insultos sobre a cabeça de Plomer que o autor de 22 anos não poderia continuar a encontrar ali nenhum tipo de aceitação social, e no contexto de *Double lives* (título de sua autobiografia posterior) — sua vida já então uma consciência desenvolvida entre um continente, uma cultura, e outro — ele foi tentar ainda outra cultura, o Japão. Aprendeu a língua, trabalhou como professor de literatura, formou alguns dos mais importantes relacionamentos de sua vida adulta e ficou no país por vários anos. Desse período veio seu segundo romance, *Sado*.

Mas, como Turbott Wolfe, ele passou o resto de sua vida na Inglaterra, onde escreveu mais ficção, autobiografia e biografia, e tornou-se um dos melhores poetas de sua geração, junto com Auden, MacNiece, Spender, muito citado pelo seu vívido humor e pela crítica sutil a qualquer tipo de mistificação.

William Plomer retornou à África do Sul uma vez, por pouco tempo, em 1956, depois de trinta anos no exterior. Conhecemos, por fim, o escritor do único romance de visão poética a surgir em nosso país desde *Story of an African farm*, de Olive Schreiner. Um homem alto, vestido com elegância e discrição, refinadamente cortês, recebendo com um leve sorriso a acusação

[32] Edward W. Said, "Challenging orthodoxy and authority", *Culture and imperialism*, Knopf, Nova York, 1993, p. 319.

efusiva: sr. Plomer, por que escreveu tão poucos romances, por que não continuou a escrever sobre a África? Mas ele havia dado a resposta em outro lugar, quando escreveu: "A literatura tem suas galinhas da indústria avícola, eu sou uma ave mais selvagem".

Ele morreu em 1973 e não viveu para ver o fim desse epítome da era do colonialismo, o *apartheid*, sobrepujado pela vitória dos movimentos de libertação dos negros sul-africanos. A questão nativa como resposta. Mas ele havia escutado e compreendido a resposta meio século antes.

2003

Atlântida

Se havia uma coisa que eu sabia sobre Cuba, era que se tratava de um país saindo da tremenda carga de um passado colonial e de uma ditadura — a de Batista, assim como saímos da ditadura de minoria branca do *apartheid* —, mas agora sei que Cuba está submetida, há mais de quarenta anos, a um bloqueio dos Estados Unidos. Se o regime de Castro, enquanto havia a potência comunista soviética, constituía uma plataforma de lançamento de projéteis contra os Estados Unidos, militar e ideologicamente, nenhuma dessas ameaças existe hoje. Sou signatária de um protesto internacional exigindo que os Estados Unidos suspendam o bloqueio, e sei que lá há um corpo considerável da opinião púbica que o deseja abolido.

Sou membro do Congresso Nacional Africano na África do Sul, mas não do Partido Comunista Sul-Africano, um de seus parceiros de aliança. Não fui a Cuba disposta a celebrar acriticamente aquilo que o regime de Fidel Castro tem realizado, nem a me regozijar num júbilo ocidental com seus fracassos em proporcionar liberdades importantes.

Os cubanos são pobres, sim. Mesmo os escritores, os acadêmicos e os administradores culturais com quem estive são pobres pelos padrões modestos das pessoas que trabalham no âmbito das artes na Europa, nos Estados Unidos e até em meu próprio país. Entre as multidões na abertura do Festival de Jazz Internacional de Havana, corpo contra corpo, fôlego contra fôlego, em salas onde todos tinham de ficar em pé, havia um equilíbrio calmo que podia ser sentido. Um companheiro cubano brincou: "Não sentimos inveja de quem encontrou um lugar para sentar. Não possuímos propriedade. Não ficamos atrás dos 'Jones', sabe. Não temos nenhum desses 'Jones'".

Atacar a burguesia é a convenção da revolução; apropriar-se de sua ruína é ali uma realidade. Criar uma vida nova e mais justa pode levar mais tempo que os 44 anos desde o início do regime de Castro. Essa realidade de apropriar-se das grandiloquentes ruínas do capitalismo colonial em circunstâncias econômicas provocadas por fatores atuais fica evidente para qualquer um, quando se passa ao longo do circuito do antigo porto fortificado em direção à antiga Havana. Aqui estão os destroços vazios de uma longa fachada de imensas mansões que devem ter sido o centro de atividades dos mercadores ou suntuosas residências — mas não, *não* estão vazios. Onde até três paredes se mantêm em pé num dos níveis recortados e sem telhado, as pessoas estão valentemente vivendo. Vislumbra-se uma mesa, uma cama.

Condições de vida terríveis, comparáveis às existentes em partes de Johannesburgo, onde imigrantes ilegais de países vizinhos em conflito invadem casas e moram de modo precário. Num beco comercial que passa perto de uma praça grandiosa com prédios refinados do século XVII ao XIX, eu estava entre pessoas dignas, vestindo camisetas e calças de brim de nosso uniforme internacional, comprando pizzas de camelôs em vendinhas. O salário mínimo em Cuba é doze dólares por mês. Como as pessoas se sustentam com isso? A educação e serviços médicos são bons e gratuitos, e ali estão galpões-depósitos onde todo mundo troca seus tíquetes de ração por alimentos básicos a preços baixos em pesos. Uma medida do tempo de guerra — mas o bloqueio dos Estados Unidos é uma ação do tempo de guerra contra um país onde ninguém está em guerra com ninguém.

O carro me conduziu por mais de 350 quilômetros de Havana a um *resort* estilo Paraíso Caribenho do tempo de Batista, aberto apenas a quem paga em dólares. Não estava lotado, pois os turistas — infelizmente para a economia da ilha — devido à proibição dos Estados Unidos a viagens de seus cidadãos para Cuba estavam limitados a um grupo canadense e vários franceses. "Licenças" dos Estados Unidos permitiram a visita de 176 mil americanos em

2001, e 25 mil vieram clandestinamente; mas encontrei poucos americanos em qualquer parte.

Em todo lugar, as palmeiras-reais são torres de vigia sobre a paisagem cubana. As estradas estavam muradas com canaviais interrompidos por vilas. Tive a sensação incongruente de estar no antigo Sul profundo dos Estados Unidos, aquelas filas de cabanas com alguém sentado lá fora numa cadeira de balanço. Mas não era o Sul profundo, era a Cuba rural de 2003. Os pobres em suas cadeiras de balanço tinham grandes charutos na boca. Quase que os únicos carros e ônibus rodavam na única rodovia; havia poucos carros particulares em Cuba, esses principalmente antigos Oldsmobiles, De Sotos e Chryslers. A saída da família no fim de semana ocorria calculadamente por meio de cavalo e carroça.

Em Havana, eu tinha perguntado a um escritor por que não havia jornais independentes em Cuba, nem liberdade de expressão, enfatizando a diferença entre uma imprensa que procura derrubar um regime e um jornal que advoga reformas dentro do governo. Dinheiro, mais do que medo de uma punição do Estado, disse ele. Os únicos fundos disponíveis para qualquer grupo reformista pagar papel e impressão vinham dos cubanos na Flórida, cuja única intenção é derrubar Castro e cujo voto nas eleições americanas se reveste de tanta importância que mantém o bloqueio em vigor. Mas eu sabia que jornalistas cubanos dissidentes acabam na prisão...

Vejo Cuba como um lugar de símbolos. Uma Atlântida que surgiu para nos confrontar. A queda do Império Soviético afogou a ilha em nosso tempo como uma relíquia da política de poder do século XX. Visitá-la é encontrar um pedaço de nosso passado não distante, significativamente trazido à tona.

Eis tudo o que sobrou da ortodoxia marxista-leninista de nosso século XX, na forma que tomou como o sonho utópico de um mundo justo.

Eis os destroços do naufrágio do materialismo capitalista vulgar: carros dos anos 1940 e 1950 com seus floreios para fluxo de ar, embelezamentos de rabo de peixe, de algum modo ainda funcionando!

Duas características de nosso passado: a outrora grande solução para um mundo injusto, o marxismo-leninismo, transformado em outro tipo de sabedoria popular respeitável a ser seguida, em vez de a solução inquestionável para esse mundo; e os valores triviais desse mundo: eles pareciam chocantemente reduzidos ao mesmo nível contra as realidades da nossa sobrevivência no século XXI. Um dos intelectuais de Cuba pergunta: "Cuba, museu socialista ou laboratório social?". Poderia ser o último? Uma democracia social da esquerda já mostrava uma tendência a seguir inspirada em José Martí. Fidel Castro (ou seu sucessor) poderia fazer uso das ideias de seu mentor original em prol da justiça humana, enfrentando fatos inevitáveis do milênio, testando a universalidade da globalização, sem trair uma revolução evoluída?

O fim do bloqueio repressor dos Estados Unidos não resolverá magicamente os problemas de um país com poucos recursos naturais. Mas o começo de *qualquer transformação* das privações e da pobreza nobremente suportadas pelo povo é a suspensão do decreto ultrajante. O bloqueio é um ato vergonhoso e absurdo de uma potência arrogante, sem sentido em termos de política mundial, pois a União Soviética já não existe.

2003

SEDE

GIRE-SE UM GLOBO e parece que nosso mundo está inundado por águas sem fim.

Um paradoxo, que delegados do Fórum Mundial da Água, em Kyoto, venham com uma agenda de crise, afirmando que o futuro de nosso planeta é uma sede crescente que ameaça toda a matéria viva. Embora 70% da superfície da nossa Terra esteja coberta por água, 97,5% é água salgada. Boa apenas para as baleias, os peixes, os crustáceos, e assim por diante. Dos 2,5% de água doce com que a vida se sustenta, quase três quartos estão congelados nas calotas glaciais. Não é inesperado que os recursos de água possam ser uma fonte de conflito entre as comunidades e os territórios. Mas a necessidade exige que a água seja partilhada para a sobrevivência de todo mundo. Ela torna-se forçosamente um catalisador de cooperação internacional: a água é também um agente para a paz.

Somos pródigos em nosso emprego do precioso líquido da vida. No século XX, seu uso cresceu o dobro da taxa do crescimento da população do mundo. A mudança de padrões de clima, a poluição, o desflorestamento afoito, a drenagem de terras alagadiças — tudo contribuiu para o desregramento colossal. Enquanto a extravagância estava e está em andamento para alguns países e povos, mais de 1 bilhão não têm acesso a um suprimento constante de água limpa. A cada ano, mais de 2,2 milhões, principalmente nos países em desenvolvimento, morrem de doenças transmitidas pela água impura, que é só o que têm para beber. Seis mil crianças morrem *todos os dias* — sim, faço uma pausa, estarrecida, ao escrever esse dado — da mesma causa.

O benefício da água afeta muitos aspectos menos óbvios da pobreza. Enquanto prosseguem as campanhas para providenciar drogas que prolonguem a vida dos pacientes da praga de HIV/Aids na África, o sucesso dos regimes de tratamento requer que a resistência física seja fomentada por decentes condições de vida — e essas começam com água limpa. O edito "Água é vida" assume muitas nuances.

Providenciar um suprimento de água para as comunidades é apenas meia solução para sua falta. A ausência de saneamento efetivo significa que o suprimento de água se torna poluído por vazamento de matéria fecal. A sede é saciada, mas a doença é assimilada com a água. Assim, o acesso a um saneamento efetivo *junto com* um suprimento de água doce é agora reconhecido como a condição dupla essencial para satisfazer as necessidades humanas.

Termos grandiloquentes ligam o fator do abastecimento de água indivisivelmente a outros fatores no conceito amplo de criar um ambiente habitável no presente e assegurá-lo para o futuro. "Desenvolvimento sustentável", "diversidade biológica", "administração de recursos", "racionalização existente". Não menos enfatizada é a "boa governança" a ser implementada por políticas tanto territoriais como internacionais. No lançamento da Parceria Estratégica África-União Europeia sobre Questões da Água e Saneamento no ano passado, os presidentes da África do Sul e da Nigéria, Thabo Mbeki e Olusegan Obasango, e os presidentes do Conselho Europeu e da União Europeia, Andus Fogh Pasmussen e Romano Prodi, deram uma declaração "sublinhando que a administração do recurso da água precisa ser examinado em todos os níveis" e que "um equilíbrio entre as necessidades de água e as do ambiente pode contribuir para a meta de fazer cessar a perda de recursos ambientais até 2015". Enfatizaram que essa meta depende da nova parceria estratégica de longo prazo entre os governos... os investidores relevantes... a sociedade civil e o setor privado. De fato, depende de todo mundo que já abriu uma torneira ou encheu um copo com água. Interdependência humana; especifica-se até que o desenvolvimento do recurso da água deve ser "sensível à questão de gênero".

Se esse último ponto parece uma reverência nervosa concedendo às feministas a experiência comum da sede, é o sério reconhecimento da responsabilidade (literalmente) pesada das mulheres nos sistemas de distribuição de água em vastas áreas do mundo. É delas a categoria bíblica de retirar água dos poços. E muito frequentemente, em vários países, elas a carregam em vasilhas sobre as cabeças por muitos quilômetros. Seu papel ao longo de gerações no que se poderia chamar de reticulação humana tem sido maior no continente africano; na África do Sul, coincidente com o Fórum Mundial da Água no Japão, haverá a apresentação de "Mulheres nos Prêmios da Água" pelo Departamento de Água e Silvicultura, para "salientar e promover a participação das mulheres na administração de recursos hídricos", tanto na qualidade de antigas carregadoras de seu peso, como em seu novo papel de supervisionar e educar as comunidades para a partilha justa e a conservação dos suprimentos de água doce.

O "Relatório Mundial da Água", resultado do Fórum, reunirá suas conclusões tiradas dos projetos dos delegados para conservar a água do mundo e assegurar que ela não privilegie as piscinas particulares dos países ricos, enquanto as torneiras dos pobres secam. Uma proposição dominante perante o Fórum é o Programa de Desenvolvimento das Nações Unidas "Iniciativa Água na Comunidade", com um orçamento de 500 mil dólares somente para este ano, aumentando até 50 milhões ao longo de cinco anos. Apoiará "abordagens inovadoras em nível comunitário para o suprimento de água, saneamento e administração de vertentes num crescente número de países em desenvolvimento como parte do esforço do PDNU para reduzir pela metade, até 2015, o número de pessoas no mundo que não têm acesso à água potável".

Há tantas ameaças à continuidade de nossa existência, que nem é preciso nomeá-las. Algumas afetam países específicos, regiões definidas pelos grupos de poder. São resolvidas ou causam desastres a essa ou àquela região do mundo. E se conseguirmos manter nosso pequeno pedaço do planeta livre delas, bem, poderemos virar os olhos para o outro lado e esperarmos florescer durante a geração seguinte. Mas uma dessas ameaças se aplica a todos nós. Se não reconhecermos que nossa vida global depende da água, vamos sentir sede num planeta ressecado.

2003

Perguntas Que os Jornalistas Não Fazem

Qualquer um que tenha algum tipo de *persona* pública — astro pop, herói esportivo, político, artista, escritor — sabe as perguntas previsíveis que um jornalista fará numa entrevista, de acordo com qualquer área de realização profissional a que o entrevistado pertença. (Podemos responder dormindo.) Assim é a fama ou a notoriedade — astros pop e políticos, os melhores exemplares. Os escritores — e nenhuma de suas realizações foi ou é famosa nessa escala, exceto talvez *Romeu e Julieta*, *...E o vento levou* e *Harry Potter* — são obrigados, pelos seus editores, a ser entrevistados. Sou uma dentre eles. (Os autores da Bíblia são um coletivo, agentes de uma criatividade que se diz estar no céu, portanto inacessível.)

À medida que se passaram os anos numa longa vida de escritora, reuni pensativamente na memória uma lista curta das perguntas que os jornalistas não fazem. Essas, às vezes, me pareciam muito mais interessantes — mais dignas de publicação? — do que as que eles fazem. Assim, decidi entrevistar a mim mesma e ver o que posso apresentar que eles nem imaginam. Isso implicará que devo também responder a mim mesma, seja qual for o possível grau de relutância desse eu mesma? Sim. Não que eu vá ser o juiz, que eu vá ser o júri, mas serei o jornalista, serei a vítima. Algumas amostras de perguntas feitas por mim para mim mesma:

P. N. Qual é a maior deficiência em sua vida?

R. N. Vivi todo esse tempo na África sem aprender um idioma africano. Mesmo nas minhas amizades mais próximas, nas minhas atividades literárias e políticas com amigos negros sul-africanos, eles só falam inglês comigo. Se estão conversando numa de suas línguas maternas (e todos falam ao menos três ou quatro línguas de cada um deles), não compreendo mais que algumas palavras que foram introduzidas no uso comum sul-africano do inglês. Assim, sou surda a uma parte essencial da cultura sul-africana em que estou envolvida e a que pertenço.

P. N. Qual é a mentira mais espalhafatosa que já contou?

R. N. Não sei distinguir. Viver durante o *apartheid* sob a vigilância da Polícia Secreta transformou em rematados mentirosos aqueles de nós que se opuseram ativamente ao regime. Mentíamos que não sabíamos o paradeiro de alguém que a polícia procurava, mentíamos sobre nossos encontros e movimentos; tínhamos de mentir para proteger os outros e a nós mesmos.

P. N. Você realizou alguma coisa como escritora, mas você tem uma filha e um filho; como se avalia como mãe?

R. N. Pergunte a eles. Se não quiser escutar mais mentiras autoprotetoras.

P. N. Qual foi o melhor elogio que já lhe fizeram?

R. N. Há muitos e muitos anos, quando eu estava num acampamento numa fazenda, fui picada por alguns carrapatos que tinham saído da longa grama que eu estivera pisando. Quando reclamei disso, o fazendeiro velho e bem pouco atraente disse: "Se eu fosse um carrapato, eu também ia querer picar você".

P. N. Qual foi a coisa mais aviltante que se disse sobre você como escritora?

R. N. Quando um colega da escola perguntou ao meu filho de oito anos qual era o trabalho de sua mãe, ele disse: "Ela é datilógrafa". Verdade, eu estava no meu estúdio datilografando uma ou outra ficção à época. Escutei, pela janela, seu julgamento no jardim.

P. N. Você recebeu o Prêmio Nobel de Literatura das mãos do rei da Suécia. Você se recorda dessa experiência como o melhor momento de sua vida?

R. N. Melhor momento? Reinhold Cassirer e eu tínhamos acabado de nos casar e estávamos numa festa em Londres. Ele fora procurar um amigo numa sala contígua. Eu me vi em pé ao lado de uma mulher que não conhecia, nós duas conversando amavelmente com drinques na mão. Ele apareceu no vão da porta. Ela se virou para mim e disse excitada: "Quem é esse homem divino?". Eu disse: "Meu marido".

P. N. Qual é sua reação a uma crítica ruim de um de seus livros?

R. N. Ignorá-la, se for de algum picareta, facilmente reconhecido pela falta de compreensão do tema tratado no livro. Fingir (para mim mesma) ignorá-la, se for escrita por alguém cujo julgamento e capacidade crítica respeito. E depois levar esse julgamento em conta quando, como meu crítico mais rigoroso, eu julgar o que realizei ou deixei de realizar nesse livro.

P. N. Qual o seu grau de satisfação ao receber elogios por sua escrita?

R. N. Resposta igual à anterior: nem um pouco, se não respeito o julgamento de quem elogia, satisfeita quando acredito que a obra justifica esse reconhecimento vindo de alguém cuja honestidade, intelecto e nível de julgamento literário eu respeito.

P. N. Ao escrever, você usa drogas, fuma maconha ou toma bebidas alcoólicas para aumentar sua imaginação criativa?

R. N. Apenas um *scotch* duplo, horas depois que o meu dia de escrita está terminado. (Uau! Essa pergunta seria difícil para muitos de meus colegas escritores, a começar por De Quincey.)

P. N. Você acha que um escritor também deve saber cozinhar?

R. N. Sim. A torre de marfim não tem cozinha. O trabalho ali realizado precisa do chão das tarefas comuns, distrações da existência de todo mundo, apesar de nós, escritores, reclamarmos como o diabo disso.

P. N. Como mulher liberada, você ainda assim preferiria ter nascido homem?

R. N. Ambos os sexos experimentam as alegrias do ato amoroso. Se quiser, a mulher tem a extraordinária experiência adicional de desenvolver uma vida dentro de si mesma e de lhe apresentar o mundo. É doloroso — tudo bem. Mas, quanto mais ampla a experiência de vida que um escritor possui, maior a capacidade de se identificar com vidas diferentes da sua própria, e de criar variedades de caráter, estados de ser, que não sejam os seus. Às vezes penso, por exemplo, que deixei de enriquecer minha experiência emocional por nunca ter me sentido sexualmente atraída por outra mulher. De qualquer maneira, um escritor *como tal* é uma espécie de criatura andrógina, tem todos os sexos e todas as idades quando cria personagens fictícias, é um misto de todas as pessoas que ele ou ela conheceu, observou ou com quem interagiu. Assim, embora seja uma mulher, como escritora sou uma inteligência múltipla.

P. N. Por que instruiu sua editora a retirar um romance seu da pré-seleção do "Prêmio Orange" inglês para escritoras?

R. N. Não acho que o sexo do escritor seja um critério válido para a literatura. Somos heterogêneos em nossa imaginação, acredito. Escritores negros, escritoras mulheres, escritores gays, escritoras lésbicas prejudicam a causa do reconhecimento de seus talentos ao medir suas realizações particular e exclusivamente em relação a si mesmos. Oh — cumpre notar que, pelo que sei, não há nenhuma categoria de prêmios só para homens, ou só para brancos, ou só para heterossexuais.

P. N. Você está com 79 anos — quando vai começar a escrever sua autobiografia?

R. N. Autobiografia? Nunca. Sou ciosa demais da minha privacidade. Reservada, se preferir. É só o que se tem, afinal. Ao passo que o biógrafo de qualquer pessoa tem de se virar com o que está de algum modo ao seu alcance, por bem ou por mal.

P. N. Você acha que as pessoas ainda lerão livros — impressos em papel, encadernados — no futuro?

R. N. Não. Acho que daqui a cem anos ou menos, a imagem das palavras projetada em telas de espécies ilimitadas e fluindo diretamente como som nos ouvidos — além dos recursos tecnológicos ora existentes — terá transformado o livro num tablete de pedra descoberto nas escavações dos arqueólogos. Estremeço de alívio ao saber que não estarei por aqui para ser assim espoliada.

Bem: agora posso tirar minhas conclusões sobre o caráter do indivíduo que eu estava entrevistando... Seria interessante escutar de outras vítimas entrevistadas quais são as perguntas que — agradecidamente? — nunca lhes são feitas.

2003

"Para Você Eu Posso"

Novembro, de Gustave Flaubert

Novembro. "Quando as árvores perdem suas folhas, quando o céu ainda guarda no crepúsculo o matiz castanho-avermelhado que doura a grama esmaecida, é doce ver extinguir-se tudo o que há não muito tempo ainda ardia em você."

Outono. E é com um homem recordando essa estação da vida que começa a mais bela, pródiga, envergonhada e desavergonhada, emocional e moralmente impiedosa evocação de sua antítese, a estação dos fogos inflamados. A novela de Flaubert é um testamento insuperável da adolescência.

Gustave Flaubert mal tinha vinte anos quando a completou, em 1842. Era ele quem estava ardendo. "A puberdade do coração precede a do corpo." Como um colegial de quinze anos, ele se apaixonou com veneração pela esposa de alguém. Nas suas primeiras viagens além de Rouen, onde nasceu, e ainda virgem aos dezoito anos apesar de desejos sexuais tortuosos, ele foi iniciado na prática amorosa pela filha do proprietário do hotel onde se hospedava em Marselha. Não se esqueceu de nenhuma dessas duas conquistas de seu ser, alma ou corpo, pelas mulheres; foram transpostas para uma única pessoa, a mulher Marie, nesse livro.

É o que aprendi lendo as muitas biografias do autor. Flaubert, mais do que qualquer outro escritor de ficção que eu possa citar, inclusive Marcel

Proust, tem sido submetido ao processo de tomar a criação do escritor como uma espécie de base documental para o que é mais interessante de investigar: sua vida. Não importa o que alguém escreve, importa quem é. Essa elucubração sobre os processos da imaginação é um aviltamento, ainda que eruditamente inconsciente, da literatura: o ato da própria criação. A ficção não pode ser "explicada" pela autobiografia; permanece, da mesma forma que a composição da música, um mistério profundo como fonte de compreensão humana que só as artes podem oferecer.

Apresento a filha do dono do hotel simplesmente como exemplo da metodologia literária ainda em voga — que não se tornou obsoleta com o romance psicológico, mas foi de certo modo reforçada pela teoria pós-moderna de que tudo o que for pertinente ao autor, até fragmentos da infância reproduzidos no texto, pertence à sua ficção. Não me importo, e francamente acho que o leitor de Flaubert não se importa, se a experiência arrebatadora desse livro for realmente o que aconteceu na vida juvenil do autor. Só o que conta é que se trata de uma obra de gênio escrita por um jovem de vinte anos. Gênio: como sempre nesse nível extremamente raro de mente e espírito, a investigação da motivação, ação e sentimento humanos permanece relevante, torna-se mais de uma vez espantosamente contemporânea em gerações nascidas muito depois daquela em que foi concebida.

Os anos de que o narrador se recorda em seu novembro foram os do reinado de Luís Filipe, 1830-1848, anos de desilusão pós-napoleônica, quando parecia impossível a mudança revolucionária como um agente para gerar justiça, acabar com o privilégio e a corrupção, criar valores que substituíssem aqueles de brilho já gasto. Não havia nada em que acreditar, secular ou religioso, que não fosse uma vergonha em relação às necessidades profundas. Nada a aspirar além do materialismo; e, se conformado com essa situação, nenhum jovem tinha oportunidade de acesso a posições elevadas sem patrocínio. Há muitos países em nosso século XXI em que os jovens de hoje experimentam a mesma frustração, o mesmo mal-estar, atualizando a fuga para o absinto e o ópio do século XIX com qualquer mistura alcoólica à mão e injeções de heroína.

O relutante estudante de direito de Flaubert, de uma família burguesa provinciana com ideias voltairianas irrealizadas, não tem nome como narrador, atraindo o leitor sem colóquio intermediário para dentro de sua vida. Ele abandona sumariamente seus estudos em favor da poesia, ambições improváveis nas artes e fantasias: "Eu ia o mais longe possível dentro de meu pensamento, examinava-o em todos os seus aspectos, penetrava nas suas profundezas mais longínquas... Construía para mim mesmo palácios e morava neles como imperador, esvaziava as minas de todos os seus diamantes e espalhava-os aos montes sobre a estrada que iria percorrer".

O despertar da imaginação surge pelo poder evocativo das palavras, e o mesmo acontece com o despertar sexual. "*Mulher*, especialmente *a amante*... me desconcertavam... só a magia do nome" lançava o adolescente "em longos êxtases". Essa é a gênese de uma narrativa erótica, uma realização que não tem nada a ver com pornografia e tudo a ver com o reconhecimento do impulso sexual em simbiose com o espírito e o intelecto.

O "mistério da mulher" o atormenta nas ruas com pequenos detalhes encantadoramente descritos, a partir dos quais ele cria para si mesmo a mulher completa, tenta anexar a cada pé passante "um corpo, um corpo a uma ideia, todos esses movimentos a seus propósitos, e me perguntava aonde todos esses passos estavam indo". Dos prazeres insatisfeitos surge a vingança da rejeição do que é negado. Ele sentia prazer em observar prostitutas e ver ricas beldades nas suas carruagens. Isso se transforma numa repugnância selvagem por todas elas, e estende-se a ambos os níveis de sociedade que elas representam. O rebelde sem causa, um coração vazio, quer se perder entre as multidões. "O que é essa dor inquieta, de que temos orgulho... e que escondemos como um amor?" (O diagnóstico atual seria depressão.) Seus mergulhos desesperados na comunhão com a natureza não são consolo; forças tão eróticas quanto fantasias sexuais constituem o que ele ali desfruta, só reforçando sua frustração sexual.

"Nada a não ser um grande amor poderia ter me desenredado."

Incapaz de agir, sufocado pela arrogância e fantasia juvenis — o jovem não só deixou de realizar o amor, sexual e ideal, que coloca no centro do ser; ele ainda procura o aceno que o chamará para esse amor. Em busca de distração, reage a um sinal que parecia não ter relação com essa necessidade tão profunda; aceita o convite nos olhos de uma prostituta. Se ele não possui um nome próprio que se digne a passar ao leitor, ela deu a si mesma o nome de Marie. Aliviado de sua virgindade com uma volúpia além das concepções de suas fantasias, ele vai para casa sentindo repulsa por si mesmo e retorna com renovado prazer. Começa o que seria descrito, de forma por demais inadequada, como um caso amoroso. Ela é mais velha que ele de todo modo, em anos e em largueza de experiências; uma beldade em quem reconhecemos algumas das características das mulheres inabordáveis que ele idealizou. A complexidade do que chamamos superficialmente satisfação sexual é transmitida de forma sutil, maravilhosamente, como algo que na verdade pode ser *lido*. A hipérbole tem de ser reavaliada nessa prosa. A paixão profissionalmente indesejada que brotou entre ela e esse jovem iniciado une o paradoxo da situação numa comunhão de melancolia e sensualidade. Amor?

Ele não conheceu o amor. Ela tem sido usada por muitos homens, mas não conheceu o amor; ambos perderam a esperança de jamais conhecê-lo, mas, embora duvidando de sua existência dentro da moral e dos costumes de seu tempo, continuam tortuosamente a procurá-lo. Dela, a mulher que pertence a todo homem, ele escuta "as primeiras palavras de amor que escutei na minha vida". Com o corpo dela deitado sobre o seu, com uma consciência, refinadamente descrita, da carnalidade da mulher, ele é levado a recebê-la na integridade de seu ser, e não como um meio, um substituto para o inatingível. "Contemplando essa mulher tão triste no prazer... eu adivinhava mil paixões terríveis que deviam tê-la dilacerado... a julgar pelos vestígios deixados, e então pensei que gostaria de escutá-la contando sua vida, pois o que eu procurava na existência humana era o lado pulsante, vibrante." Ele lhe implora sua história. Marie sabe que a vida de uma prostituta fora da cama não é uma história de que os clientes querem ser lembrados. Mas, como acontece com frequência em todo esse livro, o fluxo de intimidade, ironia, reflexão e autoescrutínio é de repente vedado: há uma declaração sucinta que desvia a mente do leitor para uma nova possibilidade de revelação.

"Para você eu posso."

E nessas suas quatro palavras há uma nuance implícita sobre a estranha natureza da proximidade entre eles. Por que "para ele"?

Ela começa um solilóquio que poderia ser retirado do livro como uma novela em si mesma. Flaubert queixava-se em seus primeiros escritos de que a língua é inadequada às profundezas de sentimento. Isso é esmagadoramente refutado por ele na narrativa em que Marie conta sua história. É possível duvidar que uma mulher de um ambiente brutalmente humilde fosse capaz de possuir tal domínio das palavras para encarnar sentimentos. O que não pode ser questionado, apenas aceito com surpresa, é o fato de um escritor do sexo masculino ter sido capaz de se identificar com uma mulher, fora de sua classe e de seu gênero, de forma tão plena. Essa é a clarividência do escritor, que todos os escritores partilham até certo ponto, mas que dessa vez vai além daquilo que inevitavelmente vem à mente como comparação — a meditação interior de Molly Bloom criada por James Joyce. O Flaubert de vinte anos chegou perto de realizar a definição, formulada pelo grande crítico-escritor húngaro Georg Lukács, da meta inalcançável do escritor de ficção: a integridade, o modo de expressar *tudo*. O narrador de Flaubert diz ser "como uma abelha colhendo tudo para me nutrir e me dar vida". É o que Flaubert, criando-o e à mulher Marie, alcança — para *sua obra*. O romance curto, com sua evocação dolorosamente recente da paixão pela natureza e pelo amor sexual como fusão de duas expressões da mesma fonte primal, com sua crítica social implícita ligando os indivíduos a seu tempo, é chocante, sim — não no sentido de ofensivo, mas de despertar, durante a leitura, áreas de pensamento evitadas, escondidas. Deixo a você, leitor, chegar ao Fim — ao ponto em que o autor põe de lado o relato da vida de seu narrador e afasta-se para começar os romances de sua celebrada maturidade, incluindo *Madame Bovary*.

O famoso comentário críptico de Gustave Flaubert nesse período: "Madame Bovary, *c'est moi*". Madame Bovary sou eu mesmo. Nesse primeiro romance, todas as manifestações da vida reveladas estão em alguma parte enterradas em todos nós. Fomos ou somos jovens. *C'est nous*. Somos nós.

2004

Leo Tolstói e *A morte de Ivan Ilitch*

Tolstói mergulha o leitor diretamente em suas histórias, sem a montagem de cena convincente usada por outros escritores do século XIX. *Guerra e paz* começa com o anúncio de um ataque violento por uma pessoa da sociedade de São Petersburgo e com Napoleão tomando Gênova e Lucca — a era das guerras napoleônicas é instantaneamente encenada. O início de *Anna Karenina* é uma bomba calma: "Tudo havia dado errado no lar dos Oblonsky". *A morte de Ivan Ilitch* lança o leitor na secretaria do tribunal, entre os advogados, para escutar: "Cavalheiros! Ivan Ilitch morreu".

A história começa pelo fim. Mas não se trata apenas de um estratagema romanesco familiar, seguido pela recapitulação de uma vida. A intenção é chocar — e de um modo não convencional. Funciona. Esses são os advogados colegas e amigos de Ilitch, e sua reação tácita à triste nova é: "Ora veja, ele está morto, mas eu não estou". Seu colega íntimo Piotr Ivanovitch está ansioso para terminar a visita de cortesia obrigatória ao cadáver que jaz na casa do falecido e escapar para seu jogo de cartas. A fim de compensar essa irreverência, ele se persigna repetidamente até que a fórmula parece excessiva ao fitar a face do morto; ele vê ali uma "repreensão ou uma advertência para os vivos", mas sem "relevância" para ele. Assim, soa um dobre de sino ameaçador que repercute por toda a história: ninguém quer enfrentar o mistério da morte como inevitável na sua própria pessoa. A nota ressoa com um materialismo predominante que cria uma paródia descarada do último acontecimento da vida. Praskovia Fiodorova, a mulher de Ivan, chora enquanto indaga "cuidadosamente" sobre o preço do pedaço de terra para o sepultamento e se ela não poderia de algum modo obter uma compensação monetária maior pela morte de seu marido por causa da posição prestigiosa que ele detinha no governo como membro da Câmara da Justiça. Apenas o criado camponês Gerasim, entregando a Piotr Ivanovitch seu casaco de pele, observa inocentemente: "Acontecerá o mesmo para todos nós".

De que Ivan Ilitch morreu? — perguntavam os cavalheiros.

Acontecerá o mesmo para todos? Tolstói tem um diagnóstico devastador que será revelado pelo seu gênio impávido nesse romance curto que abrange temas tão grandiosos.

Ivan Ilitch era filho de um funcionário público que "fez uma espécie de carreira... que coloca as pessoas numa posição em que... embora seja claro que elas não estejam aptas a fazer nenhum trabalho real, ainda assim, devido à sua... posição social, elas... ganham postos fictícios, inventados, e milhares de..." rublos não fictícios. Ivan, consequentemente, "assimilou... as maneiras delas, suas perspectivas de vida, e estabeleceu relações amigáveis com essas pessoas". Tolstói lista suas características adquiridas como sensualidade, vaidade e — um tanto mal colocado, ao que parece, na mesma categoria de algo repreensível? — liberalismo. Mas isso pode ser explicado quando o leitor chegar a compreender que a história está sendo contada no contexto das convicções do escritor quando ele a escreveu, em 1886.

Depois da escola de direito, o pai arrumou para Ivan um posto de oficial num governo provinciano, para o qual ele se equipou materialmente nas lojas mais luxuosas. Ele é cortês, adequadamente obsequioso com o governador, popular entre os homens e tem casos amorosos de acordo com o que é viril e está em voga. Sou tentada a citar diretamente Tolstói várias vezes, porque sua crítica severa na forma de ironia amarga torna suas observações muito sucintas em comparação com qualquer tentativa estropiada de parafraseá-lo. "Tudo ocorreu com mãos limpas, em camisas limpas, com palavras francesas... na mais alta sociedade." Cinco anos mais tarde, a carreira de Ilitch começa com as novas iniciativas judiciais em vigor desde a libertação dos servos, em 1861. Ele se torna juiz de instrução numa província diferente. O posto mais elevado cria dentro dele um senso do poder da classe governante. Ele não abusa diretamente desse poder; mais sutilmente, sua sedução consiste em tentar "suavizar suas manifestações": o *éthos* clássico do liberalismo desmascarado por Tolstói, como quando Ilitch afasta "de seu pensamento todas as *circunstâncias*" (itálico meu) relativas a um caso; mas o talento infalível de Tolstói implanta no subconsciente do leitor o que será lembrado mais tarde quando surgir o desmascaramento, no momento em que se percebe que Tolstói está acusando a sociedade de criar criminosos a partir de condições sociais injustas. Segue-se a implicação de que, em conformidade com a hipocrisia geral de seu modo de vida, Ilitch não estava ministrando justiça.

A forma exterior é o que ele segue em tudo.

"Na verdade, por que diabos eu não deveria me casar?" Ele se casa com uma jovem atraente e inteligente da classe correta. Não é um grande amor. Mas adequado. O casamento nesse ambiente é, como a morte, uma questão de adornos. "Carícias conjugais" são simplesmente um adjunto à mobília e aos objetos de arte úteis para se manter à altura dos "Jones" da alta sociedade czarista. Mas com a gravidez e o advento de bebês chorões, a esposa adequada se torna irascível, e há cenas vulgares entre o casal. O agradável decoro da vida burguesa parece ser injustamente rompido pela realidade primal. Para escapar disso — embora Ilitch não considere, nem queira considerar sua atitude uma fuga da realidade —, ele se dedica obsessivamente ao trabalho. Ali também não há satisfação, apenas um salário insuficiente e, depois de dezessete anos em postos de nível mediano, a evidência de que foi preterido na promoção ao cargo de juiz-presidente. Agora o único propósito zangado de sua vida é "obter um posto com um salário de quinhentos rublos". Mais uma vez, assim como seu pai mexeu os pauzinhos para ele quando jovem, Ilitch obtém tal posto por meio do conhecimento das pessoas adequadas. O orgulho e o bolso se regojizam: "Ivan Ilitch estava completamente feliz". Essa alegria é expressa na única maneira que ele conhece. Põe-se a mobiliar a casa mais fina que jamais teve com luxos que certamente agradarão à sua mulher e amortecerão o inferno que ele encontrou no casamento. Supervisionando ele próprio a decoração do interior, Ilitch cai enquanto ajustava o drapeado de uma cortina e machuca um lado do corpo, mas, na euforia geral, ignora o acidente como trivial.

Onde começa o declínio moral em nossas vidas? O que é trivial na distorção dos valores humanos? Tolstói, o moralista autoacusador que foi excomungado pela Igreja Ortodoxa russa por rejeitar o que ele declarava ser distorção dos ensinamentos originais de Cristo, tem o gênio de saber dramatizar, por meio de seus personagens individuais em ações aparentemente triviais, o modo como nos tornamos o que somos. A morte lenta de Ivan Ilitch começa cedo na nova casa esplêndida, na sua luta para cumprir os deveres do posto de "5 mil mais benefícios adicionais", enquanto padece de uma doença sobre a qual os doutores brigam tentando chegar a um diagnóstico. É uma nova fonte de reprimendas estridentes de sua mulher: a doença é culpa dele, como é sempre tudo o que a afeta adversamente. O único indivíduo que cuida do sofrimento do doente, e não se ressente de sua enfermidade como forma deliberada de estragar uma vida pessoal agradável, é esse criado Gerasim, a quem escutamos falando da morte na páginas iniciais da história. "Acontecerá o mesmo para todos nós." Sim — a maestria criativa de Tolstói, em que todo detalhe tem importância e nada ocorre apenas para ser esquecido, traz esse homem de volta à história. Ele esvazia o urinol sem repugnância, e é ele quem muito naturalmente levanta as pernas de Ilitch e apoia essa carga sobre seus ombros fortes para aliviar a dor. Claro, Tolstói está glorificando os valores humanos que via nos camponeses que tinham sido — e apesar da abolição da servidão ainda eram — desprezados pela classe privilegiada que traía esses valores ostensivamente, destruindo a humanidade tanto em si mesmos como em relação aos outros. O camponês não está se comportando como o vassalo fraco subserviente a um senhor? Mas as passagens em que Ilitch e Gerasim estão sós são tão comoventes que parecem, e talvez intencionalmente sejam, um tema subjacente à desilusão global desse livro; é possível que as pessoas se tornem verdadeiramente humanas em suas relações mútuas, apesar da evidência contrária da história, da raça, da classe econômica e social, dos equipamentos materiais de divisão que Ivan Ilitch deixou determinarem sua vida. Quer seja assim ou não, ele acredita que sua doença terminal foi causada pelo acidente já esquecido, quando caiu tentando ajustar o drapeado de uma cortina — um símbolo de privilégio ganho e roubado por injustiça: a posse privada de imensas terras, o exílio indiscriminado para a Sibéria dos desesperadamente pobres que recorrem aos pequenos crimes e a bênção da Igreja sobre tudo.

A história é em geral considerada uma narrativa surpreendente da experiência de morrer, uma busca do significado da morte. É tudo isso e mais: é um grande questionamento do que é e do que deve ser numa vida.

Do que Ivan Ilitch morreu?

Ele adoeceu fatalmente pela ação de seu tempo.

2005

Susan Sontag

Voltar à minha prateleira dos livros de Susan Sontag é como se, apesar de eu os conhecer tão bem, sua morte tivesse sido necessária para me levar a perceber o extraordinário alcance de sua realização. Sete volumes de ensaios, seis romances, dois roteiros cinematográficos, várias peças teatrais, toda a intuição memorável, a grande inteligência perscrutadora e o poder imaginativo.

De sua ficção, ela disse: "Contar uma história é dizer esta é a história importante. É reduzir a amplitude e a simultaneidade de tudo a algo linear, um caminho". À sua escrita de não ficção e à sua filosofia pessoal, o melhor é aplicar suas próprias palavras em vez de tentar um resumo estropiado. Ela disse: "Ser um humano moral é estar obrigado a prestar certos tipos de atenção".

A sua foi a atenção pródiga de uma inteligência brilhante que interpretava, nos vários tipos de escrita que ela dominava, nosso tempo, nosso mundo. Sontag era uma entre um punhado de intelectuais universais que representam e criam o pensamento contemporâneo no nível essencial mais elevado. Sontag tem importância; por meio de seus escritos, continuará a ter importância em nossa era de conflitos e ambiguidade desnorteante de valores dos quais ela nunca se esquivou, assumindo responsabilidades com seus talentos de artista e suas qualidades de ser humano.

Sontag nunca se dava por satisfeita com o que acabara de realizar, caso circunstâncias mutáveis significassem que ela devia retornar com mais outra perspectiva às implicações da obra realizada. Seu livro de 1973, *Sobre fotografia*, é um clássico sobre a fotografia aspirar a ser uma arte, e, na história, o intercâmbio mais influente entre a realidade e a imagem. Ela não se contentou em ficar apenas nisso. Suas experiências no Vietnã, e mais recentemente em Sarajevo, onde produziu uma peça teatral para manter viva a sobrevivência desafiadora sob os bombardeios, fizeram-na voltar aos extremos da importância de virar a câmera para a experiência humana. Em 2003, sua obra mais recente a fez voltar ousada e controversamente ao papel da fotografia e seus espectadores finais em *Diante da dor dos outros*.

Uma acusação? A si mesma e ao restante de nós? "Imagens contínuas (televisão, vídeos em tempo real, filmes) é o que nos cerca, mas, quando a questão é recordar, a fotografia penetra mais fundo... Imagens dos sofrimentos suportados são agora disseminadas de forma tão ampla que é fácil esquecer quão recentemente essas imagens se tornaram o que se espera de fotógrafos." Esse livro curto, escrito como que a um só fôlego, questiona se, porque reivindicamos por sermos seres humanos morais, estamos prestando "certos tipos de atenção moral" à nossa recepção de imagens horripilantes.

Sontag nunca desviou seu belo e forte rosto de qualquer aspecto da vida. Seu olhar não poupava a si mesma. Em 1978, depois do câncer, ela escreveu *A doença como metáfora*. O seu tema não era a doença física em si, mas o estigma e as metáforas sociorreligiosas que representam a condição como um castigo por algum tipo de má conduta. Em 1989, com a consciência de que a Aids como uma epidemia com associações sexuais primárias tinha se tornado uma nova metáfora, ela precisou da lucidez do pensamento profundo para complementar o livro anterior. Começando *Aids e suas metáforas*, ela diz: "A metáfora, escreveu Aristóteles, consiste em dar às coisas um nome que pertence a algo diferente... Claro, todo pensamento é interpretação. Mas isso não significa que não seja correto ser contra a interpretação". Usar a metáfora "peste" para Aids é estigmatizar seus enfermos com a imagem dos intocáveis, assim como fizeram com as vítimas da peste bubônica medieval. Ela me conscientiza de que eu própria sou culpada disso... Não é uma qualidade especial da inteligência maravilhosamente original abalar o pensamento dos outros? Personificar a doença como uma maldição é, num certo sentido, primitivo, quando a realidade nutre o espírito das pessoas para resistir fisicamente à doença durante o tratamento, e cabe à ciência médica descobrir a cura. Essa é sua tese. Ela iria ao encontro de sua própria morte pela doença, com a coragem de uma lutadora.

Tive a imensa boa sorte de ser amiga de Sontag. Em sua presença divertida, todos se animavam com novo entusiasmo. Junto com um formidável impulso intelectual, e sua familiaridade com muitas culturas, artes e política, ela era uma pessoa calorosa e amorosa, rápida com uma resposta irônica à estupidez, mas receptiva ao sentimento dos outros. Ela certamente me desafiaria agora: que me diz de meus romances? Frequentemente sentia que fora arrastada, por suas próprias convicções de como a vida deve ser assumida, para longe de sua vocação imaginativa: a ficção. Escreveu: "Muitas coisas no meu mundo não foram nomeadas... e ainda que tenham sido nomeadas, nunca foram descritas".

No último dia em que conversamos, quando telefonei para seu leito no hospital, ela me falou de duas coisas que lhe eram muito importantes. Se novamente se recuperasse do câncer que já vencera duas outras vezes, ela queria voltar à África do Sul, ao povo e às paisagens com os quais logo havia estabelecido laços em 2004. Que seu tempo conosco seria a última das muitas aventuras para compreender e interpretar o mundo de forma tão significativa é algo de que devemos nos alegrar.

A segunda coisa importante era que desejava sobreviver para continuar uma nova obra iniciada. Tenho certeza de que era o romance que ela queria escrever — o romance que ainda sairia de dentro dela. Espero que seu adorado filho, David Reiff, ele próprio um excelente escritor, venha a encontrar o que ela já havia escrito, e que venhamos a ter, publicada, a prova da maravilhosa força criativa que foi Sontag até o fim. Não a veremos mais. Mas existem seus escritos únicos, assim como seu ser.

2005

Verdades Duras do Passado

Maquiavel ou Erasmo?

Muitas sinalizações da condição humana jazem derrubadas por todo o passado, desde a estela marcando as bases militares romanas até o entulho do que foram outrora casas, relíquias do mais recente conflito em — você nomeia o país que lhe ocorrer.

É um clichê aceito que só temos o passado como fonte de aprendizado. Pelo menos, talvez tenha relevância para nossa condição humana neste admirável novo milênio a oposição entre grandes pensadores que tomaram ousadamente diferentes direções contenciosas. Por exemplo, Maquiavel ou Erasmo, quem tem mais a nos dizer no século XXI? Cada um se comprometeu com a situação entre o governante e o governado; o "empoderado" (para usar o jargão contemporâneo) e o "desempoderado" (para inventar o meu), um termo que leva a presente condição de impotência ainda mais além.

Maquiavel e Erasmo — estão realmente mortos? Ao falar das percepções de sua era partilhada, eles podiam falar da nossa. Do século que acabamos de deixar para trás e deste que recentemente começamos. Não é necessário nenhum lembrete das manchas de sangue do século XX, que estão aparecendo de novo no XXI, do Iraque ao Sudão. E, toda semana, novo derramamento de sangue em outro lugar. O mundo é tão belo e tão feio quanto era quase seis séculos atrás, apesar de transformado de muitas maneiras pelas realizações científicas.

Volto-me primeiro para Maquiavel, porque ele parece ter possuído nada menos que uma presciência de nosso tempo, quando estava analisando as aspirações humanas no século XV e início do XVI na Itália. O seu título *O príncipe* é simplesmente outra nomenclatura para os presidentes e primeiros-ministros, os ditadores, os líderes religiosos fanáticos, as famílias enobrecidas pela posse de corporações — nosso elenco no palco globalizado. A premissa de Maquiavel de que "a meta que todo homem mantém diante de si é a glória e a riqueza" é tão evidente hoje quanto era no seu tempo. Sua obra mais famosa, *O príncipe*, é um manual para os políticos, que exibe seis séculos de prazo de validade. Seus "principados" representam os Estados nacionais desta nossa era que abrange o século XX e sua herança no XXI. Ele advoga a absoluta necessidade da guerra para defender os principados e fornece a metodologia para ganhar apoio do povo que perde vidas na guerra. O próprio príncipe, diz ele, deve ter uma imagem de guerreiro. Deve sustentar que, se o principado não estiver plenamente armado, será desprezado pelos outros principados. Maquiavel com certeza teria sido aliado de Bush na invasão do Iraque. Teria apreciado a expressão "eixo do mal". O que teria pensado da capacidade nuclear? Ele a teria saudado como a realização suprema em armamentos, recusando-se a assinar o tratado de não proliferação? Com sutileza soturna, teria aceitado o poder nuclear como o fim do poder devido a seu poder de aniquilação?

Quanto às guerras pandêmicas, em grande parte travadas por mercenários, que acontecem ao redor de nós, deflagradas por diferenças religiosas e alimentadas pelos recursos de campos de petróleo que principados rivais querem garantir para si, ele nos dá um alerta oportuno: o príncipe que confia em mercenários para escorar seu poder deve saber que "eles são ambiciosos e desleais, valentes diante de amigos, covardes diante de inimigos".

As regras maquiavélicas para a conduta de um príncipe, se ele quiser se manter no poder dentro do principado bem como na guerra, são praticadas em alguns de nossos principados no presente. É reconhecido, como ele diz, "que o modo como se vive está muito distante de como se deve viver". Sim, mas vamos ser práticos. Para um príncipe manter seu poder, é "necessário que saiba como fazer o mal... pois se tudo for considerado com cuidado, pode-se descobrir que algo que parece virtude, se praticado, será sua ruína; ao passo que algo diverso, que parece vício, quando praticado, lhe trará segurança e prosperidade".

O conceito de liberalismo de Maquiavel não é o que entendemos politicamente como liberalismo em termos de liberdade de expressão e tolerância. Seu liberalismo se refere a posses materiais, concessões de terra e dinheiro que compram lealdade ao príncipe; e esse conceito é certamente seguido hoje quando subornos liberais são o processo reconhecido dos acordos sobre armas intermediados por ministros do governo, não?

Quanto à arte de governar, procurando saber se é melhor ser amado que temido pelo povo, ele aconselha que "todo príncipe deve ser considerado clemente, e não cruel", mas, como é difícil unir a ferocidade e o amor num só príncipe, "é muito mais seguro ser temido que amado, quando uma das duas condições tem de ser abandonada".

Ele estava errado sobre ou isso/ou aquilo: pensem nas multidões adorando e cultuando Hitler na mesma época em que ele estava assassinando judeus, ciganos e homossexuais. Saddam Hussein tinha sua cota de adulação. Temos novos principados que conseguiram a duras penas libertar-se de príncipes colonialistas no século XX; alguns têm seus Idi Amins amados e temidos simultaneamente.

Devemos aceitar para os novos príncipes a máxima de Maquiavel de que lhes é impossível evitar a imputação de crueldade, porque os novos Estados, em qualquer parte de nosso mundo, estão cheios de perigos ameaçando seu poder? A proposição de que a tolerância do mundo com a opressão é imoral, é também realista. Isso é Maquiavel. E que dizer do medo que o príncipe sente das pessoas que experimentaram sua salutar crueldade? Há um preceito para essa eventualidade: "Os homens devem ser bem tratados ou esmagados, porque podem se vingar de injúrias mais leves e das mais graves não podem; portanto, a injúria feita a um homem deve ser de tal ordem que não dê margem ao medo da vingança".

Agarrar a revolta incipiente do povo pela jugular, com todos os poderes de dizimação compreendidos em remoções forçadas da população, detenção por tempo indefinido e tortura, cuja prática os príncipes do novo milênio herdaram do século XX, quando eles próprios sofreram esses métodos.

Maquiavel ainda choca seis séculos mais tarde. Mas, nos seus momentos mais maquiavélicos, sua visão severa da humanidade cutuca com o indicador nossa provável ambiguidade moral. Não é fácil sentir-se inocente em relação à vida pública e aos príncipes em que se vota, quando se lê: "É desnecessário que um príncipe tenha todas as boas qualidades... mas é muito *necessário parecer que as possui*... parecer que as possui é útil".

O principado de Deus — na lida de Maquiavel com seu tempo — é tratado de forma muito semelhante à abordagem dos principados seculares. Ele detalha as maquinações históricas dos papas e daqueles que utilizam o poder da autoridade religiosa nas lutas mundanas pelo poder e pelas riquezas. Comenta quase de forma invejosa, como um estadista que ganhou e perdeu o apoio de príncipes, que "somente os líderes religiosos têm Estados e não os defendem... têm súditos e não os governam... esses principados são seguros e felizes... sendo exaltados e mantidos por Deus".

Assim, Deus não é invocado na moralidade de Maquiavel. Só quando isso pode ser — o critério principal de Maquiavel — útil. Como, por exemplo, ao escrever sobre o papa Leão X, ele consegue ligar o poder do papa ao poderio secular de armamentos: "O papa Leão X encontrou o pontificado muito poderoso, sendo de esperar que, se outros o tornaram grande em armas, ele o tornará ainda maior... pela sua bondade e outras virtudes". Uma pós-bênção papal sobre o tráfico de armas. Nós certamente não temos isso, mas ainda temos conosco protagonistas da guerra que reivindicam a bênção de Deus ou de Alá para seus lados no conflito. Deus é útil.

NA MENTE E NO ESPÍRITO, nos valores e ações de Erasmo, Deus é preeminente.

Embora correndo o grande risco de criticar e reprovar severamente como um desvio desse credo a pompa exterior das práticas da Igreja, o conceito da relação entre o governante e o governado proposto por Erasmo é medido pelo princípio religioso fundador do poder da moralidade suprema que provém do alto. Essa autoridade é o cristianismo, claro, mediante a doação divina de Cristo ao mundo. O empreendimento de Erasmo foi a regeneração da cristandade. Nem Erasmo, nem seu oponente direto na visão da conduta humana, Maquiavel, consideram o poder de outros credos sobre a condição humana. Nesse ponto, nem o homem dos valores religiosos transcendentes, nem o pragmático cínico têm muita relevância para o mundo que estamos tentando criar, em que a validade de vários credos diferentes, mantidos por cristãos, judeus, muçulmanos, hindus e outros, tem de ser reconhecida como um direito humano absoluto, igualmente honrado e respeitado, se quisermos que sobreviva qualquer coisa semelhante ao que chamamos civilização. Ao escrever sobre civilização hoje de manhã, escuto a notícia de ataques ao sistema de transporte subterrâneo que leva as pessoas de Londres ao trabalho todos os dias. Até o momento, fala-se em cerca de quarenta mortos e mais de setecentos feridos. Debate-se imediatamente se a fonte desse espetáculo selvagem de poder destrutivo é o fervor religioso contra o envolvimento da Grã-Bretanha na guerra dos Estados Unidos no Iraque e suas consequências, ou se é dirigido à cúpula do G8 como uma horripilante forma de protesto alternativa em lugar dos concertos que manifestam com música e canções o fracasso dos países ricos em "relegar a pobreza à história passada". Ou isto/ou aquilo; há uma conexão no estado de nossa presente condição humana.

"O MODO COMO se vive é muito distante de como se deve viver."

Se Maquiavel nos confronta com algumas verdades duras sobre como vivemos em nossos tempos, Erasmo oferece a possibilidade de como devemos viver. É natural ser atraído por ele no sentido *positivo* da relevância desses pensadores em nossos tempos. Maquiavel determinou que o primeiro dever dos príncipes era travar a guerra. Erasmo determinou que o primeiro dever dos príncipes era evitar a guerra. Sabemos não haver dúvida sobre qual é o único futuro para a humanidade em nossa era, uma vez que temos meios de destruição desconhecidos no passado.

Erasmo era tão brilhante que é difícil escolher uma só qualidade, uma só apologia na sua compreensão da complexidade moral dos negócios humanos. Que ele tenha sido virtualmente o inventor do conceito de arbitragem é talvez, para nós, sua contribuição mais relevante. Quer domesticamente numa disputa de sindicato com os patrões, quer em conflitos no Oriente

Médio, na África, na Europa, a solução a que aspiramos, pela qual lutamos numa busca desesperada de paz e justiça, é a arbitragem. A presença de Erasmo está certamente assentada nas sessões das Nações Unidas, com as comissões sobre direitos humanos. Partilhamos em nossa época sua preocupação inquieta com o bem-estar da sociedade, algo que avaliamos contra os ideais professados daqueles responsáveis por tal condição.

Ao longo de toda a sua vida, o grande empreendimento de Erasmo pela regeneração da cristandade não foi — não é — o fundamentalismo no sentido que conhecemos e tememos hoje. Seu primeiro apoio ao jovem Lutero terminou significativamente na sua rejeição de Lutero em virtude da necessidade de uma cultura intelectual humanística, bem como, e dentro do contexto religioso, de um retorno ao credo básico da vida e dos ensinamentos de Cristo. Muito relevante para nossa época, quando experimentamos que movimentos vitais para a mudança por nós apoiados podem se tornar, por sua vez, opressivos.

A sua crença numa cultura humanística incluía métodos educacionais que ainda estamos tentando promover hoje — ele aplaudiria a competência computacional para os jovens, mas como um escritor que via na literatura um componente básico da cultura humanística deploraria o declínio da leitura. Numa era de especialização como a nossa, seu alcance intelectual é desafiador. Ele não se contentou em ser tema de debate acadêmico; seu emprego fascinante da sátira (*Elogio da loucura*) como uma cauterização não violenta da hipocrisia tornou-o um *best-seller* séculos antes do nosso. O grande erudito e filólogo tampouco se absteve de opiniões controversas sobre questões aparentemente distintas, como a pronúncia correta do grego, "abstinência de carne" e observações aguçadas sobre o casamento cristão.

Quanto ao último, o homem da gloriosa mente aberta talvez tenha sido enviesado por ser homossexual. Mas isso é um aparte.

Maquiavel e Erasmo, seres contenciosos — não são ambos homens de nosso tempo?

2005

Testemunha: o Depoimento Interior

HORROR estava escrito sobre o sol.
William Plomer, *Turbott Wolfe*

As palavras proféticas do poeta William Plomer.

O horror de Hiroshima e Nagasaki fez parte dos horrores inexprimíveis de uma guerra passada. O mundo passou a coexistir com vários horrores, testemunha do pavor das Torres Gêmeas de Nova York, bombas em Madri, explosões no metrô de Londres, mortos no Afeganistão, em Ruanda, em Darfur, no Sri Lanka... a lista não termina.

Que lugar, tarefa, significado terá a literatura como testemunha de desastres sem precedentes quanto ao modo de destruição deliberada e impiedosa; o mundo inteiro transformado na linha de frente de todo e qualquer conflito?

Lugar. Tarefa. Significado.

Para distribuí-los proporcionalmente entre nós, os escritores do mundo, acredito que primeiro temos de definir o que é *testemunha*.

Não é um termo simples.

Procuro no *Oxford English dictionary* e descubro que as definições preenchem mais de uma coluna de letras pequenas. *Testemunha*: atestação de um fato, evento, ou afirmação, testemunho, evidência; quem está ou estava presente e é capaz de testemunhar a partir da observação pessoal.

Equipes de televisão, fotógrafos são testemunhas preeminentes nesses sentidos da palavra, quando se trata de catástrofe tremendamente visual. Não há necessidade de palavras para descrevê-la; não há possibilidade de que as palavras *pudessem* fazê-lo.

O jornalismo elaboradamente descritivo, a notícia impressa em primeira mão, torna-se essencialmente uma pálida imagem posterior. A televisão transformou a "observação pessoal", a "atestação de um fato, evento", numa qualificação de testemunha não só para aqueles milhares que estavam baratinados e aterrorizados nas cenas do desastre, mas para todo mundo em toda parte que viu tudo acontecer pela televisão.

O lugar e a tarefa de atestar o fato, o evento, ou o testemunho, a evidência — a qualificação de quem está ou estava presente e é capaz de testemunhar — são da mídia. Segue-se a análise do desastre em termos políticos, sociológicos, por vários esquemas ideológicos, nacionais, especiais ou populistas, alguns reivindicando aquele estado redutor elusivo, a objetividade. E aos contextos — políticos, sociológicos —, nesse caso, segundo o dicionário, deve ser acrescentada a análise em termos religiosos. Pois o número oito na lista das definições cita: "Aquele que testemunha em favor de Cristo ou da fé cristã, especialmente pela morte, um mártir". O *Oxford English dictionary*, condicionado pela cultura cristã ocidental, toma naturalmente a curiosa decisão semântica de limitar essa definição do termo *testemunha* a uma só fé. Mas os perpetradores de atos terroristas depõem frequentemente como testemunhas, nesse sentido, de outra fé — uma fé que a arrogância do dicionário não reconhece: a fé do islã, pela morte e pelo martírio.

Esses ataques podem ser contra um indivíduo; houve a ameaça de atacar Salman Rushdie. Quase se tirou a vida do grande escritor, e a seu nome temos a honra de agregar hoje Naguib Mahfouz.

Em seu discurso ao receber o Prêmio Nobel, em 2005, Harold Pinter proferiu estas palavras:

> A vida de um escritor é uma atividade altamente vulnerável, quase nua... O escritor faz sua escolha e nela persiste. Mas é verdade afirmar que se acha aberto a todos os ventos... Está lá fora sozinho, num limbo. Não encontra abrigo,

proteção — salvo se mente —, e nesse caso, claro, constrói sua própria proteção e, pode-se argumentar, torna-se um político.

Naguib Mahfouz jamais construiu sua própria proteção, correu o risco da atividade nua do escritor, recusando a mentira, mesmo quando escrevia sobre políticos, nos tempos que enfrentou vivendo e escrevendo.

LUGAR; TAREFA; significado.

O significado é o que não pode ser alcançado pelo que é imediato, as metodologias de análise dos conhecedores. Se a literatura de testemunho quiser encontrar seu lugar, assumir uma tarefa em relação à enormidade do que está acontecendo em atos de destruição em massa e suas consequências, esse estará nas tensões da sensibilidade, na intensa percepção, nas antenas da receptividade às vidas entre as quais os escritores vivem as suas como uma fonte de sua arte. A poesia e a ficção são processos do estado de testemunha que o *Oxford English dictionary* define como "aplicado ao testemunho interior" — as vidas individuais de homens, mulheres e crianças que têm de conciliar dentro de si mesmos as certezas estilhaçadas que são uma das baixas dos conflitos tanto quanto os corpos sob o entulho em Nova York, Madri e os mortos no Afeganistão.

Kafka diz que o escritor vê entre as ruínas "algo de diferente e muito mais do que os outros", "é o salto para fora da fila dos assassinos, a observação dos fatos".[33, 34]

Essa é a natureza do testemunho que os escritores podem dar, certamente devem dar, e têm dado desde os tempos antigos, devido à aterradora responsabilidade de possuírem o dote do sétimo sentido da imaginação. A "percepção" do que aconteceu provém do que pareceria negar a realidade — a transformação de eventos, motivos, emoções, reações, que passam de seu caráter imediato para o sentido duradouro que é o significado.

Se aceitarmos que "contemporâneo" abrange o século em que todos nós aqui nascemos, bem como este que mal começou violentamente, haverá

[33] Franz Kafka, *Diaries*, 1921.

[34] As citações constantes referem-se, respectivamente, a *Diaries*, 1921, e *Diaries*, 1922. (N. T.)

muitos exemplos dessa quarta dimensão da experiência que constitui o espaço e o lugar atingido pelo escritor.

"Não matarás": o dilema moral que o patriotismo e as religiões exigem que seja suprimido no indivíduo enviado à guerra aparece inevitavelmente no piloto da Primeira Guerra Mundial no poema de W. B. Yeats: "Those that I fight I do not hate, Those that I guard I do not love".[35, 36] O salto da fila de assassinos que somente o poeta pode dar.

A *marcha Radetzky* e *A cripta dos capuchinhos* — as duas epopeias peripatéticas sobre fronteiras, escritas por Joseph Roth, que surgem como os monstros Cila e Caríbdis da ruptura do velho mundo em desintegração no Império Austro-Húngaro do século XX — não são apenas o testemunho interior da crescente legião de refugiados continuamente errantes que adentra o novo século, o coro grego dos despossuídos que abafa a *muzak*[37] do consumismo. É um testemunho interior do que continua a avançar como um caos de consequências ideológicas, étnicas, religiosas e políticas — Bósnia, Kosovo, Macedônia — que nos chega pela visão de Roth.

As estatísticas do Holocausto são um livro-razão do mal, os números ainda visíveis nos braços das pessoas; mas *É isto um homem?*, de Primo Levi, torna manifesto um *estado de existência* que se torna parte da consciência para sempre. Inevitavelmente, parte das justificações trágicas enredadas que se fazem por trás da violência perpetrada no conflito israelense-palestino.

O nível de tenacidade imaginativa impávida, com que o poeta sul-africano Mongane Wally Serote testemunhou os eventos apocalípticos do *apartheid* entre os quais sofria e vivia, entra num território além dos conceitos de justiça. Ele escreve: "I want to look at what happened;/ That done,/ As silent as the roots of plants pierce the soil/ I look at what happened.../ when knives creep in and out of people/ As day and night into time".[38, 39]

[35] W. B. Yeats, *Collected poems*.
[36] Aqueles que combato eu não odeio, Aqueles que defendo eu não amo. (N. T.)
[37] Música de elevador. (N. T.)
[38] Mongane Wally Serote, *Yakhal' Inkomo*.
[39] Quero olhar para o que aconteceu;/ Feito isto,/ Tão em silêncio como as raízes das plantas perfuram o solo/ olho para o que aconteceu.../ quando as facas entram e saem furtivas das pessoas/ Assim como o dia e a noite no tempo. (N. T.)

Numa época anterior, o testemunho interior de Conrad descobre que o coração das trevas não está na estação fluvial ornamentada de Mistah Kurtz sitiada pelos congoleses, mas nos escritórios na Bélgica do rei Leopoldo, onde mulheres tricotam enquanto o comércio selvagem de borracha natural é eficientemente organizado, com uma cota de extração a cargo de negros que deve ser atingida, ou punida à custa de suas mãos cortadas.[40]

Esses são alguns exemplos do que Czeslaw Milosz chama o "fundir de elementos individuais e históricos"[41] no escritor, e do que Georg Lukács define como a ocorrência de "uma memória criativa que transfixa o objeto e o transforma... a dualidade do interior e do mundo exterior".[42]

Nenhum outro escritor condensa a experiência longeva da memória criativa que "transfixa o objeto e o transforma", a longa jornada do escritor, a impossibilidade de escapar, como Mahfouz ao revelá-la refinadamente no Sonho 5 de seu último trabalho, *The dreams*.

> Caminho sem rumo, sem nenhum lugar determinado para ir, quando de repente deparo com um acontecimento surpreendente que nunca antes me ocorrera — cada passo que dou vira a rua de cabeça para baixo, transformando-a num circo. Os muros, os edifícios, os carros e os passantes, todos desaparecem, e em seu lugar surge um circo com suas arquibancadas e longas cordas dependuradas, cheio de trapézios e jaulas de animais, com atores, acrobatas, homens musculosos e até um palhaço. A princípio estou tão feliz que poderia levitar de alegria. Mas quando caminho de rua para rua, onde o milagre é novamente repetido, meu prazer diminui e minha irritação cresce até que me canso de caminhar e olhar ao redor, e desejo do fundo da minha alma voltar para casa. Mas assim que me encanto por ver mais uma vez a face familiar do mundo, e confio que logo chegará meu socorro, abro a porta — e vejo ali o palhaço a me cumprimentar, rindo.

Não há trégua que permita ao grande escritor deixar de buscar os significados por trás do circo que é o mundo, a "era nauseante dos slogans" de que um pai fala nos tempos do regime de Sadat, a era de *The day the leader was killed*, de Mahfouz, e que se aplica tão adequadamente à nossa. Uma era em que "entre os slogans e a verdade existe um abismo" do qual a literatura deve lutar para sair, dando seu testemunho.

[40] Joseph Conrad, *O coração das trevas*.
[41] Czeslaw Milosz, *Native realm, selected poems*.
[42] Georg Lukács, *A teoria do romance*.

Falei da condição existencial do escritor de literatura de testemunho, e como eu definiria essa literatura. A questão suscita uma pergunta: até que ponto o escritor tem se envolvido como pessoa de carne e osso, correndo risco nos eventos radicais, sublevações sociais por bons ou maus propósitos — as ameaças às próprias bases da vida e dignidade? Até que ponto o escritor no ar ou na terra deve correr risco, tornar-se ativista-vítima? Não existe a opção de ser apenas um observador. Em outros acontecimentos terríveis — as guerras, as sublevações sociais —, como todos os demais, o escritor pode ser uma vítima, sem opção. Mas o escritor, como qualquer outra pessoa, pode optar por ser um protagonista. Como testemunha pessoal, vítima ou protagonista, esse escritor não é indubitavelmente aquele de quem deve provir a literatura de testemunho definitiva?

Albert Camus assim acreditava.

Camus acreditava que seus camaradas na Resistência Francesa, que haviam passado por tantas coisas física e mentalmente devastadoras e fortalecedoras, apavorantemente reveladoras, dariam bons escritores que trariam todas essas experiências para a literatura e para a consciência dos franceses como nenhuma outra forma de testemunho poderia fazer. Esperou em vão que aparecessem esses escritores. Os extremos da experiência humana não criam um escritor. Um Oe sobrevivendo à explosão atômica e à precipitação radioativa, um Dostoiévski tendo a pena capital suspensa no último momento diante de um pelotão de fuzilamento; a predisposição tem de existir; assim como um cantor é dotado de certo tipo de cordas vocais, um boxeador é dotado de agressividade. Primo Levi poderia falar desses colegas escritores, bem como de si mesmo, como um interno de Auschwitz, quando percebe que suas histórias devem ser contadas, uma a uma, como a trama "de um tempo e condição que não podem ser compreendidos exceto como... compreendemos acontecimentos de lendas...".[43]

A dualidade do interior e do mundo exterior: essa é a única condição existencial do escritor como testemunha. A maioria consideraria Marcel Proust

[43] Primo Levi, *É isto um homem?*

um dos grandes escritores menos confrontados pelos acontecimentos públicos. Mas aceito, de Proust, uma indicação para os escritores em nosso contexto: "A marcha do pensamento no trabalho solitário da criação artística prossegue para baixo, entrando nas profundezas, na única direção que não nos é fechada, ao longo da qual temos a liberdade de avançar — rumo à meta da verdade".[44] Os escritores não podem condescender e não condescendem com a húbris de acreditar que são capazes de plantar a bandeira da verdade nesse território inelutável. Mas o certo é que não podemos excluir ou descartar *nada* em nosso trabalho solitário rumo ao significado, descendo até aos atos de terrorismo. Temos de procurar esse significado naqueles que cometem tais atos, assim como o fazemos nas suas vítimas. Temos de reconhecê-los. O padre de Graham Greene em *Os comediantes* apresenta um preceito religioso a partir de sua interpretação da fé cristã: "A Igreja condena a violência, mas condena a indiferença de modo muito mais duro". E outro de seus personagens, o dr. Magiot, confessa: "Prefiro ter sangue nas mãos a ter água como Pilatos". Existem muitos, prestando testemunho numa ou outra definição do dicionário, que lembram ao mundo que os Estados Unidos da América, vítima de medonha violência, tem nas mãos a água da indiferença diante da defasagem cósmica entre sua prosperidade e as condições de outras populações — um levantamento recente mostrou que os 10% mais ricos dos 25 milhões de americanos (mais abastados) tinham uma renda combinada maior que a renda combinada dos 43% mais pobres da população mundial.

O personagem de Georg Büchner na peça *A morte de Danton* faz uma declaração sinistra: "O terror é uma excrescência da virtude... o governo revolucionário é o despotismo da liberdade contra a tirania dos reis".

Onde começa a crescer o despotismo do terrorismo em nosso mundo contemporâneo e por quê? E onde terminará? Como? Esse é o território minado do significado, na crise do presente, do qual a responsabilidade do escritor não pode ser absolvida. "Servidão, falsidade e terror... Três aflições são a causa do silêncio entre os homens, obscurecem-nos mutuamente e impe-

[44] Marcel Proust, *À sombra das raparigas em flor* (*Em busca do tempo perdido*).

dem que se redescubram a si mesmos."[45] Foi isso que Camus encontrou nesse território. É uma especificação dentro do credo de Milan Kundera: "Para um romancista, determinada situação histórica é um laboratório antropológico em que ele investiga a questão básica, o que é a existência?". E Kundera segue citando Heidegger: "A essência do homem tem a forma de uma pergunta".[46]

Se essa pergunta é irrespondível, assim como a verdade final é inatingível, a literatura tem sido e continua a ser um meio de as pessoas se redescobrirem. O que pode ser parte da resposta ao terrorismo e à reação violenta que ele invoca. A literatura nunca foi mais necessária e vital como agora, quando a tecnologia da informação, o novo credo, fracassou em provocar essa redescoberta.

HÁ INEVITAVELMENTE uma perda de liberdade artística para o escritor em seu depoimento como testemunha?

Uma explosão de raiva, não de um escritor, mas de um pintor, Picasso responde, em relação à criatividade nas artes, pelos artistas de qualquer meio de expressão? "O que você acha que um artista é? Um imbecil que não tem senão olhos, se pintor, ouvidos, se músico, uma lira em qualquer nível de seu coração, se poeta... bem ao contrário, ele é ao mesmo tempo um ser político, constantemente consciente do que se passa no mundo, quer seja angustiante, amargo ou doce, e ele não pode deixar de ser moldado por isso."[47] Tampouco a arte. E então surge *Guernica*.

A literatura de testemunho não é um anátema para as maravilhosas aventuras do mundo, incompatível com experimentos quanto à forma e ao estilo. Ao contrário, quando aos escritores, como pergunta André Pieyre de Mandiagues, "foi apresentado um desastre que parece exceder todas as medidas, ele não deve ser recontado, comentado?".

Não há estilo e forma prontos para a literatura de testemunho. Se é para ser um poema, sua forma tem de ser encontrada entre todas as combinações

[45] Albert Camus, *O homem revoltado*.
[46] Milan Kundera, pós-escrito a *A vida está em outro lugar*.
[47] Pablo Picasso, de meu caderno de notas, fonte desconhecida.

da poética, tentadas ou nunca tentadas, para ser igual à expressão única que conterá o evento *antes e além do evento*; seu passado e futuro. Como Yeats fez com seu piloto na guerra. Se o testemunho é para ser um conto ou romance, esse requerimento final — a expressão do evento antes e além do evento — é o mesmo. Entre todas as maneiras de sondar o significado, existente e futuro, essa tem de ser descoberta. Julio Cortázar, Carlos Fuentes, Gabriel García Márquez, Kenzaburo Oe, Octavio Paz, José Saramago, Günter Grass, Naguib Mahfouz..., esses são escritores que a descobriram insuperavelmente para seu próprio povo e país e, dado o caráter ilimitado da grande literatura, para o restante de nós, que vemos a mesma responsabilidade de descoberta sendo buscada em nossos países.

Tive minha própria experiência de escritora a quem foram apresentadas provas de um desastre que parecia exceder todas as medidas. Na África do Sul, o racismo em suas formas brutalmente destrutivas, desde matar na época da conquista até a metodologia do colonialismo, e atestado como vontade divina pela doutrina religiosa, tirou a vida de milhares de africanos e tolheu as de outros milhões, *sistematicamente*. Cresci na União que surgiu a partir das guerras pela possessão entre os britânicos e os descendentes dos holandeses, os bôeres. Os africanos já tinham sido desapossados por ambos. Eu era uma criança da minoria branca, com os antolhos do privilégio servindo de educação condicionadora. Mas, como sou escritora — pois é um estado de ser, antes que uma palavra tenha sido escrita, e não o atributo de ser publicado —, tornei-me testemunha do inconfesso na minha sociedade. Muito jovem, travei um diálogo comigo mesma sobre o que havia ao meu redor; e isso assumiu a forma de tentar encontrar o significado naquilo que eu via, transformando-o em histórias baseadas no que eram incidentes da vida cotidiana para todo mundo ao meu redor: o quarto de uma criada negra no quintal sendo pilhado pela polícia, enquanto o dono e a dona brancos da casa olhavam com indiferença; mais tarde, na minha adolescência durante a Segunda Guerra Mundial, quando eu era assistente voluntária num posto de emergência numa mina de ouro, sendo informada pelo interno branco que estava suturando a ferida aberta na cabeça de um mineiro negro sem anestesia: “Eles não sentem como nós”.

Quando o tempo e os livros publicados confirmaram meu status de escritora, e a literatura de testemunho passou a ser minha, ainda que um gênero particular da minha circunstância de tempo e lugar, tive de descobrir como manter minha integridade em relação à Palavra, o encargo sagrado do escritor. Percebi, como acredito que muitos escritores percebem, que em vez de restringir, inibir, espoliar grosseiramente a liberdade estética, a condição existencial do testemunho era aumentar, inspirar a liberdade estética, rompendo as limitações anteriores de meu senso de forma e emprego da linguagem por meio da necessidade: recriar forma e conteúdo.

A liberdade estética é um elemento essencial da literatura de testemunho, para que se torne legítima sua justificação em termos de significado. E a forma e o emprego da linguagem que serão a expressão adequada para uma obra não servirão para outra. Escrevi um romance nos anos 1970; era, em termos de literatura de testemunho, uma exploração do testemunho interior do devotamento político revolucionário contra o *apartheid*, invocado como uma fé igual a qualquer fé religiosa, com preceitos que não deviam ser questionados por nenhum crente, bem como das consequências desse devotamento, as implicações existenciais passadas de pai para filha, de mãe para filho. O testemunho exigia liberdade estética para encontrar a forma e a linguagem, a fim de que a narrativa fosse preenchida de significado. Os modos do lirismo e da ironia que haviam servido melhor para algumas de minhas outras ficções não seriam adequados ao contexto em que a sobrevivência da personalidade da filha dependia de recuperar plenamente a vida de martírio voluntário do pai, a relação amorosa entre pai e filha com suas contradições calculistas por causa das exigências que a relação mais elevada do pai, a crença política, impunha à filha; as ações, os motivos, outras ligações pessoais do pai, que a condição de clandestinidade revolucionária tornavam forçosamente um mistério. Um romance no qual os documentos reais deviam ser abarcados para ser decifrados em termos de testemunho interior. Por meio da liberdade estética, fui obrigada, por assim dizer, a questionar essa história com muitas vozes interiores, para contá-la em qualquer fragmento — que eu pudesse esperar atingir — de seu próprio testemunho submerso abaixo da ideologia, discurso e ação públicos.

Essa é a busca de Zaabalawi.

Em seu conto com esse título, o gênio de Naguib Mahfouz envia um homem à procura do xeque santo, Zaabalawi; ele vai a tudo quanto é lugar, sempre para descobrir que acabou de perder a oportunidade de falar com aquele que tem a resposta para as questões do ser, pessoais, políticas, sociais, religiosas — o testemunho interior. Zaabalawi sabe que o mistério humano não é revelado apenas em lugares elevados — ele frequenta bares do Cairo, e o homem recebe a informação de que Zaabalawi será encontrado em determinado botequim. Cansado, esperando ali por horas, o homem cai no sono. Quando acorda, descobre que a cabeça está molhada; outros no bar lhe dizem que Zaabalawi chegou enquanto ele dormia e borrifou água para refrescá-lo. Ao receber esse sinal da existência de Zaabalawi, o homem continuará a procurá-lo durante toda a sua vida — "Sim, tenho de encontrar Zaabalawi". Sim, nós, escritores, temos de encontrar o testemunho que nossa vocação, a literatura, exige de nós.

Um escritor que o encontrou é Naguib Mahfouz.

Em *Khufu's wisdom*, um primeiro romance em que a criatividade brilhante de Mahfouz já era evidente, o faraó Khufu abandona os palácios do poder mundano e vai para a pirâmide que mandara construir como sua tumba; ali decide escrever "um grande livro orientando as almas e protegendo os corpos das pessoas com o conhecimento".

Naguib Mahfouz bebeu da taça e partiu, abandonando-nos na presença miserável e soturna do poder mundano, mas ele deixou *sua* sabedoria, seus escritos, seu testemunho interior, a sabedoria da grande literatura.

2006

O Desmond Tutu Que Eu Conheço

Sou ateísta. Mas se alguém tivesse conseguido me impelir ao salto de uma fé religiosa — de qualquer confissão —, essa pessoa teria sido o arcebispo Desmond Tutu. Por respeitar tanto os direitos dos outros, mesmo os dos descrentes, ele nunca tentou me converter nas ocasiões da minha vida em que recorri a seu conselho pessoal, mas secular. Sou judia; para mim, nascer judia assim como nascer negra são estados existenciais não determinados pela religião, que não constituem motivo de orgulho ou vergonha, seja qual for o sentido que o mundo tenta lhes dar. Pertencemos simplesmente à grande tribo humana.

Se Desmond não conseguiu, com seu exemplo incomparável de homem de fé, orientar meus passos para um humilde caminho rumo ao ser único, ele com certeza influenciou minha vida. De modo verdadeiramente vital, na escolha desalentadora, complexa e com frequência confusa das reações e atitudes exigidas para elaborar uma resposta em nosso país, a África do Sul, na segunda metade do século XX e neste novo milênio.

Primeiras impressões: ele não é um homem do qual a impressão do primeiro encontro vai ter de ser revisada quando se chega a conhecê-lo. Não tem fachada. O interesse manifesto, o calor amistoso que irradiam dele são o que ele *é*. Quando ascendeu aos Himalaias da vida pública e tornou-se mundialmente famoso, essa cordialidade não foi embotada de modo algum. Eu diria que sua falta de acanhamento é um de seus dons inerentes; os outros foram desenvolvidos pelo exercício do caráter, pela musculação espiritual e intelectual a que foi submetido e continua a se submeter a serviço da congregação humana. Nada menos que isso.

Seu caráter brincalhão, reconheci desde cedo como profundamente sério. Quando dançou pela nave lateral da igreja depois de proferir seu sermão durante os piores dias de nosso tempo, não foi para ser visto respeitosamente como uma simbiose dos rituais cristãos convencionais e dos ritos africanos tradicionais. Foi a afirmação da alegria sagrada da vida, a força inextinguível que nenhuma opressão do *apartheid* podia atingir dentro das pessoas.

Seu caráter brincalhão era sério para todos nós; seu senso de humor dirigia-se frequentemente contra si mesmo.

Ele não se incomodará, se tenho minha lembrança particular da esplêndida ocasião em que meu marido Reinhold Cassirer e eu tivemos a felicidade de ser convidados para a ordenação de Desmond Tutu como bispo de Johannesburgo. Estávamos sentados na Catedral de St. Mary seguindo a cerimônia, a pompa dos dignitários paramentados, nossos espíritos elevados pelo coro e esperando com deleite antecipado o discurso do recém-mitrado bispo. Essas cerimônias *são* transformacionais; o indivíduo entra com uma identidade pública e sai com outra, quer a autoridade outorgada seja religiosa, como nessa ocasião, quer secular, a posse de um presidente. O bispo Desmond Tutu sorria, mas não de cima para baixo; sorria a todos nós como se tivéssemos acabado de chegar à porta de sua casa em Orlando. Depois dos agradecimentos formais àqueles que o tinham recebido no alto cargo, ele nos disse: "Em nosso hotel hoje de manhã, Leah falou, acordei na cama com um bispo!".

As atividades anti-*apartheid* me puseram em contato com o bispo Tutu nos anos que se seguiriam. O reconhecimento que ele dava ao menor esforço tanto quanto à maior iniciativa contra o regime desumanizador do *apartheid* me conscientizou dos juízos apressados de repúdio que eu nutria contra a eficácia não só dos esforços de alguns outros, mas até dos meus próprios. Sua intrepidez nunca era punitiva; o poder que sempre teve é tornar impossível que os grupos, as formações, as pessoas não reconheçam sua responsabilidade pelo que fazem para humilhar e brutalizar os outros.

O que é um homem do mundo? O que queremos dizer com essa designação? Em geral implica sofisticação, certa ambiguidade desembaraçada em questões de dinheiro, amizades e amor sexual. Desmond Tutu não é moralmente ambíguo em nenhuma dessas designações. Mas ele me mostrou que há outra definição que merece um verbete no dicionário humano. Ele é um homem do mundo de um modo diferente.

Tivemos um laço parental na medida em que nossos filhos, o seu Trevor e o nosso Hugo, foram colegas na Escola Waterford-Kamhlaba na Suazilândia. Mais tarde veio a se formar outro laço pela nossa preocupação pessoal a respeito de um amigo mútuo, alguém respeitado que gerava altas expectativas — em todos que tínhamos então os olhos voltados para o futuro à procura de quem assumiria posições de liderança depois do fim do *apartheid* — como um jovem qualificado pela coragem, inteligência e integridade no movimento de libertação. O caso amoroso secreto do homem de repente deixou de ser segredo. Era notícia, impressa e escutada na mídia. Quando procurei Desmond para lhe falar da minha preocupação, pois o que era para mim uma questão privada consensual entre adultos, conforme estipula a lei, estava sendo considerado uma traição da moralidade e integridade políticas, eu não sabia qual seria a atitude de Desmond.

Encontrei nele análise e compreensão da sexualidade humana. E não um julgamento de seus impulsos como pecado. Uma aceitação de que se deve tolerar a infeliz ocorrência de sucumbir a esses impulsos quando isso causa dor e traição no contexto do casamento, sem negar a responsabilidade por esses danos; na natureza da humanidade, o acontecimento não é decisivo para o caráter completo do indivíduo. Desmond Tutu não se deixou desapontar pela conduta do indivíduo, acho, porque, na sua devoção destemida à verdade, não se permitem ilusões. Ele não condenou; disse que gostaria que o homem o tivesse procurado. Não sei o que teria feito pelo sujeito; apenas conheço a capacidade de Desmond Tutu para fazer com que as pessoas se confrontem consigo mesmas.

Vieram os anos 1980 e uma crise no ambiente do Congresso dos Escritores Sul-Africanos, do qual sou uma entre os fundadores. Durante alguns anos difíceis, o Congresso havia se manifestado em ações para defender a liberdade de expressão, não só contra a proscrição de livros, mas em apoio aos escritores entre nós que eram detidos, presos por acusações de traição, por ter suas máquinas de escrever confiscadas e seu emprego de professores e jornalistas proibido. Com nossos fundos extremamente limitados, contratamos representantes legais para eles, alertamos o mundo sobre a asfixia forçada de seu talento e mandamos publicar no exterior exemplos de seus escritos proibidos. Mas a atitude política em relação à eficácia do que se poderia chamar movimentos marginais contra o *apartheid*, os movimentos das artes, estava mudando. O movimento da consciência negra se achava na vanguarda da crescente decisão de que qualquer cooperação com os brancos, fosse qual fosse seu currículo anti-*apartheid* à exceção de atividade revolucionária clandestina, contradizia a aparente evidência de que tais concessões faziam parte do fracasso do liberalismo em cumprir o prometido — a liberdade só podia ser conquistada pela solidariedade negra em todos os aspectos da vida pública. O nosso Congresso era encabeçado por um presidente negro, nosso conselho editorial e curadores eram africanos negros e brancos que, como colegas e camaradas próximos, confiavam uns nos outros na luta pela causa comum. Mas a pressão sobre os escritores negros era forte; retiraram-se do Congresso, e as opções passaram a ser continuar os trabalhos como uma organização branca ou fechar. Havia raiva entre alguns membros brancos; queriam continuar de qualquer maneira. Quanto a mim, eu compreendia que a atitude da parte de nosso presidente e outros colegas negros era necessária, psicológica e taticamente, nessa fase final urgente do movimento pela liberdade. Mas eu me sentia abandonada, confusa; se não pudesse participar *como escritora* do movimento de libertação no qual tinha outras atividades como cidadã, minha utilidade parecia truncada.

Fui procurar Desmond. Ele sabe escutar. Não o vemos ter reações ásperas, fazer julgamentos, quando o procuramos no auge de nossos problemas. Ele quer todos os detalhes, mesmo aqueles que não nos parecem importantes; é sábio. É o homem da integridade. Eu queria poder lembrar seu fluxo exato de palavras. Ele me disse que minha posição não era inútil. Era a adequada; por um lado, eu reconhecia a necessidade de que esses negros, que julgavam imprescindível o abandono de qualquer cooperação branca, avançassem sozinhos para conquistar a liberdade; por outro lado, eu exercera meu direito de recusar pertencer a uma organização segregada. Essa era a minha utilidade para o movimento de libertação. Com esse conselho, fui capaz de continuar sem nenhum ressentimento as relações pessoais que meus colegas escritores negros nunca deixaram de manter comigo.

A suprema realização de Desmond Tutu até agora é a Comissão da Verdade e Reconciliação. Essa nem precisa de nenhuma menção. Lembro o que escrevi perto da oportunidade de homenageá-lo: "Sua própria intrepidez nunca era punitiva; o poder que sempre teve é tornar impossível que as pessoas não reconheçam sua responsabilidade pelo que fazem para humilhar e brutalizar os outros". Não era esse o princípio da Comissão? Seu credo? Não se oferecia dispensa da confissão, mas reconciliação com a vítima pela total admissão pública da responsabilidade pelos atos terríveis cometidos. Uma tentativa muito mais difícil de resolver crimes contra a humanidade do que Nuremberg. A verdade é dura, chocante, terrivelmente maravilhosa: em seu foro íntimo, Desmond nunca aceitou a evasiva de que a verdade é relativa. Na Comissão, compreendi que ele estendia essa condição última a nosso povo e a nosso país como a necessidade vital de vivermos juntos na sobrevivência ao passado. A aceitação disso, ensinou, tem de vir de dentro.

Ao colocar a CVR como sua maior realização, acrescentei a condição "até agora". Desmond Tutu continua a ser uma força intrépida e vigilante em nossa sociedade, em nosso país, completamente imperturbável se as convicções exigidas por sua consciência e zelo humanos tornam suas intervenções talvez indesejáveis ao governo. Ele dá seu total apoio às muitas iniciativas necessárias para satisfazer as necessidades de um povo livre que ainda sente as feridas do passado. Mas o outro teste honesto de lealdade a um regime é com certeza ter estômago (Desmond prefere frequentemente a linguagem coloquial!) para protestar quando as ações do governo são falhas. Um exemplo vital é sua fala sem rodeios sobre a devastação do HIV/Aids em nosso povo e suas consequências para o desenvolvimento do país. Ele não tem medo de vir a público dizer que o nível da resposta oficial, furtando-se a liderar o tremendo esforço para combater a ameaça, é baixo e parece ter deliberadamente vendas nos olhos. Havendo qualquer outra dificuldade em nosso país que exija de nós uma resposta sem comprometer a verdade, Desmond Tutu estará certamente a postos para nos mostrar os problemas que temos de resolver, se sentirmos interesse uns pelos outros e pelo nosso país. Sei que é uma bênção para mim — de qualquer acaso ou boa fonte que rege os destinos humanos — ter vivido ao longo de seus 75 anos no mesmo tempo e no mesmo país dessa esplêndida personalidade que engrandece a vida.

Tutu.

2006

Desejo e Morte

Homem comum, de Philip Roth

Nor dread nor hope attend/ A dying animal.../ Man has created death.[48]

Philip Roth não cita esses versos de Yeats, mas os de Keats como epígrafe em seu último romance: "Here where men sit and hear each other groan;/ Where palsy shakes a few, sad, last grey hairs,/ Where youth grows pale, and spectre-thin, and dies;/ Where but to think is to be full of sorrow".[49]

Para três dos melhores romancistas do mundo, Fuentes, García Márquez e Roth, o violento soerguimento do desejo sexual em face da velhice é a oposição do homem à sua própria criação, a morte.

O chute final da próstata, como dizia meu velho amigo médico. Mas não pode ser resumido, tão irônica e desinibidamente, quando é o tema da ficção contemporânea desses escritores das duas Américas. *Memoria de mis putas tristes*, de García Márquez, *Instinto de Inez*, de Fuentes, *A marca humana* e *O animal agonizante*, de Roth, e agora *Homem comum* compartilham nas suas

[48] Nem pavor nem esperança cercam/ um animal moribundo.../ O homem criou a morte. (N. T.)

[49] Aqui onde os homens se sentam e escutam os gemidos mútuos;/ Onde a apatia sacode uns poucos, tristes, últimos fios grisalhos,/ Onde o jovem empalidece, espectro franzino, e morre;/ Onde tão somente pensar é estar cheio de tristeza. (N. T.)

maravilhosas transformações o fenômeno — apresentado como semelhante ao da adolescência — do desejo sexual tardio. A última exuberância exigente no corpo lentamente desnudado, quando "pensar é estar cheio de tristeza": a dúvida que surge sobre a inquestionável superioridade das recompensas do intelecto. David Kepesh, em *O animal agonizante*, reivindica o fenômeno como a afirmação inegável do "direito hereditário erótico", e isso vale para o Homem Comum sem nome de Philip Roth — talvez porque ele seja, Roth nos força a admitir — Todo Mundo.

A sua história começa quando ele está morto. Mas o reconhecemos imediatamente: ele tem uma profissão cultural (ainda que duvidosa), a publicidade, e uma atividade marginal de pintor amador; casou-se várias vezes; tem filhos adultos com quem está em vários estados de falta de relacionamento. É o homem que Roth há muito tempo escolheu para assumir nossos fardos humanos, pois um escritor é sempre obrigado a selecionar dentre nós determinados seres em que focar a atenção. O Jornalista Cultural no túmulo residiu numa vila de aposentados por vários anos antes de sua morte. Os parentes, uma ex-esposa etc., estão ao lado do túmulo. Foi decisão de sua filha mais amada, Nancy, enterrá-lo num cemitério judeu meio abandonado, embora ela saiba que ele era ateu: ele amava seus pais e estará perto deles em seus túmulos.

Roth faz uso livremente de muitas formas literárias como todo escritor, enquanto experimenta a sua de maneira incessante. Do aceno à beira do túmulo para Dickens, o homem ali invisível é rastreado de volta à vida e até ao tempo anterior à sua concepção individual. Nesse ponto, a cronologia do viver não é a do calendário, mas a de referências cruzadas; logo estamos à beira de um túmulo mais antigo. Depois de uma recriação da infância do Jornalista Cultural, enquanto espera uma das "intervenções" médicas que conservam seu corpo geriátrico, ele volta às páginas pessoais até o dia do funeral de seu pai. É no mesmo cemitério, o velho cemitério judaico fundado por imigrantes. Naquele dia, enquanto ele observa, a joalheria de seu pai está vividamente presente. Foi inaugurada em 1933, tendo a audácia de um imigrante como seu único capital: "Diamantes — Joias — Relógios". Para "evitar afastar e afugentar com seu nome judeu as dezenas de milhares de cristãos frequentadores da igreja na cidade do porto, ele concedia crédito liberalmente... nunca perdeu dinheiro com crédito, e a boa vontade gerada por sua flexibilidade mais do que compensava". Um homem bom, como seu filho reconhece.

Será possível ser bom apenas numa vida com várias limitações? Muita coisa é intrigante, e fica a cargo do leitor fazer perguntas a si mesmo nos escritos de Roth. A razão para correr o risco de abrir uma loja nos tempos ruins da Depressão "era simples": ele "tinha de possuir alguma coisa para deixar a meus dois meninos". Isso, no contexto de Roth, não é sentimental; é um princípio de sobrevivência tácito com algumas conotações que despertam o leitor para a presença infindável do imigrante, geração após geração, de país a país, judeus, irlandeses, muçulmanos, apenas com raízes pouco profundas rabiscadas no solo natal de outros.

Se a amplitude narrativa desapareceu com o século XIX, Philip Roth, que atravessa a passos largos todo o tempo e território da palavra, ressuscitou-a — na descrição revivida com a força da própria narrativa. Esse estar ao lado do túmulo do pai é — para o leitor astuto, não para o filho — uma experiência pós-premonitória, destinada a relembrar a beira do túmulo em que Roth decidiu começar a vida do filho, um puxão no laço entre o filho e seus antecedentes, que era por ele ignorado. Ele nunca antes presenciara o ritual judaico ortodoxo com que os enlutados, e não os profissionais do cemitério, literalmente enterram o caixão. O que vê não é o borrifar simbólico de um punhado de pó, mas os parentes e amigos erguendo pás cheias de terra para deixar cair com um baque surdo sobre o caixão, enchendo o buraco até obliterá-lo. Quando ele se descobre "imerso no caráter direto brutal do enterro", o que sente não é reverência, mas horror. "De repente, ele via a boca do pai como se não houvesse caixão, como se a terra que atiravam no túmulo estivesse sendo depositada goela abaixo, enchendo sua boca, cegando seus olhos, entupindo suas narinas e fechando seus ouvidos... Ele podia sentir o gosto da terra forrando o interior de sua boca muito depois de terem deixado o cemitério e retornado a Nova York." O gosto da morte.

"Professor de Desejo". Pode-se nomear assim Philip Roth, escritor, sem desrespeito e com admiração, com um epíteto que foi o título de um de seus primeiros romances. Roth provou com a maestria e a integridade de sua escrita a diferença entre o erótico e o pornográfico, em nossa sórdida era do segundo. A premissa de sua obra é não negar nada que o corpo oferece, desde que não cause dor. Com uma presunção um tanto maravilhosa, ele parece ter escrito sem o saber o *Kama Sutra* dos séculos XX e XXI. Afirma a alegria da relação sexual amorosa, a esplêndida inventividade do corpo. Seus homens não são discípulos de Sade, embora seja talvez difícil aceitar (em *O animal agonizante*) o homem lambendo o sangue menstrual nas pernas de uma mulher como um não abuso da privacidade de uma função corporal, totalmente diferente da evocação da "simplicidade do esplendor físico", manifesto no desejo sexual, e belamente celebrado para todos nós no seu último romance.

Se Portnoy nunca foi superado, apenas envelheceu, ele é, no seu presente avatar, um homem comum cujo criador torna o termo *insight* algo a ser jogado fora por sua inadequação. O que Roth conhece da oposição-aposição do corpo e do intelecto é devastadoramente profundo e não pode ser evitado, assim como o grafite de Thomas Mann no muro do século XX não pode ser apagado: "Em nosso tempo, o destino do homem manifesta seu significado em termos políticos". Roth lidou com esse outro grande tema dos impulsos existenciais humanos — a política — tão penetrantemente como lidou com a sexualidade. Os personagens de Roth, ativistas políticos ou não, vivem em nosso mundo — e o decoro de dentes à mostra na academia é seu microcosmo togado — aterrorizados pelo medo do Outro no exterior e pelo autoritarismo de Estado atracado em suas gargantas dentro do país. Sua obra soberbamente incomparável, *Complô contra a América*, tem a força da fantasia política saindo da literatura e entrando nas possibilidades urgentes da realidade de nossos dias. Com esse romance, ele transmitiu o Então no Agora. O culto do herói em torno de Charles Lindbergh viabiliza que ele se torne presidente dos Estados Unidos, apesar do abraço admirador dado em Hitler; Bush nunca abraçou nazistas, mas o entusiasmo que desperta, instilando medo nos americanos que o elegeram e cujos filhos têm voltado dentro de mortalhas com as imagens horripilantes dos mortos no Iraque, não é fantasia. E o antissemitismo de Lindbergh prenuncia os fundamentalismos que nos atormentam em 2006.

Saímos das fortes insinuações políticas em *Homem comum* com a verdade manifesta de que a subserviência, à parte as conotações sexuais, é uma traição à responsabilidade humana. A força da resistência deriva de uma pulsão dentro de nós ainda anterior ao impulso da liberdade. A lembrança de uma experiência sensual do Homem Comum terminal invoca a glória de ter vivido, mesmo quando "eludir a morte parecia ter se tornado a atividade central da vida, e o declínio corporal toda a sua história".

> Era o melhor da velhice... desejar o melhor da infância, o rebento tubular que era então seu corpo e que cavalgava as ondas desde lá fora onde elas começam a se formar, cavalgava-as com os braços apontados como uma ponta de flecha e o resto franzino dele próprio seguindo atrás como a haste da flecha, cavalgava o percurso inteiro até onde sua caixa torácica raspava contra os minúsculos seixos agudos e as conchas de mariscos denteadas... e ele se agitava para levantar... e seguia cambaleando pela rebentação fraca... entrando no Atlântico verde que avançava, rolando sem parar ao seu encontro como o fato obstinado do futuro.

Outro êxtase. Não ser negado pela mortalidade. Philip Roth é um vencedor magnífico ao tentar invalidar a máxima de Georg Lukács sobre a meta impossível de o escritor abranger a vida inteira.

2006

Fé, Razão e Guerra

Embora eu estivesse envolvida na luta contra o *apartheid* como uma defensora ativa do proscrito Congresso Nacional Africano, gostaria de me concentrar em outro aspecto da guerra: o da guerra contra os escritores. Minha experiência pessoal como escritora e a guerra contínua, muito mais grave, mortal, que ameaça as próprias vidas de jornalistas e escritores nos conflitos atuais. Recentemente, jornalistas foram feitos reféns em guerras de vários países, particularmente na do envolvimento internacional no Iraque. Antes disso, um jornalista foi morto numa dessas nações após uma provação execrável como refém.

No discurso com que aceitou o Prêmio Nobel no ano passado, o laureado Harold Pinter disse: “A vida de um escritor é uma atividade altamente vulnerável, quase nua. Não há por que lamentar. Mas é verdade afirmar que estamos expostos a todos os ventos, alguns deles bem gelados”. Há, desde os tempos antigos, uma longa história de ação contra escritos considerados heresia religiosa. A lista de livros proscritos dos católicos continua a existir. Mas nos tempos modernos a proibição de livros acontece em geral por seu caráter sexual explícito, enquanto a heresia tem sido invocada como uma transgressão contra a correção política. *Madame Bovary* e *O amante de lady Chatterley* logo vêm à mente no primeiro caso — sexo —, e me perdoem se lembro uma experiência pessoal como uma nota de pé de página entre o destino de muitos livros proibidos pelo segundo motivo, a heresia política. Por esse motivo, o *apartheid* sul-africano proibiu três de meus romances em sequência.

Obras proibidas por razões políticas, o que impede sua distribuição e venda, e mais drasticamente aquelas proscritas pela queima pública, aparentes atos da razão, são de fato ações perpetradas por um credo de outro tipo — não religioso, mas ideológico. Uma ideologia apaixonadamente adotada torna-se uma fé pela qual seus adeptos vivem e agem. A raça pura de Hitler, a busca da eliminação de uma classe de Stálin — apenas dois exemplos de meios de acabar com a liberdade de expressão em nome de ideologias políticas, exaltadas como uma fé. Cada uma delas autonomeada como salvação contra a existência do *outro* na humanidade. Fé e razão: havíamos nos acostumado a aceitar que esses aparentes opostos eram uma coisa só, uma simbiose nas proibições de literatura decretadas por regimes políticos opressivos. Basta ler os relatórios, país a país, do Comitê de Escritores na Prisão da PEN.[50]

Então surgiu uma ação contra um escritor, inconcebível em tempos modernos: o nosso tempo. Um edito de morte foi pronunciado contra um escritor. Salman Rushdie. Os motivos eram heresia religiosa num romance. "Nunca me julguei escritor sobre religião até que a religião veio atrás de mim", diz Salman Rushdie. "A religião fazia parte de meu tema, claro... ainda assim... tive de confrontar o que estava me confrontando e decidir o que eu queria defender em face do que tão vociferante, repressiva e violentamente se erguia contra mim. Naquela época era difícil convencer as pessoas de que o ataque a *Versos satânicos* fazia parte de um ataque global mais amplo aos escritores, artistas e liberdades fundamentais."[51] A fé que autorizou esse ataque era religiosa: o islã. Nada na escala de uma *fatwa* de morte tem sido invocado com respeito a outros escritores declarados ofensivos sob acusações de heresia religiosa ou política, sexo explícito, ainda que tenham sido proibidos ou presos. Ações bastante afrontosas. A sentença de morte pronunciada contra Rushdie foi escrita indelevelmente em nosso muro, gravada

[50] Associação Internacional de Escritores. (N. T.)
[51] Salman Rushdie, *Guardian*, 19 de novembro de 2005.

pela mão de fundamentalismos que no mundo contemporâneo ameaçam e operam não só contra a liberdade de expressão, mas em muitas outras áreas da vida contemporânea.

Como se devem abordar, não especificamente conflito a conflito, depredação a depredação, as causas que se acham num nível mais profundo e além desses atos de fundamentalismo em suas múltiplas e sempre renovadas manifestações que lembram a cabeça da hidra? E que orientação podemos levar em conta para uma possível solução? Amartya Sen oferece uma análise convincente, que resulta numa orientação a ser considerada, no que ele cita como

> a miniaturização das pessoas... o mundo é frequentemente considerado uma federação fixa de "civilizações" ou "culturas", ignorando-se a relevância de outras maneiras em que as pessoas se veem a si mesmas, envolvendo classe, gênero, profissão, linguagem, ciência, moral e política. Esse reducionismo da alta teoria, ainda que inadvertidamente, pode fazer uma contribuição importante para a violência da baixa política... as pessoas são, com efeito, colocadas em caixinhas... ignorando-se as muitas maneiras diferentes — econômica, política, cultural, cívica e social — com que se relacionam entre si dentro de fronteiras regionais e *através delas*... a principal esperança de harmonia em nosso mundo perturbado reside na pluralidade de nossas identidades, que se entrecruzam e operam contra divisões nítidas em torno de uma única linha endurecida de divisão veemente, a que alegadamente não se pode opor resistência. Nossa humanidade partilhada fica selvagemente desafiada, quando nossas diferenças são estreitadas para se ajustar a um único sistema tramado de poderosa categorização.[52]

Não é esta uma das respostas aos fundamentalistas da fé e da razão? Como amplamente evidenciado em outros escritos, Amartya Sen é o último economista a poder ser acusado de ignorar o fundamento da lacuna entre os ricos e os pobres. Isso, seu outro aspecto de ordem humana, é uma revelação de parte da metodologia que mantém a grande linha divisória.

2006

[52] Amartya Sen, *Identity and violence — the illusion of destiny*, W. W. Norton & Co., Nova York, 2006.

Three Novels of Ancient Egypt, de Naguib Mahfouz

O QUE IMPORTA NO ROMANCE histórico não é narrar grandes acontecimentos da história, mas o poeta ser capaz de despertar as pessoas que figuram nesses eventos. O que importa é que devemos reexperimentar os motivos sociais e humanos que levaram os homens a pensar, sentir e agir assim como pensaram, sentiram e agiram nas realidades históricas.[53]

Naguib Mahfouz acrescenta nova dimensão ao que importa. Voltar atrás em sua obra escrita ao longo de mais de 76 anos e chegar a esta trilogia dos primeiros romances publicados transporta a relevância de reexperimentar os tempos faraônicos para a nossa época. O romance histórico não é uma múmia trazida à luz; pelas mãos de Mahfouz, está vivo em nós próprios, em nossos séculos XX e XXI, nas motivações complexas com que enfrentamos a inimaginável transformação dos meios e seu séquito de forças aleatórias desatadas sobre nós. Embora essas três ficções tenham sido escritas antes da Segunda Guerra Mundial, antes da bomba atômica, há uma presciência — nos personagens, e não nas declarações autorais — do que viria. Uma presciência que o escritor vai explorar em relação aos períodos históricos que ele próprio viveria, nos quarenta romances seguintes.

[53] Georg Lukács, *The historical novel*, traduzido por Hannah e Stanley Mitchell, Merlin Press, Londres, 1965.

Milan Kundera falou por Mahfouz e todos os escritores de ficção, dizendo que o romancista não dá respostas, faz perguntas. O próprio título da primeira obra na trilogia de Mahfouz, *Khufu's wisdom*, parece uma afirmação, mas não é; trata-se de uma pergunta sondada de forma absorvente, estimulante, no livro. Nas primeiras páginas, o faraó da quarta dinastia, o envelhecido Khufu, está reclinado num sofá dourado enquanto contempla na distância milhares de trabalhadores e escravos que preparam o platô do deserto para a pirâmide que ele está construindo como sua tumba, a "morada eterna". Húbris certamente jamais igualada. Seu olhar às vezes se volta para sua outra provisão de imortalidade: os filhos. E nessas duas imagens Mahfouz já concebeu o tema de seu romance, o poder do orgulho contra os valores que serão talvez definidos como sabedoria. Rei de todo o Egito, norte e sul, Khufu exalta a virtude do poder. Dos inimigos a quem conquistou, declara: "... o que arrancou suas línguas, o que cortou suas mãos, senão o poder... O que tornou minha palavra a lei da terra... um dever sagrado obedecer-me? Não foi o poder?".

Seu arquiteto da pirâmide, Mirabu, "e a divindade, meu senhor". É sempre reivindicada a presença dos deuses ao lado de alguém. Se os egípcios lhes agradeciam e acusavam por tudo, em nosso novo milênio cada uma das potências em guerra se justifica com a declaração de que Deus está ao seu lado.

Mesmo em suas primeiras obras, Mahfouz jamais criou um símbolo bidimensional, ainda que poderoso, sempre cuidou das convoluções ocultas na personalidade humana. Para Khufu, contemplando os que labutavam no sítio de sua pirâmide, há "um sussurro interior... Seria correto que tantas almas fossem consumidas por causa de sua exaltação pessoal?". Ele afasta essa acusação contra si mesmo e aceita o arranjo de um dos filhos príncipes para uma diversão que lhe disseram incluir uma surpresa de seu agrado.

Existe esse intermediário entre os poderes divino e terreno, o feiticeiro — representante do outro, a antidivindade, o demônio? A surpresa é Djedi, o feiticeiro "que sabe os segredos da vida e da morte". Depois de ver uma proeza de hipnotismo, Khufu pergunta se o homem/mulher tem o mesmo tipo de autoridade sobre o Invisível que possui sobre a mente dos humanos criados: "Pode me dizer se alguém da minha estirpe está destinado a sentar-se no trono dos reis do Egito...". O que não é dito é que não se trata de um programa de TV com participação do auditório, mas uma referência à maior questão política da época, a sucessão do reinado do faraó.

O feiticeiro profere: "Senhor, depois de vós, ninguém da vossa estirpe se sentará sobre o trono do Egito".

O faraó Khufu se mostra sofisticadamente cético. "Diga-me simplesmente: você sabe a quem os deuses designaram para suceder-lhes no trono do Egito?"

Recebe a informação de que é um bebê recém-nascido naquela manhã, filho do Alto Sacerdote do Templo de Ra. O príncipe herdeiro Khafra, descendente da estirpe do faraó, está horrorizado. Mas há um vislumbre da sabedoria de Khufu, se racionalismo for sabedoria: "Se o Destino fosse realmente como as pessoas dizem... a nobreza do homem seria degradada... Não, o Destino é uma crença falsa que os fortes não se predispõem a acatar". Khufu solicita que a comitiva o acompanhe para que ele próprio "possa ver o pequeno filho dos Destinos".

Inicia-se rapidamente uma narrativa épica e íntima em que o jovem escritor Mahfouz transforma sua tendência ao melodrama num genuíno drama. O Alto Sacerdote Monra contou à sua esposa que o filho bebê deles foi divinamente escolhido para governar como sucessor do deus Ra. A aia da esposa, Sarga, escutou por acaso e fugiu para avisar o faraó Khufu da ameaça. Monra teme que isso signifique que seu filho divinamente nomeado será morto. Esconde a mãe e o recém-nascido com a aia Zaya numa carroça carregada de trigo, para a fuga. A caminho da casa do Alto Sacerdote, a comitiva de Khufu encontra Sarga fugindo da perseguição dos homens de Monra; assim Khufu fica sabendo dos fatos da maldição do feiticeiro, e em recompensa ordena que Sarga seja escoltada até a casa de seu pai.

Quando chega para ver a ameaça à sua linhagem, Khufu submete o Alto Sacerdote a um interrogatório digno de um formidável advogado no tribunal.

> "Você é avançado em conhecimento e sabedoria... diga-me: por que os deuses entronizam os faraós sobre o Egito?"
> "Eles os selecionam dentre os seus [dos faraós] filhos, dotando-os com o espírito divino para tornar a nação próspera."
> "Assim pode me dizer o que o faraó deve fazer a respeito de seu trono?"

"Ele deve executar suas obrigações... reivindicar seus próprios direitos."

Monra sabe o que está sendo levado a admitir. Segue-se uma cena de horror que suscita a dúvida moral, a impotência intelectual que torna essas cenas exageradas inegavelmente verossímeis nas primeiras obras de Mahfouz. Obedecer ao deus Ra ou ao poder secular, Khufu? Ocorre a Monra "uma ideia demoníaca da qual um sacerdote devia ser totalmente inocente". Ele leva Khufu a um quarto em que outra das criadas de sua esposa deu à luz um menino, sugerindo que esse é seu filho aos cuidados de uma ama-seca. Com as voltas da astúcia humana desesperada que Mahfouz conhece tão instintivamente, a situação é aumentada em um decibel.

Espera-se que Monra elimine seu filho. "Senhor, não tenho arma com que matá-lo". Khafra, o filho do faraó, enfia sua adaga na mão de Monra. Com repugnância de si mesmo, o Alto Sacerdote finca a arma em seu próprio coração. Khafra, com uma vontade fria (a ser lembrada, muito mais tarde), não hesita em assegurar a sucessão. Ele decapita o bebê e a mulher.

Há outro encontro, na volta ao palácio do faraó, outra mulher aterrorizada, aparentemente perseguida por um bando de beduínos. Mais uma vez compassivo, o faraó ordena que a pobre criatura com seu bebê seja levada para um lugar seguro — ela diz que estava a caminho de se juntar a seu marido, um trabalhador na construção da pirâmide. Mahfouz, como um mestre da arte de escrever romances policiais, passa aos leitores uma informação vitalmente portentosa que o personagem central, Khufu, desconhece, e que mudaria toda a narrativa, se ele soubesse. A mulher é Zaya. Ela salvou o bebê do ataque beduíno à carroça de trigo.

A evocação maravilhosa de Mahfouz, com o cenário de meados do século XX de sua trilogia do Cairo,[54] com profundidade do relacionamento de homens de família aristocrática e rica com as cortesãs, os caftens, concomitante às negociações de linhagem com os agentes de casamento, exemplifica uma ignorada interdependência de classe. A oposição que suas convicções socialistas fariam, em toda a sua obra, ao postulado classista que considera a

[54] Naguib Mahfouz, *Palace walk, palace of desire, sugar street*, traduzidos por Peter Theroux, Doubleday, Nova York, 1990.

vida das "pessoas comuns" menos representativa do grandioso e complexo mistério que o escritor decifra na existência humana começa nessa trilogia anterior. O encontro com Zaya movimenta a história, que passa daqueles que se acreditam representantes dos deuses para os protagonistas da cena da multidão na vida. A desolação da criada Zaya quando fica sabendo que seu marido morreu sob as brutais condições do trabalho na pirâmide e a coragem pragmática de sua vida subsequente cuidando com devoção do bebê Djedef que deve apresentar como seu próprio filho desvelam uma sociedade inteira que está ao mesmo tempo presente e completamente distante na consciência do faraó, cujo desejo de imortalidade a gerou. As famílias dos trabalhadores na pirâmide criaram, no lugar miserável que lhes foi concedido fora do canteiro de obras gigantesco contemplado pelo faraó, "um florescente bazar de produtos baratos". Ali, Djedef cresce e se torna adulto. Zaya, uma das muitas variedades de beleza feminina de Mahfouz, atraiu a atenção do inspetor da pirâmide, Bisharu, e não deixa de perceber que pode garantir a sobrevivência para si mesma e para a criança convencendo-o a se casar com ela. A concepção de beleza de Mahfouz inclui a inteligência; pode-se afirmar que ele é um feminista, particularmente quando, em romances mais recentes, descreve uma sociedade muçulmana em que o lugar da mulher é decretado pelo homem: uma posição corajosa no Egito do século XX, embora nada tão perigoso quanto sua crítica, por meio da vida de seus personagens, de aspectos da ortodoxia religiosa islâmica, o que lhe causou acusações de blasfêmia e um ataque quase fatal de um fanático.

Djedef escolhe uma carreira militar; sua "mãe" o vê orgulhosamente como um futuro oficial dos cocheiros do faraó, enquanto seu suposto pai se pergunta se deve continuar a sustentar essa progenitura ou proclamar a verdade. Mas esse seria novamente um romance diferente, e as alturas a que Mahfouz está se elevando não permitirão que o inspetor da pirâmide determine um caminho.

O faraó Khufu tem se mantido fora da ação e dos olhos do leitor; quase chega a parecer que o autor abandonou o tema da sabedoria de Khufu. Mas a atenção dá uma reviravolta momentosa. Enquanto Djedef ascende de posto em posto no seu treinamento militar, o faraó recebe a nova de seu arquiteto:

a pirâmide está terminada, "para a eternidade será o templo em cujo espaço batem os corações de milhões de seus adoradores".

Realização da húbris de Khufu? Sempre o imprevisto, da parte de Mahfouz. Khufu passou por uma mudança. Ele não se rejubila, e quando Mirabu pergunta "O que tão claramente ocupa vossa mente, meu senhor?", vem a resposta: "A história já conheceu um rei cuja mente estivesse livre de cuidados... é correto que uma pessoa exulte sobre a construção de seu túmulo?".

Quanto à húbris da imortalidade: "Não esqueça o fato de que a imortalidade é em si mesma uma morte para nossas caras vidas efêmeras... O que fiz pelo Egito... o que as pessoas fizeram por mim é o dobro do que eu fiz por elas".

Ele decidiu escrever "um grande livro", "orientando suas almas e protegendo seus corpos" com o conhecimento. O lugar em que ele o escreverá é a câmara funerária na sua pirâmide. Se a sabedoria reivindicada para o faraó no título do livro parecia conter ironia, revela-se então que se trata de uma linha de tensão contrária, que só um escritor de força sutil consegue manter entre si mesmo e o leitor.

Há mais mudanças de identidade, externas.

As primeiras notas do tema recorrente de Mahfouz dessa outra força, o amor sexual, estimulante ou destrutivo, são escutadas na paixão do comandante do exército Djedef por uma camponesa que é na realidade uma princesa.

O professado amor do príncipe herdeiro Khafra pelo seu pai é na verdade uma impaciência para herdar o trono.

Mahfouz põe a sabedoria de Khufu à prova no que é seguramente o teste final desse conceito: a tentativa de parricídio. O horror só é anulado por outro: Djedef matando o filho de Khufu, o príncipe herdeiro Khafra. Que ironia na tragédia transmitida por vívidas cenas de paradoxo: é a declaração do feiticeiro que está sendo cumprida, não a húbris de uma morada eterna. O Djedef da profecia divina é declarado futuro faraó, tendo a princesa aparentemente inatingível como consorte, depois de uma declaração comovente de um pai que viu a própria vida ser salva — apenas pela morte de seu filho. Ele pede papiro: "Para que eu possa concluir meu livro de sabedoria com a lição mais grave que aprendi na minha vida...". Depois joga fora a pena. Com ela se vai a vaidade da tentativa humana de atingir a imortalidade; é a sabedoria de Khufu realizada.

O SEGUNDO ROMANCE da trilogia abre com uma extravagância de Hollywood, se não Bollywood, no festival da cheia do Nilo. A história tem como andaime um conflito de poder político-religioso dentro do qual é uma exploração exótica daquele outro poder, o impulso sexual.

Esse é um romance erótico. Uma proeza difícil para um escritor; nada a ver com pornografia, mais próximo da representação de estados exaltados, captados na poesia. A cheia anual do Nilo é a fonte da fertilidade, fecundidade, a fonte da vida no Egito, assim como é a atração sexual entre o homem e a mulher.

Há duas distrações durante a celebração pública perante o faraó: augúrios. Uma voz na multidão grita "Vida Longa a Sua Excelência Khunumhotep"; e o jovem faraó fica espantado e intrigado por uma sandália dourada feminina que um falcão deixa cair em seu colo. O grito não é uma inocente explosão bêbada de entusiasmo pelo primeiro-ministro. É um grito de traição. A sandália não é apenas uma bugiganga que chamou a atenção da ave de rapina, pertence a Rhadopis.

O faraó, "belo... voluntarioso... amante da extravagância e do luxo, ousado e impetuoso como uma tempestade furiosa", pretende tirar da grande instituição do sacerdócio, representativa dos deuses que nomeiam divinamente os faraós, as terras e os templos cujos lucros o tornarão capaz de "construir palácios".

Seus cortesãos estão perturbados: "É realmente lamentável que o rei comece seu reinado em conflito".

"Vamos orar aos deuses para que concedam aos homens sabedoria... e previdência."

Os súditos na multidão especulam excitados sobre o faraó. "Como é belo!"

Seus ancestrais da sexta dinastia, "em seu tempo como eles satisfaziam os olhos e os corações de seu povo...".

"Fico imaginando o legado que ele vai deixar."

Um belo barco vai descendo o Nilo desde a ilha de Biga. "É como o sol nascendo sobre o horizonte oriental."

A bordo está "Rhadopis, a encantadora e sedutora... Ela mora em seu palácio branco, onde os amantes e os admiradores competem para conquistar seus afetos".

Não é de admirar que Mahfouz tenha escrito mais tarde roteiros cinematográficos de sucesso; ele já conhecia a arte, o floreio, do corte das cenas. Se a técnica lhe serviria para os filmes, os *close-ups* da cortesã e sua suntuosa atmosfera, captando o poder erótico que ela exerce pelas relações não só dos homens com ela, mas de homens com homens, a negociar poder financeiro e político, prognosticam a mulher Zubayda (na trilogia do Cairo), cuja influência sobre a vida no Cairo durante os anos 30 e 40 da ocupação britânica, nas formas que essa assumiu durante a paz e a guerra, e mesmo depois da independência egípcia em 1922, é tão vividamente criada.

Rhadopis de Nubia é a *femme fatale* original. O modelo encantador. Nem mesmo descrições de Cleópatra são comparáveis. As pessoas bisbilhotam: encantadas, assombradas, "Sabe que seus amantes são a nata do reino?"; despeitadas, "Não passa de uma dançarina... criada no poço da depravação... ela se entregou à libertinagem e sedução"; apaixonadas, "Sua maravilhosa beleza não é a única riqueza que os deuses lhe deram... Thoth [deus da sabedoria] não foi avarento em sabedoria e conhecimento"; sardônicas, "Amá-la é uma obrigação para os notáveis da classe alta, como se fosse um dever patriótico".

Mahfouz é o menos didático dos escritores. Sempre teve um domínio ágil da firme injunção da arte: não diga, mostre. Escutando ao acaso as conversas, nossa curiosidade é divertidamente despertada como se estivéssemos ali na multidão, mesmo sendo informados sem perceber sobre as questões que vão levar adiante a narrativa.

O primeiro-ministro Khunumhotep apoia, contra o desígnio do faraó, o caso da campanha dos sacerdotes que reivindicam suas terras e seus templos como direito inalienável. O desafio audacioso de alguém gritar o nome de seu ministro numa grandiosa ocasião pública ofendeu e enfureceu o faraó; seu camarista Sofkhatep e o cortesão Tahu estão preocupados. Ocorre em justaposição outro tipo de escuta, numa conversa entre esses dois que vai mais fundo que seu significado imediato, a disputa sobre as posses dos sacerdotes.

Tahu pressiona o faraó: "Força, meu senhor... Não procrastine... golpeie forte".

Sofkhatep: "Meu senhor... os sacerdotes estão dispersos pelo reino como sangue pelo corpo... Sua autoridade sobre o povo é abençoada por sanção divina... um golpe poderoso poderia causar consequências indesejáveis".

Há uma revolução no palácio em vez de uma disputa pela sucessão — a linhagem de Khufu. E a revolução traz consigo a antiga e sempre presente (em *nosso* presente) oposição da força *versus* sabedoria, causas religiosas *versus* humanismo secular. O faraó responde com frieza: "Não se preocupem. Já atirei minha flecha". Ele mandou chamar o homem que gritou, disse-lhe que seu ato era desprezível, infundiu-lhe respeito com a magnanimidade de não ordenar que fosse punido, declarando ser "simplório pensar que tal grito me desviaria da trajetória em que me lancei... decidi irrevogavelmente... que a partir de hoje nada será deixado aos templos salvo a terra e as oferendas de que precisam".

Algo que realmente desvia a atenção do jovem faraó dos problemas de seu reino é a queda inesperada — a sandália de ouro. Sofkhatep observa que as pessoas acreditam que o falcão corteja as mulheres belas, leva-as embora. O faraó está perplexo: o símbolo tombado em seu colo, como se o pássaro "conhecesse meu amor pelas belas mulheres". A sandália de ouro é de Rhadopis, reconhecida por Tahu. Ele parece perturbado, quando o faraó pergunta quem é ela; um indício de certa circunstância que dará a Tahu uma identidade diferente da sua oficial de cortesão. Ele informa que ela é a mulher a cuja porta homens ilustres batem. "Em sua sala de recepção, meu senhor, pensadores, artistas e políticos se reúnem... o filósofo Hof observou... a coisa mais perigosa que pode acontecer a um homem na vida é pousar os olhos sobre a face de Rhadopis."

O faraó está intrigado e vai pousar o seu olhar sobre aquela face. Claro que ele não pode se juntar aos homens, por mais alta que seja sua linhagem, que batem à porta do palácio na ilha de Biga. Parece estranho e divertido que não seja mostrada nenhuma rivalidade pela cama e pelos favores de Rhadopis. Estará Mahfouz expondo zombeteiramente um outro lado dessa nobre qualidade, a fraternidade — a decadência? Eles partilham a mulher. Há música e diálogos espirituosos, ela talvez dance ou cante para eles, se tiver vontade, e há um debate político recheado de informações nesse salão-bordel, antes de ela indicar o ilustre convidado que admitirá na sua cama ao fim do entretenimento.

Se a posição régia não tivesse impedido o faraó de se juntar à fraternidade, ele poderia ter adquirido uma compreensão política das questões que confrontavam seu reino. À parte as demandas dos sacerdotes, há uma rebelião da tribo Maasaya, e do grupo aristocrático surge a justificação familiar do colonialismo que será desmascarada com tanta sutileza e convicção na futura ficção de Mahfouz.

Um dos admiradores de Rhapodis pergunta "Por que a tribo deveria se revoltar?" quando "Aquelas terras sob o governo egípcio desfrutam paz e prosperidade. Nós não nos opomos aos credos de outros".

O defensor mais politicamente astuto do sistema imperial-colonial: "A verdade é que a questão Maasaya não tem nada a ver com política ou religião... estão ameaçados pela fome... e ao mesmo tempo possuem um tesouro [recursos naturais] de ouro e prata... e, quando os egípcios se comprometem a fazer bom uso desses bens, eles os atacam".

Há argumentos, pró e contra, sobre as demandas dos sacerdotes e a intransigência do faraó.

"Os teocratas possuem um terço de toda a terra do Egito..."

"Sem dúvida há causas que merecem mais dinheiro que os templos, não?"

O dinamismo irônico da história é que será mostrado que a "causa" de o jovem faraó desejar construir palácios e adquirir uma mulher cuja extravagância iguale a sua — poder político e poder erótico abraçados — disputa o lugar do que "merece mais".

Sim, é a máxima de Milan Kundera, o romancista fazendo perguntas, e não suprindo respostas, que torna esse romance tão desafiadoramente divertido sobre as conversas no salão de Rhadopis. Casa da fama, casa da infâmia? Quando se torna amante e obsessão do faraó, ela é a causa de sua queda, de o povo virar-se contra o faraó, o representante adorado dos deuses, por ele dissipar a riqueza da nação com uma cortesã? Ou o faraó é um exemplo da fatalidade da inerente fraqueza humana? Não está em nossas estrelas — a queda de uma sandália dourada lá do céu —, mas em nós mesmos, no próprio faraó, satisfazer desejos pessoais? E mais: não é o terrível perigo do próprio poder que pode ser usado para o propósito último desvirtuado? Ditadores, tiranos. Mahfouz ativa a mente do leitor para além do caso de sua história.

A própria Rhadopis. Começando com sua apresentação como protótipo da boneca Barbie e como *femme fatale*, o jovem Mahfouz realiza uma evocação das contradições internas do tipo de vida que ela leva, inigualada por nenhum outro escritor cuja obra eu conheça. Na noite ao final do festival do Nilo, os clientes-admiradores de Rhadopis batem à sua porta como de costume. A negação classista da existência de qualquer inteligência crítica em mulheres subalternas, inclusive prostitutas, é sempre uma injustiça refutada convincentemente pelas mulheres de Mahfouz, quer servindo nessa categoria, quer em outra. Depois de dançar sugestivamente a pedido dos homens, "o sarcasmo superou" sua frivolidade. Para Hof, o eminente filósofo entre eles: "Você não viu nada das coisas que tenho visto". Apontando para a multidão embriagada: "... a nata do Egito prostrada a meus pés... é como se eu estivesse entre os lobos". Tudo isso considerado entre risos, como sua excitante audácia. Ninguém entre esses homens ilustres parece sentir vergonha diante dessa degradação de uma mulher; ninguém a vê como uma consequência da pobreza em que nasceu e da qual essa vida talvez fosse sua única forma de escapar. Nessa noite, ela usa a única arma que eles respeitam, caprichosamente ela se nega. "Hoje à noite não pertencerei a nenhum homem."

Uma "tempestade de desafio" teatral fermenta dentro dela, enquanto permanece deitada sem dormir. O que pode ser lido como o clichê do arrependimento de quem se sustenta com a venda de seu corpo. Mas o estado de espírito salutar é seguido na noite posterior pela ordem de que a porta se manterá fechada para todo mundo.

Essa é a noite em que o faraó vem ao seu encontro. Nenhuma porta lhe pode ser fechada. Ele é descrito tão sensualmente quanto Mahfouz descreve suas personagens femininas. O encontro tem uma beleza e significado eróticos sem necessidade de cenas de giros sexuais. É também quando o faraó começa a negligenciar os assuntos de Estado pela força de um "caso amoroso que estava custando uma fortuna ao Egito". O preço: o primeiro-ministro Khunumhotep teve de executar o decreto do faraó de confiscar as propriedades dos templos. A escolha do faraó é pela tragédia, se aceitamos que a queda do poderoso é a definição da tragédia, em oposição aos desastres canhestros das pessoas comuns falíveis. Rhadopis, em conflito entre a paixão por um homem que é também rei e seu outro empenho, epifania da preocupação com o povo egípcio de quem ela faz parte, usa sua inteligência arguta — afinal, é preciso lembrar que ela era forçosamente astuta na sua antiga vida precária — para arquitetar um meio pelo qual o faraó pode alegar falsamente que há uma revolta das tribos Maasaya na região das terras dos sacerdotes, e convocar seu exército para superar a verdadeira rebelião, a dos sacerdotes. O subterfúgio intrincado implica a exploração cruel de um menino inocente — também apaixonado por Rhadopis — porque ela recorre a seus antigos poderes de sedução para usá-lo como mensageiro.

A tragédia é por definição inexorável, quando o derrotado faraó discursa depois que os sacerdotes desmascararam suas ações perante o povo, e a turba está prestes a tomar de assalto os muros de seu palácio. "A loucura continuará enquanto houver gente viva... construí para mim mesmo um nome pelo qual nenhum faraó antepassado jamais foi chamado: O Rei Frívolo."

Uma seta vindo da turba perfura seu peito. "Rhadopis", ele ordena a seus homens, "levem-me a ela... quero expirar em Biga."

Mal nos demos conta da existência da esposa não amada do faraó; de forma muito impressionante, ela aparece com uma ordem tranquila: "Executem a decisão de meu senhor".

O brilho nascente de Mahfouz como *contador de história*, sobretudo com propósito político, moral, filosófico, está no ritmo emocional dos eventos pelo qual *essa* história chega a seu fim comovente e questionador, com a ironia de que o último pedido de Rhadopis a um homem é mandar o menino mensageiro que a adora buscar um pequeno frasco de veneno com que ela se unirá ao faraó na morte, a consumação final da paixão sexual. No último amante não correspondido, ao ser indagado como obteve o frasco, Mahfouz vai até o fundo do horror do menino na resposta: "Fui eu que lhe trouxe".

O que o jovem escritor, Mahfouz, estava dizendo sobre o amor?

O Nilo é o arauto fluente do destino do Egito no escopo da história faraônica reimaginada de Mahfouz, começando com *Khufu's wisdom*, quarta dinastia, continuando com *Rhadopis of Nubia*, sexta dinastia, e concluindo com *Thebes at war*, décima sétima para décima oitava dinastia.

Um navio do Sul chega subindo o Nilo a Tebas. A bordo não está uma cortesã, nem uma princesa, mas o camarista de Apophis, faraó pela conquista dos reinos do Norte e do Sul. Por outro lado, pelas vias indiretas dos pensamentos de um indivíduo, uma expectativa é despertada quando se leem as reflexões desse emissário: "Fico pensando, amanhã soará a trombeta... a paz dessas casas tranquilas será estilhaçada... Ah, como gostaria que essas pessoas soubessem que alerta este navio lhes traz e a seu senhor". Ele é o emissário de um antigo colonialismo. Tebas é virtualmente uma colônia do reino de Apophis. Os sulistas são, dentro da tradicional (imutável) justificação da colonização, diferentes. O exemplo clássico para esse e todos os tempos: mais escuros que os autonomeados seres superiores — nessa era, os hyksos do Norte, de Mênfis. Comparados com esses, um membro da missão do camarista observa, os sulistas são "como barro perto dos raios gloriosos do sol". E o camarista acrescenta: "... apesar de sua cor e de sua nudez... eles alegam que descendem do ventre dos deuses e que seu país é a fonte dos verdadeiros faraós". Eu me pergunto o que Naguib Mahfouz, olhando retrospectivamente para 1938 quando seu jovem ser presciente escreveu o romance, pensa do que agora sabemos, não por nenhuma revelação divina, mas pela descoberta paleontológica, que a África negra — a que os sulistas e os nubianos representam na história — é a terra de origem de toda a humanidade.

Depois desse início pressagiador, parece-nos risível o objetivo da missão. É pedir que os hipopótamos no lago em Tebas sejam mortos, porque o faraó Apophis tem uma doença que seus médicos diagnosticaram como devida ao rugido dos animais ali encerrados! É um pretexto do poder, rebaixando o da região: o lago e seus hipopótamos são sagrados para o povo tebano e seu deus Amun. Há uma segunda demanda do faraó Apophis. Ele sonhou que o deus Seth, sagrado para seu povo, não é honrado nos templos do Sul. Um templo dedicado a Seth deve ser construído em Tebas. Terceiro decreto: o governador de Tebas, o faraó deposto Seqenenra, nomeado segundo o princípio de dividir para dominar, transformando um líder do povo numa autoridade indicada pelo poder usurpador, deve abandonar a presunção de usar a Coroa Branca do Egito (símbolo dos soberanos do Sul na coroa dupla do Egito). "Ele não tem esse direito... apenas uma única laia tem o direito" — o conquistador Apophis.

Seqenenra chama seu príncipe herdeiro Kamose e os conselheiros para discutir essas demandas. Seu camarista Hur: "É o espírito de um senhor ditando ordens a seu escravo... é simplesmente o antigo conflito entre Tebas e

Mênfis numa nova forma. Mênfis luta para escravizar Tebas, enquanto essa luta para se aferrar à sua independência por todos os meios".

Dos três romances, este contém a mais clara intenção de estar relacionado ao presente em que foi escrito — a dominação britânica do Egito que continuaria durante a guerra de 1939-1945 até a deposição do rei Farouk por Nasser nos anos 1950. Tampouco se furta a recorrer ao racismo às avessas que inevitavelmente é usado para reforçar as resoluções anticoloniais. Um dos comandantes militares de Seqenenra: "Vamos lutar até libertarmos o Norte e expulsarmos da terra do Nilo o último dos brancos com suas longas barbas sujas". Os "brancos" são estrangeiros asiáticos, os hyksos, também mencionados como "boiadeiros", presumivelmente por causa de sua riqueza em gado, que dominaram a partir do Norte do Egito por duzentos anos.

O príncipe herdeiro Kamose é a favor da guerra, assim como alguns dentre os conselheiros. Mas a decisão final caberá à rainha Tetisheri, a esposa de Seqenenra, a ancestral literária da linha de matriarcas sábias e veneradas criada por Mahfouz, ao lado de seu reconhecimento da dignidade e inteligência guerreiras das cortesãs. Fisicamente, ela é descrita com algumas características que veríamos como caricatura racista, mas que ele propõe como se fosse um padrão válido da beleza africana, "os dentes superiores salientes que os povos do Sul achavam tão atraentes". Um padrão estético da forma humana... Estudiosa dos Livros dos Mortos e dos livros do ensinamento de Khufu, era à opinião de Tetisheri que "se recorria em tempos de dificuldade": "a meta sublime" a que os tebanos "devem se dedicar é a libertação do vale do Nilo". Tebas vai à guerra.

O príncipe herdeiro Kamose fica abatido quando o pai lhe diz que ele não vai lutar na batalha, deve permanecer no lugar de autoridade de Seqenenra, encarregado de suprir o exército de "homens e provisões". Num dos discursos emocionantes, ao mesmo tempo retóricos e comoventemente pessoais, Seqenenra profetiza: "Se Seqenenra cair... Kamose sucederá a seu pai, e se Kamose cair, o pequeno Ahmose [o neto] ocupará seu lugar. E se este nosso exército for eliminado, o Egito está cheio de homens... se o Sul inteiro cair nas mãos dos boiadeiros, então há a Núbia... O meu alerta é contra um único inimigo — o desespero".

É pouco reconhecer que Seqenenra morre. Ele cai numa lendária batalha corpo a corpo com dardos, a coroa dupla do Egito que usa desafiadoramente vem abaixo, "o sangue jorrou como uma fonte... outro golpe espalhando seu cérebro", ainda outros golpes "despedaçaram o corpo" — tudo como se estivesse acontecendo milhares de anos mais tarde, diante de nossos olhos. Não é se comprazer com o sangue, faz parte da ousadia de Mahfouz ir longe demais no que vai longe demais para a censura do bom gosto literário, a medonha dessacralização humana da guerra. A guerra é perdida; Kamose como herdeiro da derrota deve sobreviver no exílio com a família. Eles se refugiam na Núbia, onde há apoiadores de seu próprio povo tebano.

Da horripilantemente magnífica cena de batalha, Mahfouz se volta — como Tolstói em *Guerra e paz* — ao pessoal, longe do clamor, ao que a morte significa nas vidas individuais. Kamose não leva a família, conforme as convenções, ao corpo quebrado, mas "para dar adeus ao quarto de meu pai". Para "enfrentar seu vazio". Com tal nuance, uma delicadeza dentro da destruição de jamanta, o talento de Mahfouz realmente penetra a profundeza das reações humanas.

E o vazio daquele quarto se tornará até de maior importância. Kamose manda que o trono de Seqenenra seja transportado do palácio para o templo de Amun, onde jaz o corpo de Seqenenra. Prostrado diante do trono, ele fala: "Apophis nunca sentará sobre você".

Dez anos se passaram. A história é retomada ao longo do Nilo. Um comboio de navios segue agora rumo ao norte, de Núbia à fronteira com o Egito, fechada desde o fim da guerra. Os marinheiros são nubianos; os dois comandantes, egípcios. A beleza e a retidão andam juntas na primeira iconografia de Mahfouz. O principal comandante tem "um daqueles rostos aos quais a natureza empresta sua própria majestade e beleza em proporção igual". Ali está Isfinis, um mercador que traz para vender as preciosas joias, marfim, ouro e criaturas exóticas que são os recursos naturais da Núbia. O comboio atraca primeiro em Biga, aquela ilha da qual soou outrora o chamado de sereia de Rhadopis, onde agora o mercador suborna o governador local com um cetro de marfim em troca da intercessão para ser recebido pelo faraó Apophis.

Isfinis não é um mercador, e Isfinis não é o seu nome. Seu propósito não é negócio, mas justiça; nós o escutamos dizer a seu "agente", o cortesão Latu:

"Se conseguirmos restaurar os laços com a Núbia... teremos vencido metade da batalha... o boiadeiro é muito arrogante... mas é preguiçoso... seu único caminho para o ouro é por meio de alguém como Isfinis que se oferece para lhe trazer o metal precioso". Assim, esse mercador será Kamose disfarçado, o herdeiro de Seqenenra, que vem à desforra?

Mahfouz é o mágico-escritor, puxando surpresas do fundo do esperado. Não, Isfinis é Ahmose, o neto de Seqenenra, de quem ouvimos falar pela última vez como uma criança indo para o exílio com a família derrotada.

Um navio real navega perto do comboio mercante, e uma princesa com suas escravas fica surpresa ao perceber no convés do mercante um item de carga nunca visto antes. É um pigmeu. Sua Alteza faraônica envia um marinheiro para anunciar que vai subir a bordo do navio mercante a fim de olhar a "criatura" — se ela não for perigosa.

Isfinis apresenta o pigmeu com uma torrente de obséquios: "Cumprimente sua senhora, Zola!". Segue-se uma cena ironicamente maliciosa do senso cruel de superioridade absoluta quanto à raça, a hierarquia do físico.

A princesa pergunta: "Ele é animal ou humano?".

Isfinis: "Humano, Sua Alteza".

"Por que não seria um animal?"

"Ele tem sua língua e sua religião."

Para ela, o pigmeu é como qualquer outra coisa que o mercador poderia oferecer, algo para possuir ou rejeitar; "... mas ele é feio, não me daria prazer adquiri-lo". De outras amostras das mercadorias do mercador, ela pega um colar; supõe-se simplesmente que ele terá de ir ao palácio para ser pago.

A cena social satírica explode quando Latu grita zangado: "Ela é um diabo, a filha do diabo!".

Nessa história de identidades duplas, Isfinis-Ahmose compreende que a mulher por quem se sente atraído é a filha de "quem humilhou seu povo e matou seu avô".

Em terra, o mercador se hospeda numa estalagem entre pescadores. No bar (como mais tarde na trilogia do Cairo), as inibições se dissolvendo com as bebidas, pessoas humildes revelam zombando o estado do país. É ao mesmo tempo crítica social séria e entretenimento agradável.

"Você é certamente um homem rico, nobre senhor... mas é um egípcio, pela sua aparência."

Isfinis-Ahmose: "Há alguma contradição entre ser egípcio e ser rico?".

"Certamente, a menos que se caia nas boas graças dos governantes"; esse bar "é o refúgio daqueles que não têm esperança... A regra no Egito é que os ricos roubam dos pobres, mas os pobres não têm licença para roubar dos ricos".

Mahfouz tem o raro dom de despertar um estado de alerta subconsciente no leitor: uma espécie de transmissão autoral de modo que o leitor avança sozinho, como se antes do escritor, para saber como as coisas se desenvolverão e por quê. Nada é dito como um aparte. Um homem irrompe na arruaça da estalagem para contar que alguém conhecido dos locais, Ebana, foi presa sob o pretexto de que atacou um oficial boiadeiro que tentava seduzi-la. Quando escuta que a mulher será açoitada por não ser capaz de pagar uma multa, Isfinis insiste em ir ao tribunal pagar o que ela deve. Uma boa ação aparentemente irrelevante que alguém de princípios contra a injustiça pode executar casualmente com dinheiro. Mas talvez a ação tenha sido instigada. Quem é essa mulher?

E realmente sua presença é invocada no contexto da missão de Isfinis quando, em outra daquelas reuniões progressivamente hierárquicas que devem preceder a concessão de audiência com o faraó Apophis, o juiz do julgamento da mulher está por acaso presente, e ele observa arrogantemente sobre o mercador: "Ele parece estar sempre pronto a dispor de si mesmo e de seu dinheiro, pois doou cinquenta moedas de ouro para salvar uma camponesa acusada de insultar o comandante Rukh".

E a princesa Amenridis — ela está ali também, sendo o sarcasmo sua forma de atrair um flerte: "Não é natural que um camponês arregace as mangas para defender uma camponesa?". Ela ecoa tons de Rhadopis; mas a cortesã estava se armando contra sua vulnerabilidade de mulher desprezada, enquanto Amenridis está se divertindo escarnecendo de um homem de classe inferior, ainda que atraente. Mahfouz não clonou de uma criação anterior, ele está afirmando que o capricho dos privilegiados não é a necessidade dos despossuídos.

O mercador Isfinis, pronto a oferecer propina pelas escolhas do governador, revela o esplendor dos objetos que deseja expor diante do faraó

Apophis. A princesa se diverte criando sensação ao dizer, sobre o mercador, para o juiz: "Estou em dívida com ele". Ela relata como foi atraída ao comboio do mercador pela visão estranha do pigmeu e escolheu dentre suas outras mercadorias o colar com um coração de esmeralda que está usando.

O governador entra no clima de resposta afiada e insinuação: "Por que escolher um coração verde... corações brancos puros, corações negros maldosos, mas qual seria o significado de um coração verde?".

A princesa: "Dirija sua pergunta àquele que vendeu o coração".

Isfinis: "O coração verde é o símbolo da fertilidade e da ternura".

A saraivada entre Beatrice e Benedict evoluirá para a doma da megera, essa arrogante beldade que interiormente deseja "poder encontrar um homem como esse mercador no corpo de alguém da sua laia... em vez disso, ela o tinha encontrado no corpo de um egípcio de pele marrom que negociava pigmeus".

A complicação — abençoada ou amaldiçoada — da atração sexual, com a vontade imperiosa do poder político, leva Isfinis a decidir, "por sedução e tática para manter boas relações com aqueles que podem levá-lo ao faraó", que não pode exigir pagamento pelo coração verde.

É preciso um leitor de mente aguçada para seguir as mudanças na identidade dos protagonistas nesta crônica maravilhosa; e ele/ela será recompensado/a pelo entusiasmo de entrar na espantosa agilidade da mente do autor. Ebana não era um simples incidente para ilustrar a compaixão de Isfinis-Ahmose. Ela é a viúva de Pepi, o cortesão assassinado com Seqenenra dez anos atrás, e desde então vinha se escondendo na comunidade de pescadores pobres do território inimigo, Mênfis. Pepi havia dado a seu filho o nome de Ahmose, como tributo ao neto de Seqenenra, nascido no mesmo dia. É mais do que coincidência; em bravura e dedicação, esse *outro* Ahmose está também ligado ao Ahmose disfarçado de Isfinis no intento de reconquistar para Tebas a coroa dupla do Egito.

O dinástico Ahmose escuta de Ebana que a zona dos pescadores está cheia de antigos donos de grandes propriedades rurais e fazendas, desapossados por Apophis. Ele lhes conta — e passa a informação ao leitor pela primeira vez — que o verdadeiro propósito de sua "missão comercial" é ligar o Egito com a Núbia conseguindo permissão para transportar esses homens ostensivamente como trabalhadores destinados a produzir os tesouros dos recursos nubianos para o gosto aquisitivo de Mênfis. "Vamos transportar ouro ao Egito e voltar com cereais e homens... e um dia vamos voltar apenas com homens..."

Eros é também implacável; enquanto Ahmose está empenhado em planejar essa grande campanha, uma "imagem invasora" o leva a estremecer. "Deus, penso nela... E não deveria pensar nela de modo algum." Amenridis, a filha do inimigo, o faraó Apophis.

O dia em que é recebido pelo faraó traz outra experiência emocional que Ahmose não pode deixar que o enfraqueça: o jardim do palácio usurpado por Apophis pertencia ao seu avô, o faraó Seqenenra, e ali na infância ele brincava com Nefertari — agora sua esposa, a quem Ahmose está traindo, o que Mahfouz, com seu talento de transmitir o não explícito apenas com uma imagem, sabe que não deve comentar.

No palácio, Apophis cai na cilada de se rebaixar tirando a coroa e colocando sobre a cabeça a vaidade de uma falsa coroa dupla adornada com joias que o mercador lhe oferece junto com o presente de três pigmeus. Eles devem entretê-lo; ou lembrar algo oportuno a Sua Majestade, a pretexto de uma informação exótica. "São povos, meu senhor, cujas tribos acreditam que o mundo não contém outros povos a não ser eles próprios."

A cena de prazer cobiçoso e bajulação encenada é desfeita pela chegada impetuosa do comandante militar de Apophis, Rukh, o homem que levou Ebana à justiça sob a acusação de insultá-lo. Ele está bêbado, furioso, e exige um duelo com o comerciante nubiano que pagou ouro para salvá-la das chicotadas.

Ahmose está tenso entre duas opções: fugir como um covarde ou ser morto e deitar a perder a missão para seu povo. Sabe que a princesa Amenridis o considera com interesse. Será isso, cabe a nós decidir, o que o leva a aceitar o desafio de Rukh? Como prova de virilidade? Para o público, o duelo é entre classe, raça: o guerreiro real e o estrangeiro camponês. O comandante Rukh perde humilhantemente, incapacitado por uma ferida na mão. Qualquer que tenha sido a razão temerária de Ahmose ao aceitar o duelo, sua presente missão está cumprida; a transação, tesouros para o faraó Apophis em troca de cereais e trabalhadores, é concedida. Ele pode cruzar a fronteira para negociar sempre que desejar.

A bordo de seu navio rumando para casa no que deveria ser triunfo, Ahmose está se perguntando no meio daquele outro conflito mortal, entre o amor sexual e o compromisso político: "Será possível que o amor e o ódio tenham o mesmo objeto?". Amenridis faz parte do poder ilícito da opressão. "Aconteça o que acontecer comigo, nunca mais porei olhos em cima dela..."

Ele a vê, quase imediatamente. Rukh o persegue com vasos de guerra, para novo duelo, e "desta vez vou matá-lo com minhas próprias mãos".

Amenridis o seguiu em seu navio, e do alto da autoridade de sua posição impede que os homens de Rukh assassinem Ahmose, quando ele mais uma vez fere Rukh. Ahmose pergunta o que a fez assumir "a inconveniência" de salvar sua vida.

Ela responde bem caracteristicamente: "Para torná-lo meu devedor".

Mas isso é mais do que argutamente aforístico. Se deve pagar, ele precisa retornar ao seu credor; é o modo de ela perguntar quando verá de novo o homem a quem conhece como Isfinis. E ele faz sua declaração de amor, ele retornará: "Minha senhora, por esta vida minha que lhe pertence".

O pai, Kamose, se recusa a permitir que ele retorne com a identidade do mercador Isfinis. Ele irá com sua própria identidade, Ahmose, só quando "amanhecer o dia da batalha".

Do silêncio da separação chega uma carta. No envelope está a corrente do colar com o coração verde. Amenridis escreve que ela lamenta informar que um dos pigmeus que levou para sua residência como um animal de estimação desapareceu. "Será possível me mandar um novo pigmeu, um que saiba ser fiel?"

Mahfouz abandona o aparente sentimentalismo pela evidência surpreendente do profundo sentimento, assim como é capaz de desmantelar o melodrama com a aspereza do genuíno confronto humano. Ahmose desolado: "Ela sempre o veria como um pigmeu inconstante".

A ambiguidade moral de um amor é esmagada pelas ambiguidades morais que escurecem o sangue derramado até de uma guerra justa. O dia da batalha chega trazendo tudo isso, e Kamose com Ahmose acabam conduzindo o exército tebano à vitória, o reino é devolvido a Tebas.

Mahfouz, como Thomas Mann, é um mestre da ironia, ao descrever a voragem do refluxo da perda. Apophis e seu povo, sua filha, deixam Mênfis derrotados. É uma bela noite de paz. Ahmose e sua esposa, Nefertari, estão na sacada do palácio, com vista para o Nilo. Os dedos de Ahmose brincam com uma corrente de ouro.

Ela nota: "Que bonita! Mas está quebrada".

"Sim, perdeu seu coração."

"Que pena!" Em sua inocente ingenuidade, ela supõe que a corrente é para ela.

Mas ele diz: "Reservei para você algo mais precioso e belo que isso... Nefertari, quero que você me chame Isfinis, pois é um nome que amo, e amo aqueles que o amam".

"Ainda está escrevendo?"

As pessoas cujo afastamento do trabalho tem uma data, determinada como a data do nascimento e a da morte vindoura, fazem essa pergunta ao escritor. Mas não há decisão de sindicato imposta aos escritores; eles só deixam de praticar a arte da palavra quando sua capacidade de transformar com ela um pouco do mistério da vida os abandona.

Sim, na velhice Naguib Mahfouz ainda está escrevendo. Ainda descobrindo novas formas literárias para expressar a consciência mutável de eras sucessivas com que seu gênio criou essa trilogia e sua obra inteira, romances e contos. Na algaravia crescente de nosso milênio, rádio, televisão, telefone celular, sua forma para a palavra escrita é a destilação. Numa obra atual, *The dreams*,[55] curtas evocações em prosa que recorrem ao poder fragmentário do subconsciente, ele é o narrador caminhando sem rumo, quando de repente "cada passo que dou vira a rua de cabeça para baixo transformando-a num circo". A princípio ele "poderia levitar de alegria", mas, quando o espetáculo é repetido mais de uma vez de rua para rua, "desejo do fundo da minha alma voltar para casa..." e "confio que logo meu socorro chegará". Ele abre a porta e descobre — "o palhaço ali a me cumprimentar, rindo". Não há como escapar do mundo, nem da compulsão inata do escritor de tirar da sua confusão o sentido.

2007

[55] Naguib Mahfouz, *The dreams*, Sonho 5, The American University in Cairo Press, Cairo e Nova York, 2005.

Vivendo Dois Absolutos

"No momento em que já não for mais que um escritor, vou parar de escrever."

A pequena faixa do planeta Terra onde dois povos de origem antiga comum, israelenses e palestinos, disputam viver — mas não juntos.

Não fui à região a convite do governo israelense. Fui convidada por escritores israelenses para um festival internacional de escritores. Aceitei porque a citação acima, de Albert Camus, é meu credo. Acredito que o escritor, dentro da integridade de seu processo criativo, é responsável por, como ser humano, reconhecer a opressão perpetrada contra pessoas, sejam quais forem, na sociedade em que o escritor vive. Assim como o cantor de ópera tem qualidades particulares nas cordas vocais, o escritor tem um *insight* que acarreta a responsabilidade de prestar um testemunho particular de seu tempo e lugar. Quero testemunhar que os escritores, rejeitando a correção política e usando os dons do testemunho interior, podem trazer à tona parte da verdade, além da superfície da informação, sobre sua sociedade e país.

"Testemunha: o depoimento interior" foi o tema da palestra que proferi. Tinha, é claro, referência e relevância específicas para o lugar, Israel, e para os escritores israelenses entre aqueles presentes. Nas profundezas de grande confusão, enquanto conversações de paz como fundamento da justiça para ambos os povos tropeçam e revivem, descobri que há dois absolutos: para os israelenses, o direito de Israel a existir, negado pelo Hamas e pelos palestinos do *jihad*; e a devolução dos territórios ocupados à Palestina.

Entre os escritores israelenses, inclusive o vociferante Amós Oz, renomado internacionalmente por seus romances brilhantes e pela publicação ousada e crítica de possíveis soluções para a justiça de dois-Estados, todo escritor israelense que conheci era contra os territórios ocupados e as medidas duras empregadas contra os habitantes palestinos. Nas sessões da conferência, fui informada de que a maioria dos israelenses é contra as políticas de ocupação de seu governo. Uma minoria me falou em defesa dos territórios ocupados como aquisições das mudanças de 1967, nas linhas divisórias em conformidade divina com a profecia bíblica.

Tinha feito arranjos antes de sair da África do Sul para visitar Jerusalém Oriental, o setor palestino. Um carro da autoridade palestina me pegou num lugar curiosamente chamado terra de ninguém, o Hotel da Colônia Americana. Fui recebida pelo professor Sari Nusseibe, um colega escritor cuja obra conheço. Falei com um grupo de estudantes, muitos dos quais aspirantes a escritor, respondendo a suas perguntas a respeito das pressões do conflito político sobre a liberdade de expressão. Mas a literatura não veio a ser o prodígio dessa ocasião para mim. Fui levada à faculdade que abriga uma documentação única, para a qual "museu" não é a palavra correta. O próprio diretor sorridente foi prisioneiro de Israel durante dezessete anos do conflito palestino-israelense. Não só havia reunido restos minúsculos de testemunho rabiscado em tiras de papel ou pano que eram contrabandeadas para fora da prisão, e fotografias de homens sob interrogatório impiedoso; ele também possui uma biblioteca de relatos escritos de ex-prisioneiros, a quem procura para que escrevam memórias vivas de dor e humilhação sob interrogatório. Sem dúvida, há um mesmo tipo de memórias de sofrimento entre os prisioneiros israelenses interrogados por palestinos.

A desumanidade dos humanos com os humanos não conhece fronteiras.

A Universidade Al-Quds está perto do que é referido como o subúrbio de Jerusalém, Abu Dib, através do qual o muro que divide a Palestina de Israel tem parte de seu monumental caminho. O muro desafia qualquer imagem convencional. Estive ao lado de uma de suas gigantescas convoluções que cruza ruas e casas. É tão alto quanto uma parede do chão ao teto de uma casa de um só pavimento. Estava com um médico na entrada de sua casa. O muro divide imponentemente o seu jardim e o de um vizinho e a rua deles. Sua clínica fica alguns quarteirões além, no outro lado do muro. Ele tem de percorrer de carro (eu estava com ele) vários quilômetros até o portão mais próximo, passar pela barreira, cruzar o muro e voltar até perto do ponto do qual partiu. Falou de pacientes gravemente doentes no lado oriental do muro que só encontram tratamento para salvar suas vidas num hospital especializado no lado ocidental; de vez em quando algum deles morre enquanto os guardas se atrasam na leitura dos documentos médicos que autorizam a passagem pelo muro. Em Israel, amigos me contaram que ainda assim há casos em que deixam passar o paciente "inconsciente" e o "médico" acompanhante. São homens-bomba vindo explodir a morte entre israelenses, homens, mulheres e crianças, em lugares públicos.

Enquanto isso, eu via crianças atravessarem o portão vindo de sua escola de um lado do muro para chegar a suas casas no outro lado. A ruptura cotidiana das vidas palestinas é inconcebível, mesmo quando se experimenta uma pequena parte dela.

Por causa de minha amizade com o falecido Edward Said, um intelecto notadamente brilhante de nosso tempo, defensor devotado de uma Palestina completa com fronteiras justas, e sua mulher Miriam Said, pude ser recebida no que é conhecido como o coração e a mente da Margem Ocidental ocupada, Ramallah. Apesar de minha participação no Festival Internacional de Escritores, boicotado pela Palestina, fui recebida cordialmente pelo dr. Mustafa Barghouti, secretário da Al Mubadara, "iniciativa nacional da Palestina para efetivar os direitos nacionais palestinos e a criação de uma paz justa e duradoura", um grupo cujos membros estavam reunidos. Eles me levaram a passear de carro por toda Ramallah, informando-me do que eu, mais uma vez, via como resultados da ocupação. Ao redor de uma mesa de almoço em Al Mubadara, recebi em primeira mão informações sobre o ponto de vista, a tática e o trabalho políticos da iniciativa da Palestina. Eles rejeitam a recusa do Hamas a reconhecer o direito de Israel existir, enquanto travam uma luta inexorável, mas não violenta, contra a presente ocupação da Palestina ainda em andamento.

O dr. Barghouti é um membro do Parlamento da Palestina que alcançou o segundo lugar, somente atrás de Mahmoud Abbas, nas eleições de 2005, focando a atenção principalmente na demanda de interromper a construção do muro de Israel e a desmantelar sua existência. Ele discorreu sobre a retórica costumeira entre os líderes políticos, encorajando os colegas a falar. Escutei que a Iniciativa da Palestina, embora inelutavelmente dedicada a um Estado palestino em fronteiras justas e aceitáveis, preocupa-se também com as divisões internas palestinas. "Justas" sendo alvo de um desacordo interminável, pois tanto Israel como a Palestina acreditam ter um antigo direito ao território inteiro, mesmo quando reconhecem amargamente, *force majeure* do mundo contemporâneo, que isso só seria realizado por um inexprimível derramamento de sangue numa guerra hedionda.

Saí para o Outro Lado com um enorme cartaz: "40 anos sob ocupação", reproduzindo mapas coloridos, verde para a Palestina salpicada de pontos vermelhos indicando as "colônias" israelenses, rearranjos incríveis, trocas de território amargamente disputado, desde 1948 até o presente — com um mapa final em branco para o futuro, contendo apenas um ponto de interrogação. Há algumas respostas extraordinárias ao mapa em branco do futuro. Quando retornou do território ocupado para a conferência em Jerusalém, o carro em que eu estava mergulhou num túnel longo e profundo perto da rodovia. Meu acompanhante palestino me disse que esse era um dos túneis que Israel tencionava fazer para ligar, ao longo das linhas de 1967, os extensos pedaços da Palestina que Israel reconhece, sem passar pelas rodovias que cruzam o território israelense.

O ponto de interrogação permanece.

Paira sobre as negociações de paz — essa base vital para a resposta que um estranho que acredita na justiça deve com certeza apoiar: dois Estados plenamente independentes em fronteiras realistas e consensuais. Os poetas e escritores de ficção israelenses e palestinos carregam sua responsabilidade particular de testemunho interior, não nas notícias imediatas na televisão e imprensa de cada dia, mas nas obras duradouras que trazem lá do fundo das notícias um pouco das contradições da condição humana, resistindo, vivendo com esperança, num tempo e lugar.

2008

O Leão na Literatura

"Sou negro: um negro não tem olhos? Um negro não tem mãos, órgãos, dimensões, sentidos, afetos, paixões? Nutrido com os mesmos alimentos, ferido com as mesmas armas, sujeito às mesmas doenças, curado pelos mesmos meios, aquecido e refrescado pelo mesmo inverno e verão que um branco? Se vocês nos picam, não sangramos? Se nos fazem cócegas, não rimos? Se nos envenenam, não morremos? E se nos ofendem, não nos vingamos? Se somos como vocês quanto ao resto, vamos nos parecer com vocês nisto. Se um negro ofende um branco, qual é sua humildade? Vingança. Se um branco ofende um negro, qual deveria ser sua tolerância pelo exemplo do branco? Ora, vingar-se. A vilania que me ensinam vou executar, e vai ser duro, mas vou aperfeiçoar o ensinamento."

O leitor não terá dificuldade em lembrar uma versão diferente desse monólogo.[56] De fato, as duas estarão sendo recitadas na sua mente, bem como na minha, o mesmo texto em duas vozes; e o volume que elas criam juntas será o que vou me arriscar a expor diante de vocês.

O colonialismo não foi somente conquistar a terra e desapossar os povos; foi também, como Edward Said estabeleceu com seu termo Orientalismo, uma *representação* dos povos por meio da literatura escrita por

[56] Ver a fala de Shylock em *O mercador de Veneza*, Ato III, Cena I.

outros. Em sua obra *Cultura e imperialismo*, ele escreve: "Estudo o orientalismo como um intercâmbio dinâmico entre diferentes autores e grandes temas políticos modelados por três grandes impérios — britânico, francês e americano — em cujo território intelectual e imaginativo a escrita foi produzida". Jane Austen e o Império Britânico, Flaubert e o Oriente Médio, Conrad e Kipling na África — até Thomas Mann e *Morte em Veneza*, que Mann supõe ser uma infecção do Outro contaminado, e o Oriente — esses são alguns exemplos do conceito literário do Outro na cultura da dominação. "Os textos são coisas proteicas", diz Said, "estão atados à circunstância e à política grande e pequena..."

O imperialismo era a grande política. Em seu livro intitulado *Orientalismo*, ele foca principalmente o fenômeno do Orientalismo aplicável ao Oriente Médio e Extremo Oriente, mas podemos reconhecê-lo como igualmente válido para a África e até para o modo como os africanos eram vistos na diáspora africana, essa forma irônica de colonização às avessas dos africanos nas metrópoles dos antigos senhores coloniais. A África, os africanos *foram*, existiram, como um exotismo literário — meio atração, meio desprezo pelo Outro —, o que formou um *éthos* que inspirou, acompanhou e forneceu uma justificação hipócrita, até para a escravidão, na conquista mundial das potências dominantes. Virando do avesso a famosa máxima de Rabbie Burns: para a África não era o caso de "Quisera Senhor nos conceder a graça de nos vermos como os outros nos veem", mas que os deuses possam nos dar o dom de nos vermos *como nós próprios sabemos que somos*, e fazer com que o mundo reconheça essa realidade.

Tem sido uma longa caminhada, e não vou ler a lista de todos os grandes nomes da África e sua diáspora que a realizaram. "Sendo o que é, você corta sua poesia da madeira." Essa é a metáfora de Gewndolyn Brooks para o processo. Pensando na metáfora apropriada para o início da história africana, Chinua Achebe reconta um provérbio: "Até que os leões produzam seu próprio historiador, a história da caçada glorificará apenas o caçador".

A África foi lenta, talvez, por muitas razões, em produzir seus historiadores no sentido estrito da história como uma disciplina literária separada — o ritmo tem se acelerado, e no caso da África do Sul está realmente apenas começando, não só reescrevendo os livros de história escolares, mas ressuscitando, em dramas e danças, bem como em romances, o passado que estava enterrado sob versões coloniais. Mas na ficção como prosa e poesia, o orgulho dos leões da África não tem produzido seus próprios historiadores? Eles não estabeleceram incontroversamente a literatura como o que Edward Said chama "uma forma de memória política": o passado e o presente criados pelos próprios africanos, seus caracteres e suas vidas, sua visão do eu e seu olhar sobre o mundo, emergindo plenamente do olhar do mundo sobre *eles*? A África já não é uma invenção do mundo, mas ela própria, confiante nessa sua identidade, quer no continente africano, quer em sua diáspora.

Quão forte é essa confiança? Quão profunda? Tornou-se a esta altura, no século XXI, um fundamento tão forte que nós, da África, estamos preparados para retomar uma conexão com a cultura literária do mundo literário numa nova base, em nossos termos? A Associação da Literatura Africana foi criada e se reuniu durante os anos de crise da identidade cultural africana para defender e nutrir a criatividade de que essa identidade dependia. Eu me pergunto: não é hora de elevar o horizonte dessa esplêndida identidade e aceitar que a literatura, a iluminação da imaginação humana, não tem guarda de fronteira, nem leis de imigração, graças aos deuses que talvez existam? Toda a literatura pertence a todos nós, em toda parte. Uma vez livre da censura, é pura liberdade intelectual, quaisquer limitações a ser superadas pela tradução. E esta conferência está tratando dos detalhes práticos altamente importantes das relações entre os tradutores, editores e críticos. Por que não nos cobrimos de glória nessa liberdade, não tiramos vantagens dela? Uma globalização positiva entre outras dúbias.

Esse brado é redundante, sim, até absurdo, em nossa reunião aqui — todos neste grupo de literatos leram, ao longo de suas vidas, literatura mundial. Mas proponho a questão diante de vocês por uma preocupação séria num contexto mais amplo. Devo falar agora sobre a situação na África do Sul, que conheço intimamente, porém mais do que desconfio, a partir da minha leitura de revistas críticas e literárias em outros países, que algo semelhante predomina nos Estados Unidos.

Jovens leitores negros e, muito importante, aspirantes a escritores se limitam a ler escritores africanos e afro-americanos. A história africana do leão, nem se questiona, é aquela que deve ocorrer em primeiro lugar; é daí que surge o *éthos* do povo e da terra. Mas achar os escritos da Europa Ocidental, Europa Oriental, países árabes, Índia, Extremo Oriente etc. "irrelevantes" é ingressar de novo — voluntariamente, desta vez! — num isolamento cultural outrora imposto pela arrogância do imperialismo. O mesmo princípio se aplica a qualquer escrito africano que não seja mais ou menos estritamente contemporâneo, à exceção de teses montadas laboriosamente por estudantes universitários. Não tenho encontrado nenhum jovem leitor-escritor na África do Sul que tenha ouvido falar, muito menos lido a obra, no cânone da literatura africana, de Olaudah Equiano;[57] mesmo Plaatje[58] é apenas um nome para eles, ainda que respeitado à distância.

Internacionalmente, o âmbito da leitura poderia — está apenas começando a — incluir um ou dois dos escritores latino-americanos, principalmente porque o governo de nosso país começou a romper o eixo Norte-Sul e a promover o comércio, o investimento e o intercâmbio de habilidades tecnológicas Sul-Sul com os países latino-americanos; o comércio se seguiu à Bíblia e ao fuzil nos tempos coloniais, agora a troca cultural se segue à abertura comercial. (Embora, no caso da música, entre a América Latina e a África do Sul, o feliz intercâmbio tenha precedido o comércio como um passo na globalização.)

Gostaria de relatar uma recente reunião em Johannesburgo, na qual a autolimitação da experiência literária foi explicitamente evidenciada em todas as suas manifestações e até enganos. No Dia dos Escritores, houve uma cerimônia realizada no Centro Cultural Windybrow, apropriadamente uma antiga mansão, outrora a residência grandiosa de um magnata colonial da indústria mineradora, agora um refinado complexo deteriorado de dois teatros, oficinas de música, drama e cinema, numa área que se "tornou negra" desde o fim do *apartheid* e da segregação racial. Houve leituras de poesia e prosa por jovens rap e outros poetas, e por alguns velhos escritores como o outrora proibido Don Mattera e eu própria, mas o dinamismo principal veio das discussões iniciadas pelo público. Esse público era esmagadoramente jovem,

[57] Olaudah Equiano, *Equiano's travels: the interesting narrative of the life of Olaudah Equiano or Gustavus Vassa the african.*
[58] Sol T. Plaatje, *Native life in South Africa.*

cerca de 150 homens e mulheres negros, e, como de costume, havia uma articulação vívida de queixas da parte deles.

Algumas dessas queixas tinham natureza político-social, e a esse respeito todos partilhamos preocupações com essa nova administração da África do Sul da qual esperamos tanto. As bibliotecas ainda estão quase exclusivamente nas áreas em que moram os brancos e a nova classe dos negros ricos. A escassez de bibliotecas, a total ausência de bibliotecas nas escolas — à exceção de uma prateleira empoeirada de livros do tipo Aprenda Contabilidade Sozinho, Como Fazer — continuam a mesma no que são e continuarão a ser as áreas em que mora a maior concentração de cidadãos negros. Essa foi uma das respostas válidas, apresentada pelo público, à razão de termos uma cultura de leitura tão pobre em nosso país, originando-se da razão básica, alta taxa de analfabetismo e semialfabetismo, e culminando na falta de acesso aos livros. Mas os desafios vieram daqueles dentre nós na tribuna que nos misturamos com o público. Os queixosos eram plenamente alfabetizados e diziam ser leitores-escritores: O que — dada a premissa de que ninguém pode ser um escritor sem ser leitor, essa é a nossa única verdadeira escola — eles liam?

As respostas foram alarmantemente uniformes: liam literatura africana do continente africano, principalmente da África do Sul. Estávamos comemorando a septuagésima data de nascimento de Chinua Achebe como um foco do Dia do Escritor 2000, mas poucos haviam lido outras obras além de *O mundo se despedaça*, que tinha sido uma leitura obrigatória nas escolas secundárias. Apenas um mencionou Wole Soyinka, outro Toni Morrison, ainda outro Fanon; Mahfouz era um nome desconhecido para eles. A afirmação era: nós queremos ler sobre *nós mesmos, nossas vidas*. Don Mattera rebateu com a descoberta de si mesmo a ser experimentada na leitura de Dostoiévski. A resposta foi: distante demais no tempo e no espaço. O diretor de Windybrow, Walter Chakela, poeta e dramaturgo que coordena oficinas literárias, e tem descoberto e fomentado novos talentos entre os jovens e desconhecidos, cujas peças teatrais trazem à vida e à luz os heróis africanos do passado distante e do recente *apartheid*, espantou os vociferantes com a revelação tranquila de que ele havia começado a pensar como poeta, a se desenvolver mentalmente na imaginação, quando aprendeu Wordsworth na escola. Ele falou sobre a identificação com as intimidades do sentimento humano que podem ser descobertas quando em contato com as grandes mentes criativas de todos os tipos de épocas e países. Finalmente, o público rejeitou e escarneceu o fato — uma litania — de que Shakespeare era "enfiado goela abaixo" na escola; e o que Shakespeare sabia sobre *eles*?

E assim vocês, que foram pacientes, sabem agora por que citei minha versão do discurso de Shakespeare.

Shakespeare — por que Shakespeare? Porque na fala de Shylock qualquer um desses filhos do *apartheid* com sua história de racismo nas veias encontrará, aqui na experiência de outra raça, o seu povo, a si mesmo: *um negro não tem olhos? Um negro não tem mãos? Se nos picam, não sangramos? Se nos fazem cócegas, não rimos? Se nos envenenam, não morremos?* E se, como muitos jovens lutam dentro de si mesmos contra o desejo mordaz de se vingar daqueles que oprimiram seus pais e destruíram sua infância, chegam a ler estas frases: "A vilania que me ensinam vou executar, e vai ser duro, mas vou aperfeiçoar o ensinamento" — eles não encontrarão um pouco de seu eu secreto?

Concluindo, é uma autoprivação abordar a literatura, como Carl Phillips diz sobre a história, pelo prisma de sua própria pigmentação.

É o que os brancos fizeram, primeiro.

O orgulho legítimo da literatura africana não deve criar um gueto literário. Já houve certamente guetos suficientes. É o fim do Orientalismo; pois na literatura africana, na literatura indiana, na literatura árabe, na euroamericana, o mundo ocidental agora começa a encontrar parte de *si mesmo*. Assim chegou certamente o tempo para a literatura africana se conectar, indo além do discurso exclusivo em nível erudito sobre si mesma, suas realizações, seus problemas, com o mundo da literatura, a expansão da consciência literária a que pertence. Os jovens, nos quais depositamos nossas esperanças de novos escritores africanos, devem ser incitados a ler amplamente, a pôr de lado o critério dominante de "relevância" que pertence à época em que ele era um elemento essencial da tática de conscientização política contra o racismo. A luta contra o racismo não está terminada, como bem sabemos, ao redor do mundo, mas, se a literatura deve ser a memória política do presente e do futuro em que os jovens hão de viver toda a sua vida, ela não deveria refletir e ponderar, entre as literaturas, o que Achebe chama "conversações preliminares... participações num ritual monumental de milhões e milhões para aplacar uma longa e perturbadora história de expropriação e amargura, e responder 'presente' no renascimento do mundo?".

A narrativa em que o leão conta sua história tem outra razão, convincente, urgente, para a identificação com as literaturas desse mundo.

No princípio era o Verbo. O Verbo estava com Deus, significava o Verbo de Deus, o Verbo que era Criação. Sua transformação secular chegou até nós, quando riscada pela primeira vez sobre um tablete de pedra ou traçada num papiro, e quando passou do pergaminho a Gutenberg. Essa foi a gênese do escritor, da literatura.

Na literatura, estamos todos agora numa situação que não existia quando a narrativa do leão começou. Não existia quando Langston Hughes, Léopold Sédar Senghor, Es'kia Mphalele, Ngũgĩ wa Thiong'o, Agostinho Neto, Kofi Awoonor começaram a escrever. Mas todas as literaturas estão unidas hoje sob a ameaça da imagem contra a Palavra. Estamos conscientes dessa rival, autonomeada, mas com muita corroboração popular independente. Desde a primeira terça parte do século XX, a imagem tem desafiado o poder da palavra escrita como estímulo da imaginação, da abertura da receptividade humana. As histórias de ninar para as crianças da classe média têm sido substituídas por horas na frente da tela da TV; nas favelas de barracões em todos os países pobres do globo, há televisões que funcionam por bateria onde nem um único livro pode ser encontrado. Já temos ao menos uma geração adulta que olha em vez de ler. Sim, as imagens da TV são acompanhadas pela Palavra falada, mas é a imagem que decide quanto o papel da Palavra deve ser secundário. A narrativa do meio TV é a Grande Imagem; até nos documentários, a palavra falada é um acessório que consiste em geral no vocabulário mais banal e limitado. Quem coordena oficinas literárias para aspirantes a escritor sabe, como eu sei, que o vocabulário das minisséries é frequentemente tudo o que os participantes dominam para expressar o que são muitas vezes ideias originais.

"Uma imagem vale mil palavras." Seja quem for — um sábio das relações públicas — que produziu o adágio, a réplica é: "Por quanto tempo?".

A imagem desaparece da tela; para recordá-la, é preciso ter um aparelho, uma pilha, uma bateria, acesso a uma conexão de energia elétrica. A palavra escrita está simplesmente ali, no seu bolso. O livro na sua mão pode ser lido no ônibus, na cama, numa fila, no topo de uma montanha, ao lado de um rio, num engarrafamento de tráfego. O escritor americano William Gass argumenta para nós:

> Não compreenderemos o que *é* um livro, e por que um livro tem o valor que muitas pessoas possuem, sendo até menos substituível que uma pessoa, se esquecermos a importância de seu corpo, o edifício que foi construído para manter suas linhas de linguagem unidas com segurança por muitas aventuras e por um longo tempo. As palavras numa tela têm qualidades visuais, certo, e esses atributos desenham obscuramente sua forma, mas elas não têm materialidade, são apenas sombras, e, quando a luz muda, desaparecem. Fora da tela, não existem como palavras. Não existem para ser revistas, relidas, apenas esperam ser refeitas, reiluminadas... Não posso argumentar nas suas margens...

E os leões de nossa literatura africana são confrontados de repente, assim como outras literaturas, com mais um perigo, o fator mais recente na ameaça de rebaixar a palavra escrita, apresentado desta vez pela tecnologia da informação como, realmente, um *progresso* na disseminação da literatura. Embora pareça até agora uma espécie de engenhoca, com um romance de trinta páginas (de Stephen King) escrito "para" a tela do computador e "publicado" na internet, e nem dá para imaginar *The interpreters*, de Soyinka, muito menos *Guerra e paz* republicados dessa maneira, há grande probabilidade de que num certo nível amplo vai haver um público espoliado por toda a vida — porque vão lhe dizer pelos websites da internet do que ele necessita, o que *é* realização cultural; espoliado dos prazeres e realização intelectual que descrevi e citei. As pessoas vão "ler" não livros, mas textos passando numa tela, em breve disponíveis como as mensagens de telefone que aparecem nas telas do tamanho de caixas de fósforo dos celulares.

Assim o telefone celular, o *kindle* e outros dispositivos se tornam os livros de capa mole do futuro — competindo, de qualquer maneira, com a portabilidade do volume impresso? E o ato de seduzir (ou devemos dizer corromper) o escritor para "publicar" dessa maneira efêmera não pode ser desconsiderado. Aparentemente é um bom dinheiro; melhor e mais rápido que o dos direitos autorais. A sedução da imagem, longe da palavra impressa, tem se estendido, já num único caso, ao extremo de o próprio *processo de escrever* tornar-se uma imagem. Um escritor americano, agora transformado em ator, adaptou uma minúscula câmera especial ao seu computador e escreveu seu romance de ficção científica observado por uma webcam. A ligação de seu estúdio em casa à internet por esse meio lhe trará 2 milhões de dólares pelo acordo com o patrocinador de uma companhia de software. O leitor como *voyeur*.

Imensos avanços nas comunicações da TI[59] são uma revolução da informação que tem grandes possibilidades de promover o desenvolvimento social se bem empregada, o que significa tornar esses recursos economicamente acessíveis aos milhões do mundo, o mundo subdesenvolvido e em desenvolvimento nos quais as vidas serão do contrário arrasadas pela oligarquia financeira da globalização. Mas, na literatura, a tecnologia não poderá jamais substituir com a imagem a iluminação que provém da palavra escrita, independente, autoalimentada, na impressão sobre papel, infinitamente acessível para ser ruminada e repetidamente lida, entre capas duras e moles.

Primeiro era o livro do filme.

Agora é o livro do website.

Esse é o problema do leão, assim como do restante da literatura mundial.

2006

[59] Tecnologia da Informação. (N. T.)

Reconhecimento da origem dos ensaios

Os ensaios desta coletânea apareceram pela primeira vez nas seguintes publicações: O epílogo de Cannes (*The New Yorker*); Cinco anos liberdade adentro: minha nova identidade sul-africana; A praga da África e de todo mundo; Desejo e morte (*New York Times*); A censura e seu rescaldo (*Index on Censorship*); Joseph Roth (*New York Review of Books*); O dom vital do escritor para sociedade livre; Atlântida (*Guardian*); A liberdade luta para sair da crisálida; Lembrando Barney Simon (*Independent*); Ordenando as imagens do homem (*Newsweek*); Virando a página (*Transition*); Além do mito; Renascendo para a eleição; A morada das palavras (*Washington Post*); Proust pessoal (*Salmagundi*); O que há de novo em Rialto? (*Los Angeles Times*); Edward Said (*Sunday Independent* — Johannesburgo); Susan Sontag (*Sunday Times* — África do Sul); O Desmond Tutu que eu conheço (*Tutu as I know him*, eds. Lavinia Crawford-Browne e Piet Meiring); Vivendo dois absolutos (*The Star* — África do Sul). Os seguintes ensaios foram primeiro publicados como introduções a edições das obras discutidas: Chinua Achebe e *O mundo se despedaça*; Joseph Conrad e *Almayer's Folly*; Com eles nunca se sabe; William Plomer e *Turbott Wolfe*; "Para você eu posso"; Leo Tolstói e *A morte de Ivan Ilitch*; *Three novels of Ancient Egypt*, de Naguib Mahfouz. Os seguintes ensaios foram primeiro apresentados como palestras ou conferências: Carta da

África do Sul; O nosso século; O status do escritor no mundo atual; Os pobres estão sempre conosco; Octavio Paz: Poeta-Arqueiro; Quando a arte encontra a política; Uma carta às futuras gerações; Os expatriados de Hemingway; A abordagem do exercício do direito; Vivendo com um escritor; Verdades duras do passado; Testemunha: o depoimento interior; Fé, razão e guerra; O leão na literatura.[60]

[60] Os seguintes ensaios não constam da lista do Reconhecimento da Origem dos Ensaios: De uma Correspondência com Kenzaburo Oe (1998), A Balada do Hotel da Quinta Avenida (2001), Uma Coincidência de Vontades? (2003), Testemunho — Passado ou Presente? (2003), O Medo Devora a Alma (2003), Sede (2003), Perguntas que os Jornalistas Não Fazem (2003). (N. T.)

Este livro, composto na fonte Fairfield,
foi impresso em papel Pólen Soft 70 g, na Imprensa da Fé.
São Paulo, fevereiro de 2013.